KB074728

사라진 근대사 100장면

반동의 시대

일러두기

1. 본문에 나오는 날짜는 모두 양력입니다. 세계사와 시대 비교를 위해 한국천문연구원 홈페이지에 맞춰 양력으로 환산했습니다. 주석에 나오는 날짜는 1차 사료에 나오는 '음력'입니다. 1895년 음력 11월 16일 이후는 갑오개혁에 의해 조선도 양력을 채택했습니다.

2. 출처 표기가 없는 사진은 필자가 촬영한 사진입니다.

3. 출처를 본문과 함께 읽어야 할 인용문은 〈•〉표로 주석을 달고 본문 아래 각주로 처리했습니다.

4. 근세 중국 지명 및 인명 표기는 국립국어원 규정 대신 독자에게 익숙한 기존 관행을 따랐습니다. 예컨대 위안스카이 → 원세개, 쑨원 → 손문, 량치차오 → 양계초 등.

5. 일부 장면은 졸저 《땅의 역사》(상상출판)와 《매국노 고종》, 《광화문 괴담》(이상 와이즈맵)에서 인용, 보충했습니다.

6. 본문에 인용된 《매천야록》은 국사편찬위원회 번역본입니다.

7. 최대한 오류가 없도록 노력했지만 향후 오탈자와 날짜, 출처에 오류가 발견되면 유튜브 '박종인의 땅의 역사' 채널 '커뮤니티' 포스트를 통해 정정하겠습니다.

진실을 밝혀내는 박종인의 역사 전쟁

사라진 근대사 100장면

2 반동의 시대

박종인 지음

서문

아름다운 가짜와 신성한 팩트

불온한 역사서

이 책 제목은 '사라진 근대사 100장면'이다. 부제는 '이거 보고 공부하면 시험 다 떨어지는' 근대사 강좌다. 그런데 대학 합격, 공무원 수험 시험에 합격한 다음에는 꼭 읽어라. 그래야 똑바른 대학생이 되고 나라를 생각하는 경찰과 공무원으로 살 수 있다. 그때는 시험에 붙으려고 외웠던 교과서 속 역사는 다 잊어버려도 좋다. 아니 잊어버려라. 도발적인가?

근대라는 시대는 지금 우리가 살고 있는 현대와 곧바로 연결된 시대다. 그만큼 21세기 대한민국을 결정적으로 만든 시대다. 초중고 학교에서도 이 시대에 대해 많은 시간을 들여 학생들을 가르치고 사회에서도 수많은 강좌와 서적들이 이 시대에 관해 이야기한다. TV 방송 예능프로그램에는 자칭타칭 역사 강사라는 사람들이 나와서 교양 역사를 연예인들에게 가르친다. 들어보면, 감동적이다. 감동할 정도로 사실과 다르다.

역사의 동력, '지성'과 '교류'

아무리 열심히 노력해도 안될 놈은 안된다. 미안하지만 세상은 그렇다. 착한 사람이 항상 잘산다면 왜 도덕을 배우는가. 잘사는 놈들 가운데 나쁜 놈들이 부지기수니까 학교에서 도덕을 가르친다. 하지만 아무리 가르쳐도 나쁜 놈은 줄어들지 않고 착한 사람은 대개 손해를 본다. 반복하지만, 미안하게도 세상은 그렇다.

역사를 움직이는 동력은 지성이다. 지성이 시대를 만든다. '지성이면 감천' 할 때 그 지성至誠이 아니라 '지성知性'이다. 지식과 이성이다. 정성을 다한다고 하늘이 감동하지 않는다. 머리를 써서 문제 해결에 성공해야 새로운 시대로 나아갈 수 있다. 그래야 하늘이 감동한다. 지성至誠이 아니라 지성知性이 하늘을 감동시킨다.

이 말이 중요하다. '지성이면 감천'이라는 말에는 도덕률적인 기대가 숨어 있다. 무능력해도 착하게 노력하면 성공한다는 아니 성공해야 한다는 비과학적인 명제다. 세상에, 착한 나라가 승리하던 그런 역사를 본 적이 있는가. 청소년기에 학교에서 배운 역사는 바로 그 희망적 역사관을 담고 있다. 하지만 현실 역사는 도덕과 상관없다.

역사는 정의롭지 않다. 정의가 항상 이긴다면 역사를 배울 이유가 없다. 그냥 대충 살아도 그게 정의다. 하지만 이기는 놈은 힘센 놈이다. 그래서 역사를 공부하고 감시해야 한다. 기억해야 하고 학습해서, 되도록이면 미래에는 착한 놈이 센 놈으로 위풍당당하게 살 수 있도록 만들어야 한다. 착함과 강함은 같은 말이 아니다.

학교에서 가르쳐준 역사에는 정의로운 한국(고구려, 신라, 백제, 고려, 조선, 대한민국을 통틀어서)이 정의롭지 못한 외세에 대항하는 투쟁기가 가득하다. 교과서에 따르면 한민족은 '평화를 사랑하는 민족'이고, 이 땅에 명멸한 나라들은 '널리 인간을 이롭게 하기 위해 만든 나라'다. 미안한데, 틀렸다. 이 땅의 숱한 한국들은 '국력이 약해서 영토 확장 전쟁을 치르지 못한 나라'였고 그래서 '사회에 필요한 노예를 전쟁으로 확보하지 못하고 자국민을 노비로 부린 나라'였다.

남의 땅과 노동력에 욕심을 부리지 못할 정도로 약했던 이유가 있다. 지성知性 부족이다. 지성은 고인 물에서 자라지 못한다. 내 몸에 영양이 부족하면 영양제를 먹듯, 지성을 길러내는 영양분은 외부에서 온다. 지식과 정보를 외부로부터 수입하는 작업을 '교류交流'라고 한다. 외부와 교류가 없으면 지성은 성장할 수 없다. 지성과 교류. 이 두 가지가 역사를 움직이는 근본 동력이다. 근대를 맞던 조선에 그 두 가지가 없었다.

근대라는 시대

오랜 시간 유럽은 신神이 지배했다. 더 오랜 세월 아시아는 주술과 도덕에 지배당했다. 중동과 아프리카는 내 능력 밖이니 공부를 더 한 뒤 얘기하겠다.

신과 주술과 도덕률을 탈출한 시대가 근대近代다. 신이 아니라 인간이 스스로 운명을 개척하고, 주술과 도덕이 아니라 이성으로 국가와 사회를 변화시킨 시대가 근대다. 망망대해 속 섬들처럼 단절됐던 각 국가가 교류를 통해 네트워크를 형성하게 된 시대가 근대다. 전前근대적 눈으로 보면 근대는 잔혹하고 냉정하다.

대개 사람들은 18세기를 근대시대 시작으로 본다. 유럽에서 시민혁명과 산업혁명이 벌어진 시대다. 첫째, 수직적인 전근대적 사회 시스템이 '공동체'라는 수평 시스템으로 재편되는 시기다. 각 공동체 혹은 각 국가 지도층이 근대를 맞이한 방식에 따라 이후 역사가 달라졌다. 유럽은 산업혁명과 시민혁명을 통해 자본주의와 민주주의 사회로 진화했다. 대량생산은 공동체에 부를 선물했고 공동체는 그 부를 더 늘리고 보호하기 위해 국력을 강화시키며 경쟁적으로 발전했다. 그사이 사회 내, 국가 간 불평등이 심화되고 이를 해소하려는 세계적 작업도 진행 중이다. 특정 신분에 집중됐던 각종 특권이 공동체에 분배되기 시작했다.

둘째, 유럽과 아시아가 본격적 교류를 시작한 때도 이 시대다. 그 유럽과 아시아가 경제적으로 역전되는 시대도 바로 이 근대다.

부와 군사력과 공동체 그리고 교류. 근대가 가지고 있는 특징이다. 하지만 나라별로 근대를 맞이하거나 만들어가는 방식에 차이가 있었다. 어떤 나라는 근대가 완성됐고 어떤 나라는 아직도 근대적 지성과 교류가 제대로 이뤄지지 않고 있다. 즉 아직도 어떤 나라는 전근대적으로 살고 있다는 뜻이다.

이 땅의 근대

한국은 언제 근대가 시작됐을까? 19세기 후반까지 나라 문을 잠갔던 조선은 바로 그 19세기 말부터 근대를 만나게 된다.

그리고 수백 년 동안 간직했던 전근대적 시스템과 가치가 한꺼번에 붕괴됐다. 인류가 탄생한 이래 벌어진 모든 변화는 외부 충격에서 시작됐다. 성리학적 세계관에 갇혀 살았던 조선왕국은 조선보다 일찍 근대로 접어든 외국 사상에 의해 그 세계관을 깨뜨리고 근대를 지향하기 시작했다.

주술과 종교를 벗어던지고 합리적인 이성으로 세계를 바라보는 세계관을 '근대적 지성' 혹은 '근대정신'이라고 한다. 그 근대정신은 무서울 정도로 충격이었다. 조선은 쓰나미처럼 덮친 이 근대정신을 통해 조선왕국이 가지고 있던 모순을 깨닫기 시작했다.

그 결과 조선에서도 모순된 시스템을 버리고 인류 보편적 가치를 위한 근대 시스템을 추구하려는 지식인들이 나타났다. 또 많은 지식인들은 외국과 비교를 통해 조선이 궁궐 수비대가 새끼줄로 허리띠를 만들 정도로 가난한 나라라는 사실을 깨달았다. 하여 다른 나라처럼 '생산'을 하고, 다른 나라처럼 새로운 사회 시스템을 만들기 위해 많은 선각자들이 근대정신을 실천에 옮겼다. 새 세상을 만들겠다는 열정과 의지가 19세기 말 근대를 받아들인 조선 지식인사회에 타올랐다.

수학 공식을 달달 외워도 수학을 잘하지 못하듯, 조선 지식인들은 실전實戰 경험 없이 근대를 받아들였다. 남보다 늦게 깨달은 근대정신은 조선에 그리 성공적으로 적용되지 못했다. 근대를 거부하는 반발도 거칠었다. 결국 조선은 남의 나라 식민지가 되고 말았다. 무척 아쉽고 안타까운 장면이다. 나는 그런 실패한 근대를 겪고 탄생한 대한민국이 참으로 위대하다고 생각한다.

지상천국 조선과 숨겨진 진실

이제 시험 합격을 꿈꾸며 읽었던 국사 교과서를 보자. 교과서에는 '지상천국 같았던 조선을 간악한 일본이 침략해 장밋빛 미래를 깨뜨렸고', '처참하게 파괴된 나라를 전쟁 후 위대한 대한국인의 힘으로 일으켜 세웠다'라고 적혀 있다. 조선은 도덕적이었으며 찬란했다. 그런데 그 위대한 도덕국가가 사악한 일본제국에 멸망했다. 많이 들어보지 않았는가? 이게 교과서에서 배운 우리네 근대사다. 교과서에는 파편화돼 있는 사건들이 감동적으로 나열돼 있다. 다음은 현실에는 있었는데 교과서에는 은폐된 몇몇 사건들이다. 요즘 말하는 '있었는데 없었습니다' 식의 개그 같은 서술이다.

- ‘세종이 한글을 만들었다’는 있는데 ‘최초의 국한문 혼용 신문을 만든 사람은 일본인 이노우에 가쿠고로’라는 말은 없다.
- 프랑스 지식인들이 총단결해서 《백과전서》를 출간했을 때 조선 국왕 영조는 ‘망원경은 태양을 감히 들여다보는 무례한 도구’라며 깨뜨려버린 사실은 없다.
- ‘문예부흥을 일으킨 위대한 군주 정조’라고는 적혀 있는데 그 정조라는 인물이 ‘성리학 이외 학문은 철저하게 탄압하고 사상 검열을 한 지식 독재자였다’는 사실은 없다.
- 청일전쟁 때 “철수하겠다”는 일본군을 고종이 소매를 붙잡고 가지 말라고 애원했다는 사실은 적혀 있지 않다.
- ‘명성황후를 간악한 일본인이 잔혹하게 죽였다’는 있고 ‘동시대 많은 조선인들이 민비 암살을 시도했다’는 없다.
- ‘고종이 헤이그밀사를 파견했다’는 있는데 이보다 10년 전 고종이 민영환을 러시아에 보내서 ‘조선은 러시아 보호국이 되기를 원한다’고 애원한 사실은 없다.
- ‘을사조약을 고종이 결사반대했다’라고는 적혀 있는데, ‘을사조약 직전 고종이 일본 공사 하야시로부터 뇌물 수수’라는 사실은 없다.
- ‘고종이 조약 체결을 두고 이토 히로부미와 담판을 벌였다’라고는 적혀 있는데, 정작 조약 체결 뒤 ‘고종이 “절대 돌아가지 말고 나를 위해 일해달라”고 이토 히로부미 소매를 붙들고 늘어진 사실’은 적혀 있지 않다.
- ‘한일병합조약이 1910년 8월 29일 공포됐다’는 있는데, ‘순종 황제 즉위기념일인 8월 27일을 마지막으로 기념하고 나서 공포하게 해달

라고 조선 정부가 부탁해서 연기됐다'는 사실은 없다.

그렇다. 다 참말이다. 하지만 누가 믿기나 하겠는가? 나라도 안 믿는다. 나라도 위에 나열한 '사실'들을 들으면 화부터 내고 가짜 역사라고 반격할 것이다. 하지만 미안하다. 다 사실이다.

저따위 일들이 벌어진 이유가 결국은 '지성과 교류'가 없었던 탓이다. 나라 문을 걸어 잠그고 500년을 살다 보니 다른 나라와 국가 수준을 비교할 기회가 전무했다. 그러다 보니 조선 권력층은 자기네 지성이 최고인 줄 착각했고 조선이 지상낙원인 줄 착각하고 이를 백성에 강요하며 나라를 관리해 왔다. 그게 맞겠거니 하고 살던 백성들은 가랑비처럼 스며든 근대정신을 통해 모순을 깨닫게 됐다.

이렇게 해결되지 못한 채 쌓여왔던 국가와 사회 사이 모순이 폭발한 시대가 조선의 근대였다. 이런 사실을 숨긴다고 조선이 찬란해지나? 이런 사실을 은폐한다고 '착한 조선 나쁜 일본'이 납득이 되나? 총 한 방 안 쏘고 사라져버린 나라가 이해가 되나?

이 책을 쓴 이유, 팩트Fact

누가 뭐래도 지금 우리가 살고 있는 대한민국은 위대한 나라다. 다시 말하지만 나는 대한민국에 태어나 함께 대한민국의 미래를 만들고 있다는 사실에 무한한 자부심을 느낀다.

하지만 이 대한민국이 조선이라는 옛 국가를 계승한 나라라는 주장에는 동의하지 않는다. 터무니없는 말이다. 모순 가득한 조선을 신속하게 폐기하고, 그 나라가 행하지 못한 근대화를 이뤄냈기에 지금 대한민국이 존재한다. 대한민국은 공화국이며, 조선 백성이 아니라 우리 공화국 시민들이 만들어왔고 만들어가야 할 나라다. 여기에 전근대 왕국 조선이 낄 자리는 없다.

폭발하는 지성과 격렬한 교류를 통해 지구가 광속으로 움직이던 그 근대의 나날에, 조선이 맞이했던 근대를 이 책에 기록했다. 도대체 무엇을 대한민국이 폐기해버리고 작별했기에 지금의 대한민국이 존재하는가에 대해 썼다.

1776년 유럽과 미국에서 며칠 차이를 두고 벌어진 증기기관 발명과 《국부론》 출판과 미국독립선언이 어떻게 그들을 바꿨는가. 하필이면 왜 에펠탑 준공과 고부군수 조병갑 부임이 같은 날 있었는가. 영국 군함 알세스트호는 어떻게 세인트 헬레나 섬으로 가서 나폴레옹에게 '갓 쓴 조선 남자 그림'을 보여줬는가. 프랑스 신부 베르뇌는 왜 간이 배 밖으로 나와서 백주 대낮에 한성 거리를 활보하며 전도를 하다가 붙잡혔는가…. 세계사와 씨줄 날줄처럼 촘촘하게 엮인 조선 근대사 민낯이 이 책에 들어 있다.

영국 학자 아이작 뉴턴의 사과에서, 해방되던 1945년 8월 15일 오후 1시 경성운동장에서 거행된 조선 왕공족 이우의 장례식과 대한민국 건국까지 총 100장면이다. 모두 교과서에 나오지 않고 그래서 필자 자신을 포함해 우리 대부분이 모르고 있던 장면들이다. 이들 장면이 사실은 조선 근대사 혹은 멸망사를 결정한 변수들이다. 교류하지 않는 고인 물에서 작동하지 않는 지성을 부여잡고 살아온 대가다.

역사는 미래를 위한 거울이라고들 한다. 거울이 더러워서야 어디 비춰보겠는가. 앞에 언급했지만 한 번 더 강조해 본다. 역사는 정의롭지 않다. 정의가 항상 이긴다면 역사를 배울 이유가 없다. 그냥 대충 살아도 그게 정의다. 하지만 언제나 힘센 놈이 이긴다. 그래서 역사를 공부하고 감시해야 한다. 왜 착한 놈이 지고 나쁜 놈이 이겼는지 기억하고 학습해서, 착한 놈이 센 놈으로 위풍당당하게 살 미래를 만들어야 한다.

돈 벌겠다는데 뭐라고 할 말은 없지만, 유튜브나 예능프로그램에 나와서 가짜 역사를 판매하는 행위는 금지했으면 좋겠다. 대한민국 미래에 도움은 되지 않는다. 그런 업자들은 제발 공부를 해서 제정신 차리기 바란다. 이름 좀 나서 책도 팔릴 테니까 살림에 보탬은 될지언정 역사에는 아주 해악스럽다.

내가 오래도록 일해온 언론업계에 내려오는 말이 있다.

팩트Fact는 신성하다

팩트를 믿는다. 선도 아니고 악도 아니고 팩트를 믿는다. 그게 힘이다. 독자 제현께서는 이 책을 통해 가짜가 아닌 진짜 역사를 읽고, 미래를 만들 영양분으로 삼았으면 좋겠다. 읽으면서 화는 나겠지만, 그게 힘이다. 출판사 와이즈맵과 필자가 눈에 불을 켜고 확인했지만 크고 작은 실수가 틀림없이 있으리라고 확신한다. 독자 제현의 지적과 재확인을 거쳐 오류가 없을 때까지 바로잡겠다.

김원한 그리고 박영규. 나와 내 형제를 평생 길러주고 지혜를 가르쳐준 엄마와 아버지다. 내가 나이 들어보니 새삼 더 고맙다.

2024년 여름 박종인

1권 차례

1장 영정조 시대 1724~1800

2장 대원군 시대 1864~1873

3장 고종-민씨 시대 1873~1885

2권 차례

6장 제국 시대 1897~1910

7장 식민과 해방 1910~1945

4장

개혁 시대

(동학과 갑오개혁)

1889~1894

개혁 시대 연표

1889년 5월 6일	프랑스 에펠탑 준공
1889년 5월 6일	조병갑 고부군수 발령
1894년 2월 15일	동학 농민 전쟁 발발
1894년 3월 28일	김옥균 암살
1894년 6월 3일	고종 청나라 군사 요청
1894년 7월 23일	일본혼성여단 경복궁 습격
1894년 7월 25일	청일전쟁 발발
1894년 7월 27일	군국기무처 설치
1894년 7월 30일	노예제 폐지
1894년	갑오정부, 미래를 준비했던 근대인

1889년 5월 6일 프랑스 파리 만국박람회장에 에펠탑이 준공됐다. 근대 혁명 100주년 기념탑이기도 했고 근대를 향한 철기시대 개막을 상징하는 구조물이기도 했다. 탑에는 그때까지 프랑스를 이끌어온 과학자와 공학자, 수학자 72명 이름이 새겨졌다. 박람회장 한쪽에는 아프리카 흑인 400명을 산 채로 전시하는 공간도 문을 열었다. 근대정신이 개화하고 잔인한 제국주의시대 또한 개막한 바로 그날, 조선에서는 하찮은 공무원 하나가 고부군수로 발령받았다. 조선조 최대 민란 '동학'의 원인, 조병갑이다.

51

파리 에펠탑과 조병갑의 선정비

1889년 5월 6일

〔 프랑스 에펠탑 준공 〕

1889년 5월 6일

〔 조병갑 고부군수 발령 〕

새로운 철기문명의 시작, 파리박람회

1889년 5월 6일 프랑스 파리에서는 또 만국박람회가 열리고 있었습니다. 제정을 타도하고 탄생한 제3공화국이 1789년 프랑스혁명 100주년을 기념해 개최한 박람회입니다.

바로 그날 파리 하늘 아래 에펠탑이 공식 준공됩니다. 근대 혁명 100주년 기념탑이기도 했고 근대를 향한 철기시대 개막을 상징하는 구조물이기도 합니다. 철탑을 만든 구스타프 에펠은 탑에 그때까지 프랑스를 이끌어온 과학자와 공학자, 수학자 72명 이름을 새겨넣었습니다. 아프리카 흑인 400명을 인간 전시품으로 삼아 노골적인 제

1889년 5월 6일 파리만국박람회 개막식 때 문을 연 에펠탑.

국주의 얼굴을 보여준 날도 이날입니다.

그 혁신과 잔인함을 동시에 목격한 관람객은 모두 3,225만 297명이었습니다. 혁명을 경계해 불참을 선언했던 유럽 제국 외교관들도 비공식적으로 관람했습니다. 구시대 권위로는 근대를 더 이상 막을 수 없었다는 뜻입니다.

한 하찮은 지방관의 복잡한 인사

만국박람회가 공식 개막하던 바로 그날, 조선에서는 복잡한 이력을 가진 공무원 하나가 전라도 고부군수로 임명됩니다. 이 하찮은 지방 관리는 이후 조선은 물론 동아시아 역사 흐름을 완전히 바꿔놓습니다. 신임 군수 이름은 '조병갑'입니다. 5년 뒤 조선팔도를 뒤흔든 동학 농민 전쟁의 불씨가 된 사람입니다.

조병갑은 훗날 영의정이 된 조두순의 서조카입니다. 1865년 철종 때 조병갑은 규장각 검서관으로 벼슬 생활을 시작합니다.[1] 검서관은 서얼에게만 열려 있던 보직이지요. 궁내 말직을 오가던 조병갑은 1876년 한성 종로통 상품 판매가격을 조절하는 평시서 평시령에 임명됩니다. 딱 1년 뒤 조병갑은 충청도 예산현감이라는 지방 관리직에 임명됩니다. 평시령은 종5품이고 현감은 종6품이지만 훨씬 매력적인 자리입니다. 당시 횡행하던 가렴주구로 큰돈을 만질 수 있는 보직이니까요. 조병갑은 이 예산현감을 5년 동안 지낸 뒤 1882년 5월 비안현감으로 이동하고 그해 12월 천안군수에 임명됩니다. 검서관 출신 서자가 17년 만에 종4품 사또가 됐습니다.[2]

그런데 조병갑은 한 죄수 탈옥을 막지 못해 파면됩니다. 옥에 갇혀 조사를 받는데, 조병갑은 병을 핑계로 보석 석방되지요. 그게 1883년 8월 28일입니다. 다음날 의금부는 조병갑에게 장 일백 대 형을 선고하고 이를 벌금으로 대신하도록 결정합니다. 그런데 고종은 이 형을 1등급 감면해 주라고 명하지요.[3]

희한하게도 이듬해 3월 22일 《승정원일기》에는 이런 기록이 나옵니다.

'왕이 묻기를 "수령들 치적이 누가 좋았는가?" 아뢰기를 "보령부사 양주성, 홍주목사 김상봉, 대흥군수 최희진과 천안군수 조병갑은 최고최最居最의 최고인 듯합니다" 하였다.'[4]

곤장 백 대를 맞았어야 할 사또 인사고과가 6개월 만에 최고 모범 공무원이랍니다. 이후 조병갑은 승승장구해 직산, 보성 군수를 거쳐 풍기군수에 임명됩니다. 조병갑이 병이 나서 풍기까지 못 간다고 주장하자 고종은 함양군수로 내려보냅니다.[5] 그리고 1887년 7월 28일 김해부사에 임명됩니다. 그러다 1889년 2월 6일 충청도 오지 영동현감으로 발령 나자 조병갑은 "갑자기 병이 중해졌다"며 또 거부해버립니다.

김해는 곡창지대입니다. 화폐경제 따위는 없고 쌀이 최고였던 그 조선왕국 쌀 금고입니다. 부사에서 현감으로 강등되기도 싫고 아무것도 없는 첩첩산중 충청도 영동으로 가기도 싫으니까 꾀병으로 시간을 번 거지요. 마침내 고종은 그해 1889년 5월 6일 조병갑을 고부군수로 발령냅니다. 김해보다 더 알짜배기 곡창지대입니다.

그러다 3년이 지난 1892년 4월 28일, 조병갑은 중앙정부 기기국 위원으로 발령이 납니다. 그런데 조병갑은 한 달도 채 안 지난 5월 24일 다시 고부군수로 재발령이 납니다. 왕비 민씨가 친척인 민영소 민원을 받고 조병갑을 얼른 지방관으로 복귀시켜준 겁니다.[6] 지옥을 탈출했다고 기뻐했던 고부 주민들이 그 얼굴을 다시 봤을 때, 그 속은 얼마나 처참했을까요.

역사의 수레바퀴를 돌리다

1894년 1월 6일 조병갑은 익산군수로 발령이 납니다. 그런데 조병갑은 또 임지 익산으로 떠나지 않았습니다. 1894년 2월 7일까지 한 달 남짓한 기간에 서류상으로 고부군수가 일곱 명이 임명됩니다. 결국 2월 14일 인사 담당 부서인 이조吏曹에서는 "조병갑이 세금 징수에 문제가 많았지만 새로 군수를 뽑으면 일을 더 못하리라 본다"며 익산으로 갈 조병갑을 고부에 눌러 앉혀버리죠.[7] 고부 주민들은 억장이 무너졌으리라고 봅니다.

공식적으로 세 번, 그리고 실질적으로 두 번 군수를 지내는 동안 조병갑은 자기 아버지 조규순 선정비 비각을 짓겠다고 돈을 뜯어내고, 동진강에 멀쩡하게 있는 만석보 아래 새로운 보를 만들어 물세를 징수합니다. 분노한 주민들이 죽창을 들고 일어납니다. 조선 정부는 농민군 진압을 위해 청나라 군사를 불러들입니다. 그러자 일본 또한 군대를 보냅니다. 청과 일본 사이에 전쟁이 터집니다. 조선 땅에서요. 그 청일전쟁에서 일본이 승리합니다.

개전 직후인 8월 17일 일본 내각회의에서 이런 결정을 내립니다.

> "향후 조선을 보호국으로 만들어 영구히 또는 장기간 그 독립을 돕는다."[8]

조선 식민지화의 시작입니다. 1876년 수신사 김기수에게 "함께 손을 잡고 근대화를 이뤄서 러시아에 공동 대응하자"고 했던 일본입니다. 장면 39 그런데 이후 일본과 조선 사이 격차는 심연처럼 깊어지고 말았습니다. 이유는 이제 짐작이 가리라 믿습니다.

유럽 대륙이 근대 과학자들 이름을 새긴 에펠탑을 세운 날, 그날 군수가 된 조병갑은 이렇게 자기 아비 이름을 새긴 선정비를 세우고 전근대적 탐학에 몰두합니다.

이날, 서기 1889년 5월 6일. 조선 근대사에서 가장 하찮되 가장 중요한 날짜입니다. 이후 조병갑은 마치 양떼목장에 들어온 늑대처럼 고부를 쥐어짜며 악행을 즐깁니다. 이 하찮은 인사 조치가 동학으로 청일전쟁으로 조선을 이끌게 됩니다.

이후 역사를 역추적하면 조병갑이라는 더럽고 탐학한 지방관리, 중앙권력 비호를 받는 탐관오리 개인 비리가 떡하니 앉아 있습니다. 에펠탑도 세상을 바꿨고, 비석 하나도 세상을 바꿔버렸습니다. 톱니바퀴처럼 정교하게 돌아간 역사를 조병갑은 상상이나 했을까요?

조병갑이 세운 조규순 선정비(정읍 피향정).

52

고부 농민, 조병갑의 만석보를 부수다

1894년 2월 15일

동학 농민 전쟁 발발

모두 수령 홀로 한 짓이다

다음은 망국사를 가감 없이 기록한 선비 매천 황현이 본 그 무렵 풍경입니다.

'근세에는 부패한 관리들 탐욕과 부정이 날이 갈수록 심해졌다. 호남은 재물이 풍부한 덕에 부패한 관리들이 끝없는 욕심을 채울 수 있었다. 이곳에서 벼슬살이를 하는 자들은 대체로 백성 보기를 양이나 돼지 보듯 하며 마음 내키는 대로 마구 잡아 죽였다. 평생 놀고먹을 수 있는 기반을 2년 임기 안에 모두 마련했다. 서울에서는 이런 말도 떠돌았다. "아들을 낳아 호남에서 벼슬살이 시키는 것이 소원이다." 그 결과 관리들은 모두 도둑놈이 되고 말았다. 나라와 함께 모두 망할 판이었다.'[9]

1893년 풍경이 그랬습니다. 공무원은 모두 도둑으로 변했다고 합니다. 문학적 표현이긴 하지만 세상은 그랬습니다. 호남에 아들 벼슬을 얻는 게 소원이라는 사람들이 쏟아지고, 국가를 걱정하는 모습은 보이지 않습니다.

대원군이 집권하던 20년 전에도, 그때도 변함이 없었습니다. 그래서 황현이 일기에 이렇게 예언하지요.

'대원군 이하응이 일찍이 이렇게 탄식했다. "우리나라에 세 가지 큰 폐단이 있는데 충청도 사대부와 평안도 기생과 전라도 아전이다." 백성과 아전은 서로를 증오하면서 원수를 갚기 위해 이를 갈며 억지로 참고 견디었으니, 아무리 긴 세월이 흘러도 반드시 복수할 것만 같았다.'[10]

그게 동학東學 농민 전쟁입니다. 전쟁 도화선에 불을 붙인 사람은 조병갑입니다. 길고 긴 인사 투쟁 끝에 조병갑은 1894년 2월 14일, 2년 동안 재직했던 고부군으로 돌아옵니다. 떠난 지 한 달 만입니다. 그리고 저질러놨던 도둑질을 마무리합니다. 자기 아버지 선정비 비각을 세우고 동진강에 멀쩡하게 있는 보洑 하류에 또 보를 만들어 물세를 받습니다.

동학 지도자 전봉준 심문 기록에 따르면 조병갑이 저지른 악행은 이러합니다.

'첫째, 남의 산 나무를 벌목하고 주민을 강제 동원해 원래 있던 민보民洑 아래 또 보를 쌓아 물세를 징수하고 둘째, 논마다 세금을 추가로 걷고 셋째, 황무지를 개간시키고 추가로 세금을 걷고 넷째, 부자들에게 불효, 음행 따위 죄목으로 걷어낸 돈이 2만 냥이 넘고 다섯째, 자기 아비 공덕비 비각 세운다고 천 냥을 뜯고 여섯째, 나라 세금 낸다고 고급 쌀을 거두더니 정작 중앙에는 저질 쌀로 세금을 납부하고 이득은 횡령한 죄.'

전봉준은 이 모두를 "수령이 홀로 행했다"고 답합니다.[11] 살겠습니까? 못 삽니다. 조병갑이 고부로 돌아온 바로 다음 날, 농민이 죽창을 듭니다. 조병갑은 식겁을 하고 도주합니다. 농민들은 고부 관아 감옥을 파괴하고 창고를 도끼로 열어 벼 1,400석을 나눠 가집니다. 2월 22일 만석보가 농민에 의해 파괴됩니다.[12] 황현이 예언한 대로 '이를 악물고 참던' 백성이 전쟁을 벌입니다.

3월 21일 정부에서는 급히 장흥 부사 이용태를 안핵사로 파견합니다. 안핵사는 큰 사건을 수습하고 민심을 달래는 관리입니다. 그런데 이용태는 '그 무리가 많은 것을 꺼려서 병을 핑계 대고 머뭇거리면서 도리어 이 기회를 이용하여 백성의 재물을 약탈하니 민심이 더욱 격화되었다'고 실록은 전합니다.[13]

정읍 동진강가에 남아 있는 만석보 말뚝.

모든 관리가 도둑이었다

전쟁은 전국으로 확전됩니다. 황토현 전투에서 관군이 참패하고 전주 이씨 왕실 성지인 전주성이 함락 일보 직전까지 갑니다.

만일 조병갑이라는 탐관오리가 혼자 벌인 일이라면 전쟁은 고부에서 끝났을 겁니다. 하지만 황현이 기록한 대로, '모든 관리들이 도둑'이었습니다.

조병갑이 달아나기 1년 전 조병식이라는 충청감사가 역시 농민들 타도대상이 됩니다. 정부에서 내려보내 보은에 집결한 농민들을 조사한 '양호도어사' 어윤중은 이렇게 보고합니다.

'조병식은 충청감사로 임명된 이후 몹시 가혹하고 끝없이 가렴주구하여 진실로 근래에는 들어보지도 못하였다. 공주 백성 오덕근을 비롯해 땅 가진 사람들은 모두 '간음했다'고 누명을 씌워 쫓아내고 한겨울에 집과 땅을 차지했다. 아산 백성 김상준은 관아로 끌고 와 죄를 자백하라며 주리를 틀었다. 자백할 죄도, 돈도 없던 김상준은 고통을 견디지 못하고 자살했다.'[14]

조병식에게 돈을 뜯긴 사람들 명단과 액수가 워낙 많아서 보고서에는 명단이 부록으로 따로 붙어 있었습니다.[15]

이 조병식이 고부군수를 세 번이나 역임한 조병갑 사촌 형입니다. 사촌 형 조병식이 수사를 받는 동안 동생 조병갑은 멀리 떨어진 호남 땅에서 똑같은 짓거리를 하며 백성 고혈을 짜낸 거지요. 조선 팔도에 암처럼 전이돼 있던 탐학과 가렴주구는 농민을 논과 밭에서 끌어내 버립니다. 잡초를 베던 낫은 탐관오리 목으로 향합니다.

동학인데, 동학이 아닌?

만석보 흔적은 지금도 동진강변에 남아 있습니다. 조병갑 아버지 선정비도 정읍 피향정 안에 서 있습니다. 그런데 2020년 제정된 '동학농민혁명 참여자 등의 명예회복에 관한 특별법' 2조에는 이렇게 규정돼 있습니다.

"'동학농민혁명 참여자'란 1894년 3월에 봉건체제를 개혁하기 위하여

1차로 봉기하고, 같은 해 9월에 일제의 침략으로부터 국권을 수호하기 위하여 2차로 봉기하여 항일무장투쟁을 전개한 농민 중심의 혁명 참여자를 말한다.'

1894년 2월 고부 관아를 습격해 조병갑이 만든 만석보를 부순 첫 번째 거병은 '동학 농민 전쟁(혹은 혁명)'이 아니라는 뜻입니다. 따라서 법적으로 조병갑 또한 동학 농민 전쟁 가해자 명단에서 제외돼 있습니다. 대한민국 정치와 관계가 있으니, 입을 다물겠습니다. 대신 농민 전쟁이 터지던 그 무렵, 그놈의 '정치'로 인해 벌어진 끔찍한 참극의 현장으로 가보겠습니다.

53

두 번 죽은 역적 김옥균

1894년 3월 28일

김옥균 암살

'지루한 톱질 끝에 머리가 잘려나갔고, 오른손은 관절이, 왼손은 관절과 팔꿈치 중간에서 절단됐다. 발은 도끼로 잘려나갔다. 등은 7인치 길이에 1인치 깊이로 세 군데 칼집이 났다. 손과 발과 머리는 삼발이에 내걸렸고 나머지 몸과 팔다리는 땅바닥에 그냥 버려졌다. 집행 완료까지 이틀 걸렸다.'[16]

1894년 4월 14일, 서울 양화진에서 한 '역적' 시신에게 벌어진 끔찍한 광경입니다. 역적 이름은 김옥균. 10년 전인 1884년 12월 4일 갑신정변을 일으켰다가 일본으로 망명했던 인물입니다. 일본에서 함께 생활했던 홍종우가 청나라 상해에서 죽였습니다. 홍종우는 고종 정권이 보낸 자객입니다. 홍종우는 조선 최초 프랑스 유학생입니다. 《심청전》을 프랑스어로 번역할 정도로 지식인이었던 홍종우는 갑신정변 주역들인 급진개화파와 사상이 다른 근왕파였습니다.

불안했던 망명 생활

고종은 홍종우에 앞서서 지운영을 자객으로 파견합니다. 지운영은 종두법을 도입한 지석영의 형입니다. 1886년 지운영은 '도해포적사(渡海捕賊使: 바다 건너 역적을 잡는 특사)'라는 국서를 들고 일본으로 건너갑니다. 신분이 탄로 나면서 1886년 6월 23일 일본 정부는 지운영을 조선으로 강제 송환시키지요.[17] 고종은 이전에 장갑복이라는 자객을 보내기도 했습니다.

7월 9일 김옥균은 〈동경일일신문〉에 암살 기도 사실을 공개적으로 비난하는 글을 싣습니다.

'지운영라는 자가 가지고 온 위임장이란 것은 과연 폐하가 친히 주신 게 맞냐. 맞다면 얼른 거두고 세상이 모르게 하라. 폐하의 성덕을 손상시키는 일이다. 폐하가 나더러 역적이라고 하는데, 내가 무슨 죄로 역적 이름을 받아야 하는가. 저 여흥 민씨 무리가 간신들이다. 폐하도 저들을 없앨 계획을 세우지 않았었는가. 민씨들이 자기네 집안 이익을 위해 방자하게 굴고 있으니 정신차리라.'[18]

7월 11일 고종은 "제 마음대로 나타났다 없어졌다 하며 나라에 수

치를 끼친 것이 많으니 지운영을 엄하게 신문하라"고 명합니다.[19] 일주일 뒤 지운영은 단독 범행이라고 자백하고 평안도 영변으로 유배형을 떠납니다.[20] 고종 때 관료였던 윤효정에 의하면 그 귀양 행렬은 '현지에 부임하는 부사 행렬과 다를 바가 없었다'고 합니다.[21]

그런데 일본 파견 직전 지운영이 남긴 메모에 따르면 암살은 '고종으로부터 여비 5만 원과 국서를 받고' 계획된 일이었습니다. 고종은 또 영민한 개화파 지운영을 헌신짝처럼 버린 거지요.[22] 시서화에 능하고 세상을 볼 줄 알았던 지운영은 이후 모든 것을 버리고 관악산에 은둔해 화가로 살다가 죽습니다.

그렇게 수시로 찾아오는 자객들로 인해, 일본인 친구 도야마 미쓰루頭山滿는 김옥균에게 '될 수 있는 한 바보 흉내를 내라'고 조언하기도 했습니다. 실제로 김옥균은 방탕한 생활을 했지요.[23]

운명의 죽음

자객 홍종우는 프랑스 유학을 마치고 고종 측근인 민영소로부터 암살 제의를 받습니다. 김옥균은 평소 "일본이 아시아의 영국이라면 조선은 아시아의 프랑스가 될 것"이라고 말하곤 했습니다. 프랑스 유학파인 홍종우와 급속도로 친해지지요. 1894년 3월 김옥균은 "민씨 잔당 세력을 타도하고 개화당 혁신을 도모하겠다"며 청나라 실세 이홍장을 만나러 상해로 갑니다. 홍종우가 동행했습니다.[24] 3월 27일 상해에서 만난 윤치호가 "홍종우는 밀정 같다"고 경고했지만 김옥균은 "그렇다고 해도 군이 감시할 필요 없다"고 대답합니다. 다음 날 김

'김옥균 횡사'(1895). /일본 하코다테시립중앙도서관

옥균이 그 홍종우가 쏜 육혈포 탄환 세 발에 죽습니다.[25]

스스로 근대를 무시한 조선

김옥균 시신을 두고 내각 전원이 연명해서 "살점을 도려내는 '능지형' 방식으로 부관참시하자"고 상소를 하지요.[26] 서울 주재 외교관들에 따르면 '민씨 일파는 강력하게 부관참시를 요구했고 이에 김홍집 등 개화파는 극구 반대했다'고 합니다.[27] 조선 정부는 시신 도착 하루 만인 4월 14일 밤 9시 양화진으로 형 집행인들을 보내 김옥균 시신을 조각내버렸습니다.[28]

참시된 김옥균 시신. /미국 헌팅턴 도서관

이는 '죽은 역적에게 반역죄를 소급 적용한 처벌 금지'라며 영조가 내린 '역률 추시 금지' 원칙을 파괴한 집행입니다. 1759년 영조는 죽은 역적은 따로 반역죄를 적용하지 말라고 선언하고,[29] 이렇게 덧붙입니다.

> "이 뒤로 군주가 이런 짓을 하거든 신하는 간쟁하라. 이를 따르지 않고 군주에게 영합하는 신하는 간사한 소인이다. 나라 흥망이 오직 여기에 달려 있으니, 따르면 나라가 흥왕하고 따르지 않으면 멸망할 것이다."

그 소급 금지 원칙을 135년 만에 처음으로 어긴 지도자가 고종입니다.

또 있습니다. 연좌 금지 원칙입니다. 5월 19일, 10년째 천안옥사에 수감 중이던 김옥균 친아버지 김병태가 교수형을 당합니다. 나이는 73세였습니다.[30] 혁명가 아들을 둔 탓에, 일흔을 넘긴 노인이 목이 매달려 죽었습니다. 연좌 처벌, '노적孥籍 추시'는 1776년 9월 1일 정조가 즉위하면서 금지한 형벌입니다.[31]

100년 이상 앞선 군주들이 세운 원칙을 근대를 코앞에 둔 지도자가 깨뜨리는, 이 기이하고 허망한 역류逆流. 5월 31일 고종이 '사형수를 제외한 모든 죄수'를 사면합니다. 그리고 김옥균 처형 소감을 밝힙니다.

"죽었다고 하여 요망한 허리와 머리를 그냥 놔둬서야 되겠는가."[32]

김옥균이 거듭 주장했던 여흥 민씨 척결도, 근대를 향한 무거운 발걸음도 무시됐습니다.

54

고종과 민씨, 외국군을 부르다

1894년 6월 3일

[고종 청나라 군사 요청]

민씨, 또 민씨

고종 정부가 역적 처단 파티를 벌이던 그날, 전주성이 함락됩니다. 1894년 5월 31일입니다.[33] 숱한 민란 가운데 하나로 여겼던 고부 민란이 전쟁으로 확대됐고, 황토현에서 관군이 농민군에게 참패해 무기들까지 빼앗겼고, 그래서 이제 전주 이씨 성지 전주성까지 농민들에게 빼앗겨버렸습니다.

5월 22일 관군 사령관 홍계훈이 조정에 급전을 날립니다. 이렇게 적혀 있습니다.

'부디 바라옵건대 외국 군대를 빌려 돕게 하신다면 저들이 스스로 와해될 것입니다. 오직 이 한 가지 일에 만사가 달려 있사옵니다.'[34]

외국군 청병請兵. 가렴주구에 저항해 일어난 백성을 외국군사를 불러 진압하자고 관군 사령관이 요청합니다. 홍계훈은 임오군란 때 민비를 들쳐업고 장호원까지 경호했던 사람입니다. '왕비의 남자'라 불리며 이후 승승장구한 인물이지요. 그 왕비의 남자가 구조신호를 보냈는데, 그게 외국군 청병이었습니다.

며칠 뒤 홍계훈이 비밀 전문을 보냅니다.

'동비東匪들이 "혜당惠堂을 축출하지 않으면 몸이 갈라지고 뼈가 부서지더라도 영원히 해산하지 않겠다"고 한다.'[35]

'혜당'은 민영준이라는 사람의 호입니다. 맞습니다. 또 여흥 민씨입니다. 동학 농민군 또한 제1목표를 민씨 축출로 삼은 겁니다. 김옥균이 고종에게 보낸 글에서 '간신'으로 지적한 사람들이며 장면 53 1882년 임오군란 때 '모두 다 죽인다'고 군인들이 외쳤던 그 민씨들입니다. 장면 43 1866년 왕비 가문이 된 이래 세상을 자기네 소유로 만들어버린 집단입니다.

혜당은 전 선혜청 당상이자 현 병조판서 여흥 민씨 민영준입니다. 훗날 민영휘로 이름을 바꾼 민영준은 부패한 민씨 정권의 상징이었습니다. 민영준이 가진 부富가 바로 '민씨 정부를 유지하는 자금이었다'고 할 정도로 돈이 몰린 사람이지요.[36] 임오군란 때도 갑신정변 때

경기도 용인에 있는 '선혜청 당상' 민영준 영세불망비. /두산백과

도 꺾이지 않고 살아남은 초강력 권력집단의 전위입니다.

'제발 군대를 보내주소'

처단 대상이 된 민영준과 고종은 모든 대신 반대를 물리치고 6월 3일 조선에 와 있던 원세개를 통해 청 황실에 군사를 요청합니다. 민영준은 원세개가 있는 남별궁으로 직접 가서 담판을 짓습니다. 가급적 심호흡을 하고 낮은 소리로 읽어주시기 부탁드립니다.

'폐국弊國 전라도 태인과 고부 등은 민풍이 사납고 성정이 음험하고 간사해 평소 다스리기 어려운 곳이라 일컫는 곳입니다. 몇 달 새 동학 교비 만여 명이 현읍 10여 곳과 전주성을 함락시켰습니다. 이 흉악하고 완고한 자들이 북으로 잠입하도록 내버려 둔다면 경기 지역이 시끄럽게 요동을 칠 것이니 손실이 적지 않을 것입니다. 폐국 부대는 인원이 겨우 도성을 지킬 만할 뿐이고 전투를 치른 경험도 없으니 흉악한 구적寇賊 섬멸에 쓰기 어렵습니다. 도적들이 오래 만연하면 중국에도 많은 근심거리를 남길 것입니다. 임오·갑신년 두 차례 내란도 중국 병사들이 대신 평정해 주었습니다. 청컨대 번거롭더라도 몇 개 부대가 속히 대신 토벌하고 폐국 병사들로 하여금 군무軍務를 익히게 하여 앞으로 수비하는 데 도움이 되도록 하고자 합니다. 급박한 형세를 구원하기를 절실하게 기다립니다.'[37]

이 어찌 책임지겠는가

원세개는 요청 문서를 받은 즉시 청국 총리아문에 전보를 쳤고, 총리아문 수장 이홍장은 제원濟遠호와 양위揚威호 두 군함을 조선으로 출병시킵니다.

조선 정부가 청군을 요청한 명분은 '성정이 음험하고 간사한 흉악한 구적 섬멸'입니다. 청나라가 출병한 명분은 '속방屬邦 조선 보호'였습니다. 그러고 보니 김옥균이 정변을 일으킨 목적이 무엇이던가요. 부패 민씨 정권 타도와 대청 자주독립이 아니었던가요.

그 무렵 좌의정 조병세가 민영준을 이렇게 꾸짖습니다.

"대감은 임금 척족으로서 이 백성과 나라를 잘 다스릴 방법 대신 임금에게 아첨하여 이토록 극도로 나라를 그르쳐놓았다. 일을 어떻게 구제하겠는가."[38]

원병을 요청한 직후 김옥균을 죽인 홍종우가 민영준에게 말합니다.

"대감께서 원병을 청하신 것은 큰 실수요. 내가 양국 형편을 환히 알고 있는데 청군으로 인해 강토가 피폐해질 것이외다. 또 대감 권세는 하루아침에 물거품이 되리니 헤아릴 수 없는 화가 이 나라에 미칠 것이오. 일본 또한 이 기회에 군대를 보내면 미래를 내다볼 수가 없을 것이오."

원세개가 있던 남별궁. 사진 속 3명 중 한 명이 원세개로 추정된다. /미국 보스턴미술관

얼굴빛이 잿빛이 된 민영준은 그저 "그래, 그래"라고만 했다고 합니다.[39]

홍종우의 예언은 맞았습니다. 김옥균을 사상적으로 가르쳤던 일본 지식인 후쿠자와 유키치는 1894년 5월 30일 〈시사신보〉 사설에서 이렇게 주장합니다.

'소동을 조선 자체 힘으로 진압할 전망이 없게 되면 일본 병력으로 실효적으로 진압할 각오를 해야 한다. 중국 정부가 원병을 발하는 경우에는 일본 역시 동등한 세력의 군사로 대등한 지위를 점하지 않으면 안 된다.'[40]

민란에서 외국군 입국까지. 그 모든 과정을 역추적하면 더럽고 탐욕한 지방관리, 중앙권력 비호를 받던 탐관오리 개인 비리가 떡하니 앉아 있습니다. 부패한 조무래기 지방관 조병갑입니다. 자기 탐욕이 세상을 이렇게까지 만들 줄 그는 몰랐겠지요. 조선은, 조선 손을 떠나고 있었습니다.

55

습격당한 경복궁

1894년 7월 23일

일본혼성여단 경복궁 습격

청나라 함대가 조선으로 떠나고, 일본 또한 군대를 조선으로 보냅니다. '조선 출병 때는 청일 양국이 서로에게 통보한다'는 1885년 '천진조약'에 따라 청은 이를 일본에 통보했고, 일본도 즉각 군사를 파병합니다. 일본은 이 조항을 '동시 출병'으로 해석했습니다. 조선정부는 이 조약 내용을 잘 알고 있었고[41] 청군을 부르면 일본군도 파병하리라는 우려를 모든 대신이 하고 있었습니다. 하지만 고종은 엉뚱하게도 '모든 대신들이 청병請兵을 해야 한다니'라며 민영준과 함께 청병을 결정합니다.[42] 1894년 6월 3일입니다. 귀를 막은 겁니다.

청, 일 두 나라 파병은 모두 조선이 아니라 자기네 국익을 위한 결정입니다. 청은 근대를 맞아 조선을 속방으로 다시 묶어두기 위해 핑계만 기다리고 있었습니다. 그런 움직임을 알고 있던 일본 또한 앉아서 조선을 청에 빼앗길 수 없었지요.

그런 국제적 먹이사슬 맨 아래에 조선이 있었습니다. 고종과 민영준은 스스로의 권력 유지를 위해 국가를 먹이사슬 속으로 던져넣습니다. 원세개로부터 파병 허가를 받은 민영준은 '미친 벌(狂蜂, 광봉)과 궁한 개떼(窮狗, 궁구)가 흩어진 것은 오로지 천병天兵이 왔기 때문'이라고 했습니다.[43]

무너진 경복궁 수비선

청나라 군사가 조선 정부를 장악하기 전, 일본군이 선수를 칩니다. 7월 23일 조선에 상륙한 일본군 혼성여단이 경복궁을 공격합니다. 궁궐 수비대는 건춘문과 영추문을 부수고 난입한 일본군과 격전을 벌였습니다. 일본군이 궁내 북동쪽 함화당에서 고종 신병을 확보하면서 전투는 종료됩니다. 당시 일본 외무대신 무쓰 무네미쓰陸奥宗光에 따르면 경복궁 습격은 '전쟁 개전을 위해 강압적으로 조선 조정을 밀어붙여 굴종시켜' 조선을 묶어두려는 계획이었습니다.[44]

새벽 4시 경복궁 건춘문을 사이에 두고 일본군 혼성여단과 궁궐수비대 시위대侍衛隊가 격전을 벌입니다. 시위대 병력 500명이 건춘문에 집중해 있는 사이 서쪽 영추문이 도끼로 파괴되고 일본군이 난입합니다.

평양군으로 구성된 시위대는 군기와 화력이 조선 제일이었습니다. 독일제 연발소총으로 무장했고 사기도 충만했습니다. 그런데 오전 5시

경복궁 습격과 입궐하는 대원군. /일본 게이오대 디지털라이브러리

30분쯤 고종으로부터 전투 중지 명령이 내려옵니다.[45] 시위대는 통곡하면서 총통과 군복을 마구 찢고 부순 후 도주합니다. '비록 천한 무리(賤流 · 천류)이나 국은國恩을 입었기에 단결해' 궐 담장 바깥에 진을 치고 있던 다른 부대 병사들도 '분이 나서 칼로 돌을 깨부순 뒤' '산이 무너지는 듯 크게 울며' 해산합니다.[46]

순식간에 벌어진 공격이었고 순식간에 벌어진 투항 명령이었고 순식간에 종료된 전투였습니다. 병기는 모두 일본군 소유가 됐습니다. 일본군은 사방을 수색하고 다니며 보화와 역대 왕실 진품珍品과 종묘의 제기를 찾아 싣고 사라집니다. '수백 년 쌓아 두었던 국보가 하루아침에 없어졌다'고 황현은 기록했습니다.

자기 무기를 챙긴 고종

영내에 쌓여 있던 무기들. 일본군은 크루프 기관포 8문, 개틀링건 8문, 각종 소총 3,000정과 무수한 잡무기, 군마 15필을 전리품으로 챙겼습니다. 크루프 기관포와 개틀링건은 당시 세계적으로 잘 알려진 첨단 명품 무기입니다. 그런데 그게 고종은 욕심이 났나 봅니다. 고종이 몸소 나와서 일본군에게 이렇게 부탁하지요.

"빼앗지 마라. 쏜 적이 없는 무기들이니라."

웃기지도 않는 이 요청은 간단하게 무시됩니다. 일본군은 '수송병 240명 만으로는 운반이 불가능한' 막대한 전리품을 챙기고 경복궁에서 철수합니다.[47] 1873년 친정 선언 이후 고종이 지방군을 축소시키면서까지 육성한 궁궐 파수대는 반나절 실전 투입을 끝으로 왕국에서 사라져버립니다.

와해된 여흥 민씨

'민란 진압'과 함께 일본군이 내건 자기네 파병 명분은 '조선 내정 개혁'이었습니다. 이를 위해 이들은 아들에 의해 실질적인 유폐생활을 하던 흥선대원군을 끌어들입니다. 경복궁 공격 다음 날인 7월 24일 대원군이 일본군과 함께 입궐하며 정치에 복귀합니다. 고종은 "모든 사무를 대원군 결재 후 실행하라"고 명합니다. 그때까지 권력을 잡고 있던 여흥 민씨들이 대거 축출됩니다.[48] 황현은 그 풍경을 이렇게 기록합니다.

'민씨들은 모두 도피하고 없었다. 민영주는 양주, 민영준은 관서로 도피하였다. 민응식은 아들 병승과 함께 삿갓을 쓰고 짚신을 허리에 찬 채 맨발로 걸었다. 사람들이 기왓장을 던지고 손가락질을 하며 "이 사람이 지난날의 민 보국輔國이다"라고 하였다. 민두호가 춘천에 도착하자 백성들은 "도둑을 다시 들어오게 할 수 없다"고 하였다. 민두호는 무당 진령군과 함께 충주로 도주했다.'[49]

당시 일본인이 그린 우키요에에는 '오토리 게이스케 공사, 대원군을 호위하다(大鳥公使大院君ヲ護衛ス)'라는 제목이 붙어 있습니다. 사실이 아닙니다. 경복궁 습격은 정교한 계획하에 진행됐고, 대원군은 다음 날 '얼굴마담' 격으로 입궐합니다. 조선 손을 떠난 조선에서 이상한 형식으로 근대화가 시작됩니다.

56

풍도의 포성과 청일전쟁

1894년 7월 25일

(청일전쟁 발발)

1884년 갑신정변 실패 후 후쿠자와 유키치가 이렇게 주장합니다. "악우惡友와 친한 자는 함께 악명惡名을 면할 수 없다." 장면 49 10년 뒤 제자 김옥균이 처참하게 사라진 후 후쿠자와가 다시 한번 신문 사설로 일본 정부를 자극합니다.

'중국 정부가 원병을 발하는 경우 일본 역시 동등한 세력의 군사로 대등한 지위를 점하지 않으면 안 된다.'[50] 장면 54 1894년 5월 30일입니다.

8일 뒤, 거짓말처럼 청나라 북양대신 이홍장이 일본 정부에 전문을 보냅니다.

‘청일 양국 조약 중에 조선에 변란이 나서 청국에서 파병하여야 할 경우가 생기면 공문으로 통보하기로 돼 있다. 조선 정부에서 군대를 파견해 속히 정토征討를 해달라고 간청해 왔다.’[51]

일본은 기다리지 않았습니다. 학수고대하던 일본은 대기 중이던 군사를 즉각 조선으로 보냈습니다. 이미 5월 하순 이토 히로부미 내각은 데라우치 마사타케 대좌(초대 조선총독) 팀을 꾸려 군사 수송 작전에 돌입한 상태였습니다. 이홍장 통고 도착 이틀 전인 6월 5일 일본 정부는 대본영을 설치한 뒤 곧바로 소장 오시마 요시마사가 이끄는 혼성여단 선발대를 출항시킵니다. 10일 선발대는 조선 수도 한성으로 전격 진입합니다. 이들이 경복궁 점령 부대입니다.

인천에는 이미 일본 최신 군함 쓰쿠시, 지요다, 야마토, 아카기함이 파견돼 있었습니다. 인천에 6척, 부산에 1척 이렇게 일본 해군 군함 절반이 조선에 도착해 있었습니다.[52] 그렇게 인천과 한성은 일본군에 점령됩니다. 남쪽 아산 땅과 바다는 청나라 군사에 점령됩니다. 민란 해결 능력이 없는 조선 정부의 SOS 요청이 부른 살벌한 풍경입니다.

풍도의 포성

1894년 7월 25일 새벽, 아산만에는 안개가 자욱했습니다. 청나라 북양함대 소속 철갑 어뢰순양함 제원 호가 안개 속에 나타났습니다. 제원호는 광을, 위원 호와 함께였습니다. 광을 호는 소형 순양함이었고 위원 호는 연습선이었습니다.

오전 6시 매복해 있던 일본 제1유격대 소속 순양함 요시노, 나니와, 아키쓰시마 호가 나타났습니다. 이미 대본영으로부터 공격 명령을 받은 일본 함대는 곧바로 포격을 시작합니다. 선전포고도 없었습니다. 화력이 가장 강한 제원호가 첫 목표물이 됐습니다.

교전 개시 직후 제원호 함장 방백겸이 백기를 내걸고 도주를 명합니다. 승무원들이 항의했지만 방백겸은 백기를 거두고 계속 도주를 명합니다. 철골 목제선인 광을호는 나니와와 아키쓰시마 호로부터 집중포화를 맞고 침몰합니다. 노획된 제원호는 일본군이 전리품으로 압수합니다.

오전 8시 청 해군 병력 1,116명을 수송하던 영국 상선 고승호가 전투 지역에 나타납니다. 도고 헤이하치로가 함장이던 나니와호가 항복

풍도해전도. /영국박물관

을 요구했지만 승선한 청군은 거부합니다. 오후 1시 영국인들이 하선한 직후 나니와호가 고승호에 어뢰를 발사합니다. 30분 만에 고승호는 침몰했지요. 피격 전 고승호 임검 장면을 목격한 군량미 수송선 조강호는 퇴각 도중 아키쓰시마호에 포획됩니다. 오후 2시였습니다.[53]

전투 개시부터 종료까지 8시간 걸렸습니다. 그 8시간 동안 천하무적 북양함대 소속 군함 1척은 파손된 채 도주했고 한 척은 침몰했고 한 척은 피랍됐고 임차했던 상선은 침몰했습니다. 상선에 탑승했던 병력 1,116명 가운데 871명이 전사했습니다. 일본군 피해 상황은 전무全無. 2000년 중-일 교류사 가운데 가장 치욕적인 패배가 청조清朝 말 조선 내해內海에서 벌어졌지요.

자폭한 전근대前近代

이어진 전쟁 내내 청나라는 육지에서든 바다에서든 변변한 대항도 하지 못하고 졸렬하게 패합니다. 어느새 천하를 주름잡던 중국이 일본에 압도당하고 있었습니다.

1840년 아편전쟁 장면 22 이후 청나라도 근대화를 추진해 왔습니다. 하지만 그 근대화는 근대정신이 빠져 있는 근대화였고, 근대화 자체도 이가 빠진 근대화였습니다. 철저하게 봉건적인 부패한 권력 탓이었습니다.

북양대신 이홍장은 줄기차게 북양해군에 필요한 속사포 구입 예산을 배당해 달라고 요구해 왔습니다. 하지만 그 계획은 승인되지 않았습니다. 우선순위에 밀렸습니다. 예산 0순위권자는 서태후입니다.

'당시 권력의 정점인 서태후는 여름궁전 이화원을 짓기 위해 해군아문 예산을 넘봤다. 해군 건설에 투입해야 할 예산 가운데 2,000만 냥이 이화원 건설에 들어갔다. 이로 인해 해군아문은 창설 이후 외국으로부터 주문한 군함은 한 척도 없었다.'[54]

풍도에서 청나라 철갑선 제원호를 포격한 대포가 바로 이홍장이 원했던 그 속사포였습니다. 제원호 함장 방백겸으로 하여금 공포 속에 도주하게 만든 그 포탄이 속사포로 퍼부은 포탄이었고요.

더 심각한 원인은 정신적 나태함과 열세입니다. 1891년 6월 30일 북양함대가 일본을 찾았습니다. 함대는 모두 여섯 척으로 구성됐습니다. 7,000톤급 진원, 정원定遠호를 비롯해 경원, 래원, 치원과 정원靖遠호. 모든 군함에는 '먼 곳遠'을 누르고鎭 바르게 만들고定, 경략하고經 따위 이름이 붙어 있었습니다. 일본 해군 또한 군함이 6척이었는데, 총톤수(2만 5,260 대 1만 5,730)를 비롯해 물리적인 군사력에서는 비교가 되지 않았습니다.

그런데 청 사령관 정여창은 도쿄, 요코하마, 나가사키 같은 항구를 순방하며 고관대작을 함상으로 초대해 파티를 벌입니다. 함내 견학도 시키며 대국의 위엄과 교양을 한없이 과시합니다. 초청된 사람 가운데에는 해군 장교도 있었고 신문 기자도 있었습니다. 이듬해 6월 23일 북양함대는 7,000톤급 진원鎭遠호 대신 소형선인 위원호를 방문단에 포함시켜 일본을 찾았습니다.[55]

풍도 해전에 이어 9월 17일 압록강 앞바다에서 황해해전이 터집니다. 일본 함대는 북양함대 사령선인 정원호 하단 석탄창고와 상층 양쪽 사관실과 두 칸짜리 최상부 선장실을 집중 포격합니다. 정원호 사령탑을 맹폭격해 사령관 정여창에게 중상을 입힙니다. 군함 구조와 위치는 모두가 나가사키 기항 때 북양함대가 일본 군부와 관료와 기자들에게 청나라 스스로 공개한 군사 기밀입니다. 일본까지 찾아가서 북양함대 전 군함을 뱃속까지 노출시켜 치명적인 정보를 일본에 제공해버린 거지요.

하급 병사도 마찬가지였습니다. 정원호가 히로시마 구레呉에 기항했을 때, 정원호 주포에는 수병들이 걸어놓은 더러운 빨래들이 널려 있었습니다. 함대원 사이에는 도박과 흡연이 만연했고 병사들은 '치렁치렁한 소매가 달린 군복과 1리만 걸어도 포로가 될 판인 헐렁거리는 군화'를 착용하고 있었습니다. 풍도해전에서 나니와호를 지휘했던 당시 진수부 참모부장 도고 헤이하치로는 그 모든 장면을 목격합니다.[56]

자폭自爆이라고 보면 됩니다. 청은 자멸했고 일본은 각성한 겁니다. 종군기자였던 미국 〈뉴욕 월드〉 특파원 제임스 크릴먼은 이렇게 기록합니다.

> '군사과학이 만들 수 있는 가장 치명적인 무기로 요새 하나는 무장시킬 수 있다. 교묘하게 만든 무기와 불량품 하나 없는 탄약으로 병사들을 무장시킬 수 있다. 하지만 그 기계들 뒤에 훈련된 두뇌와 눈과 육체가 없고 통제할 수 있는 규율이 없다면 소총도 대포도 반복되는 무장도 헛된 것이다.'[57]

57

비장했던 김홍집과 갑오개혁

1894년 7월 27일

[군국기무처 설치]

인류가 탄생한 이래 모든 변화는 외부에서 들어온 충격에서 시작됐습니다. 프랑스 시민혁명이 그랬고 과학과 기술혁명이 그러했습니다. 프랑스 지식인들은 영국에서 전파된 근대정신을 〈백과전서〉로 수용하면서 계몽주의를 생산했습니다. 영국 지식인들은 대륙에서 수입된 과학기술을 발전시켜 산업혁명으로 연결했지요.

조선도 마찬가지입니다. 성리학과 당쟁으로 고착돼 있던 조선은 외국군 개입이라는 특이한 방식으로 근대로 가는 탈출구를 만듭니다. 그 외국은 일본이었고, 일본은 조선에 앞서 근대를 수용한 국가였습니다.

군국기무처

7월 23일 일본군이 경복궁을 점령하고 나흘이 지난 7월 27일 '군국기무처'라는 개혁 주도 기구가 조선정부에 설치됩니다. 총재는 판중추부사에서 영의정으로 승진한 김홍집이 임명됐습니다.[58] 김홍집은 일본과 청나라 문물을 경험한 개화파입니다. 7월 29일 고종과 전현직 대신들과 함께 회의를 가집니다.

고종이 말합니다. "함께 와신상담하여 치욕을 씻자."

김홍집이 말합니다. "성상께서 뜻을 굳게 정하고 분발해야만 편안한 세상으로 바꾸는 성과를 이룩하게 되리이다."

원로대신 좌의정 조병세가 말합니다. "힘들고 걱정스러운 때를 당했으니 경장更張을 위해서는 한마음으로 해야만 합니다."[59]

'경장更張'. 늘어진 거문고 줄은 당기고 팽팽한 줄은 풀어서 소리를 똑바로 만드는 '해현경장解弦更張'을 뜻합니다. 개혁입니다. 똑바로 음을 낼 수 있도록 악기를 뜯어고친다는 뜻입니다. 조병세는 두 달 전에도 경장이라는 말을 꺼낸 적이 있습니다. 5월 8

2차 수신사 시절 김홍집. /위키피디아

일, 동학 농민군 토벌을 위해 홍계훈이 이끄는 관군을 파견한 직후입니다. 조선 정부 총과 대포로 조선 백성을 진압하려는 고종에게 노대신이 말합니다.

"오늘날 백성들은 입에 풀칠도 할 수 없으니 극히 불쌍합니다. 대경장大更張과 대시조大施措가 없으면 실효가 없으리이다."[60]

'대경장'과 '대시조'. '크게 고치고 크게 조치한다'는 뜻입니다. 돈 몇 푼 쌀 몇 톨 주고 탐관오리 몇 처벌해서 될 일이 아니라는 뜻입니다. 조선이라는 공동체 구성원을 오래도록 억압해 온 거대한 모순을 해결하지 않으면 동학 또한 해결되지 않는다는 분석과 경고였지요. 역적 김옥균 처단 파티를 벌이던 5월 31일 그 농민군에 의해 전주성이 함락됩니다.

조선 정부가 불러들인 청과 일본군이 우글거리던 7월 13일, 조선 정부는 동학 농민군 요구에 항복해 '교정청'이라는 개혁 담당 기관을 만들었습니다.[61] 그런데 교정청이 내놓은 개혁안은 '탐관오리는 최고형으로 처벌하고' '과다 세금 징수는 금지하고' '불법 징세 또한 금지하는' 따위, 말 그대로 동학 농민군이 요구한 수준의 미봉책에 불과했습니다.[62]

정부가 어물쩍대는 사이 7월 23일 일본군 혼성여단이 궁궐을 공격했고, 앞에서 보셨다시피 고종은 자기 군사에게는 무장 해제를, 적군에게는 덧없는 무기 반납 요구를 하며 사태를 종결짓습니다. 장면 55
그 실패를 반복하지 않기 위해서 좌의정은 다시 한번 '합심한 경장'을 요구했고 영의정은 국왕 본인에게 뜻을 굳게 정하라고 요구합니다.

"우리는 이미 소인이 되었으니…."

매천 황현이 말합니다.

'(가렴주구가 극에 달해서) 백성들은 울부짖으며 죽기를 기원했다. 그러나 누구 하나 해결해 주는 사람이 없었다. 이때 신법이 반포되자 모두 발을 구르고 손뼉을 치며 기뻐하여 서양법을 따르든 일본법을 따르든 다시 태어난 듯 희색을 감추지 못했다. 조정에서는 우려하는 기색이 역력했지만 배부르고 따뜻해진 시골 사람들은 태평시대를 즐기고 있었다.'[63]

군국기무처는 이후 매일같이 조선왕조 500년 고질병을 치유할 개혁안을 내놓습니다. 전근대 질서가 몇 달 사이 공식적으로 파괴돼 나갑니다. 흥선대원군이 시도했던 개혁이기도 했고, 갑신정변 때 김옥균과 박영효와 서재필이 그렸던 이상이기도 합니다. 참으로 조선 500년 역사상 당쟁 없이 처음으로 합의된 미래였지요.

그 김홍집이 개혁 관료들을 소집해 이렇게 선언합니다.

"우리들은 이미 구시대 제도를 바꿔버린 소인小人이 되었고, 청직한 여론에는 죄를 지었다. 하지만 두 번 다시 나라를 그르친 소인으로 후세에 죄를 지어서는 안 될 것이니, 일시의 부귀만 생각하지 말고 각자가 노력하기 바란다."[64]

시스템을 근본적으로 개혁하겠다는 조선 개화파와 조선을 대륙으로 진출할 디딤돌로 삼으려는 일본 야심이 맞아떨어진 외부로부터의 개혁입니다. 개혁이 진행되면 일본 측 이익이 커질 가능성도 있습니다. 하지만 더 이상 미룰 수 없는 개혁입니다. 황현이 말합니다.

'우리를 진정으로 위한 것도 아니니다. 하지만 병을 고칠 수 있는 약이 아니라고 말하기도 어렵다.'[65]

일본에 의해 주도된 개혁이지만, 필요한 개혁이라는 데에는 의견이 일치합니다. 중국과 일본이 천하를 다투며 전쟁을 벌이는데, 조선에서는 근대와 전근대 사이에서 목숨을 건 전쟁이 개막합니다. 이를 갑오개혁, 갑오경장이라고 부릅니다.

옆 사진은 1884년 봄날 갑신정변을 결심한 홍영식과 10년 뒤 갑오개혁을 맡은 김홍집이 북촌 외무아문에서 촬영한 기념사진입니다. 그렇게 개화를 꿈꾸던 지식인들은 시간을 초월해 연결되고 있었습니다. 슬픈 근대인 김홍집 이야기는 장면 65에서 이어집니다.

1884년 홍영식(앞줄 오른쪽에서 두 번째 짙은 두루마기)과 김홍집(홍영식 왼쪽). /미국 보스턴미술관

58

500년 만에 해방된 노예들

1894년 7월 30일

[노예제 폐지]

200가지 '의안議案'

'한마음으로 경장'을 다짐한 다음 날, 군국기무처가 첫 번째 개혁안을 내놓습니다.[66] 모두 놀랐습니다. 7월 30일 발표된 개혁안 열두 가지 가운데 눈에 띄는 조항을 보겠습니다.

- 중국과 사대 관계를 개정한다.
- 신분제를 폐지한다.
- 문무 차별을 폐지한다.
- 연좌제를 폐지한다.

• 과부 재혼을 허가한다.
• 노비 제도를 폐지한다.

하나하나가 충격적이었습니다. 21세기 눈으로 보면 허탈하기까지 한 평범한 말들이지만 조선왕국 구체제를 완전히 뒤집지 않으면 불가능한 개혁안들입니다. 흥선대원군도 실패했고 김옥균과 박영효와 홍영식과 서재필과 서광범도 실패했던 개혁입니다. 군국기무처라는 핵심 권력이 칼을 빼 들고 이 500년 모순에 '대경장'을 목표로 '대시조'를 선언한 것이죠. 청일전쟁 직전 급조된 교정청 개혁안과는 비교가 되지 않았습니다. 500년 동안 전근대 조선이 의심할 여지 없이 당연시했던 제도와 관습, 이하응과 김옥균을 좌절시켰던 모순이 일소되고 '근대近代'라는 새 시간대가 형성될 새 틀이었습니다.

군국기무처가 내놓은 개혁안을 '의안議案'이라고 합니다. 조선 왕조 내내 개혁안이라면서 선비들이 내놓았던 상소문과 달랐습니다. 의안은 구체적이었습니다. 상소문은 시국에 대한 비판을 나열한 뒤 이를 극복하기 위해 대개 '덕치德治'를 대안으로 내놓곤 했지요. 총론은 거창하되 각론은 흐지부지한 관념적인 대안이 대부분이었습니다.

예컨대 효종 때 북벌北伐에 대한 대책을 내놓으라는 효종에게 송시열은 '공부에 힘쓴다면 나라를 다스리는 데에 무슨 어려움이 있겠는가'라고 대답합니다.[67] 이런 뜬구름 잡는 소리가 보고랍시고 올라오면 정조는 '대충대충 몇 마디 말로 책임이나 때우려고 한다'고 꾸짖기도 했습니다.[68]

군국기무처가 내놓은 의안은 모두 200가지가 넘습니다. 이런 조항도 있었습니다. '국왕은 집무실에 나와서 친히 정사를 결재한다.'[69] 매천 황현에 따르면 고종과 민비 부부는 '밤에 등불을 대낮처럼 훤히 밝히고 새벽이 되도록 놀다가 어좌에 누워 잠을 자고 오후 3시나 4시에 일어나던' 지도자들입니다.[70] 그 지도자에게 '사무실에 출근해서 근무하라'고 사소하되 구체적이고 중요한 개혁조치를 요구한 거지요.

해방된 노예들

'공노비公奴婢와 사노비私奴婢에 관한 법을 일체 폐지하고 사람을 사고 파는 일을 금지한다.'

첫날 발표한 의안에서 가장 충격적인 개혁안입니다. 조선 왕조 500년 동안 권력과 공동체의 '동력動力'으로 기능했던 '동물적인 인간' 노비 제도가 철폐됩니다. 대원군도 갑신정변파도 생각하지 못했던 혁명적인 개혁입니다.

노예란 타인에게 소유된 인간을 뜻합니다. 노예는 주인이 요구할 때 노동력이나 서비스를 제공해야 생존할 수 있습니다. 그런 과정에서 노비 본인도 부를 축적할 수도 있고 '행복'이라는 가치를 소유할 수도 있습니다. 하지만 생사여탈권이 본인이 아닌 주인에게 있는 한 노예는 그냥 노예입니다. 그런 의미에서 조선 노비는, 노예입니다.

삼국시대, 고려시대에도 노예는 존재했습니다. 그런데 조선은 노예 인구의 대확장기였고 노예제의 최전성기였습니다.[71] 부모 한쪽이 노(奴: 남자)나 비(婢: 여자)면 무조건 자식은 노비가 되는 '일천즉천—

賤則賤' 원칙이 이어졌을 뿐 아니라 평민과 노비가 결혼하는 양천교혼이 성행했기 때문입니다. 양반계층은 자기 재산 확보를 위해 노비제 완화를 적극 반대해 왔고요.

세종이 강화하고 갑오정부가 폐지한 노예제

이를 강화한 사람은 세종입니다. 세종은 노비인 여자 자식은 그 아버지가 양반이든 평민이든 천민이든 무조건 노비로 규정한 '노비종모법'을 실시합니다. 이후 조선은 노비 국가였습니다.[72] 세종 아버지인 태종이 평민 아버지 자식은 어머니가 노비라도 평민으로 규정했지만,[73] 아들 세종은 이를 인정하지 않았습니다. 성리학적 질서에 어긋난다는 게 이유였습니다.

사람이되 동물계에 살아야 하는 비극적인 존재가 조선 노비입니다. 탄생 자체가 천벌인 존재지요. 이 원칙은 1485년 완성된 '경국대전'에 성문법으로 규정됩니다. 이렇게요.

> '노비 소생 신분은 어미를 따른다. 아비가 노비라면 어미가 평민이라도 소생은 노비다.'[74]

학자에 따라 노비 숫자를 전체 인구 50%가 넘게 추산하기도 합니다. 이들이 공동체의 농사와 생산과 땔감을 태워 하는 난방을 책임져 왔으니, 조선 사회에서는 산업혁명이 일어날 수가 없었습니다. 풍부한 노비 노동력은 인력 외 동력 개발에 대한 필요를 느끼지 못하게 했으니까요.

조선사회는 이에 대해 이론적인 근거까지 탄탄하게 만듭니다. '기자箕子'를 들먹이며 조선 선비들은 노비제를 정당화합니다.

'기자箕子가 노비 제도를 제정해 귀천貴賤의 분별을 짓고 명분을 중시하고 상하를 엄하게 하였나이다. 따라서 노예를 마음대로 죽인 주인이라도 그 죄를 용서하지 않으면 (분별이 사라지니) 너무나도 한심합니다.'[75]

성종 때 사간원에서 올라온 보고입니다. 조선은 저런 나라였습니다. 심지어 명종 때는 "문명국 중국과 달리 조선은 기강을 똑바로 잡아야 어지러워지지 않는다"는 불쌍하기까지 한 자기 비하적 논리까지 등장합니다.[76]

너무나도 불합리한 이 노비제도가 영조 이후 조금씩 개선되더니 순조 때 관공서의 공노비가 철폐됩니다.[77] 갑신정변 2년 뒤인 1886년 고종은 사노비 세습제를 철폐합니다. 억압을 견디다 못한 노비들이 해방을 요구하며 주인에게 저항하는 일이 일상화되자 취해진 조치입니다. 마지못해 세습제를 철폐한 고종 정권은 조건을 달았습니다.

'단 스스로 노비가 아니라고 하는 자는 엄벌한다.'

'기강만은 바로잡겠다'는 뜻이지요.[78]

그러다 마침내 갑오개혁 정부에 의해 조선 노예제가 붕괴됩니다.

기자를 들먹이고 중국보다 못한 나라라 필요하다며 버티던 권력층은 그렇게 근대에게 머리를 숙입니다. 물론 실질적으로 노예제가 사라지까지는 또 세월이 흐릅니다. 하지만 500년 만의 충격 속에 조선은 신속하게 근대로 진입하고 있었습니다.

59

환생한 백탑파와 근대인 네트워크

1894년

갑오정부, 미래를 준비했던 근대인

1권 처음부터 지금까지 목격한 장면들은 닮은 점이 있습니다. 눈앞에 펼쳐진 근대라는 시대를 두고 세계와 조선이 걸어간 방향이 많이 달랐다는 사실입니다. 지성과 교류를 통해 근대를 맞이한 공동체들이 있었고 지성과 교류를 거부하고 근대를 거부한 공동체가 있었습니다. 조선은 대개 근대를 거부한 쪽입니다.

그런데 1894년을 맞아 조선에서 근대가 폭발합니다. 분노를 참고 있던 농민이 죽창을 들고, 왕실에 고개를 숙이던 관료들이 전제왕권을 제한하겠다고 고함을 지릅니다. 아무리 일본이 무력으로 강요한 근대라고 해도, 어떻게 갑자기 이런 일이 벌어질 수 있었을까요.

뒤를 돌아보면 보입니다. 서원 철폐(1871), 종두법(1879), 갑신정변

(1884), 동학(1894). 근대라는 새로운 시대정신이 숨죽이며 조금씩 얼굴을 드러내 왔습니다. 정신의 주인은 사람입니다. 그때마다 근대를 찾는 사람들이 누적되면서 마침내 1894년이라는 거대한 변혁의 시간을 맞게 된 거지요.

슬픈 백탑파와 청계천

이보다 100년 전 서울에는 백탑파라는 근대인들이 살았습니다. 북학파라고도 하지요. 장면 07 이들이 꿈꿨던 세상은 통상과 학문이 자유로워 백성이 복지를 누릴 수 있는 부유하고 강한 나라였습니다. 정조의 문체반정으로 눈 녹듯 사라져버린 그 백탑파가 100년 뒤 환생합니다. 이들을 근대인近代人이라고 부릅니다.

연암 박지원이 이끌었던 백탑파는 글을 좋아하고 토론을 좋아하고 술을 좋아하는 무리였습니다. 1773년 8월 30일 밤, 술 취한 백탑파 사내들이 청계천 수표교 난간에 걸터앉아 달을 즐깁니다. 낭만적입니다.

'수표교 다리 위에 줄지어 앉으니 달은 바야흐로 서쪽으로 기울어 순수히 붉은빛을 띠고 별빛은 더욱 흔들흔들하며 둥글고 커져서 마치 얼굴 위로 방울방울 떨어질 듯하며, 이슬이 짙게 내려 옷과 갓이 다 젖었다.'[79]

신나게 논 뒤 파할 무렵 박지원이 이렇게 적습니다.

'맹꽁이 소리는 눈 어둡고 귀먹은 원님 앞에 난민亂民들이 몰려와서 송사訟事하는 것 같고 닭 울음소리는 한 선비가 홀로 나서 바른말 하는 것을 자기 소임으로 삼는 것 같았다.'

백탑파는 허망하게 자취를 감춥니다. 그리고 100년 뒤 불만 가득한 난민들이 나타나고 홀연히 자기 소임을 하려는 선비들이 나타납니다.

백탑파의 환생, '육교시사六橋詩社'

1876년 어느 날, 100년 전 백탑파가 거닐던 청계천변에 '육교시사六橋詩社'라는 그룹이 결성됩니다. '육교六橋'는 청계천 광통교를 뜻합니다. 광통교 주변에 살던 신분 낮은 의관과 역관이 만든 글쓰기 모임입니다. 그룹을 만든 사람은 강위姜瑋입니다. 마치 박지원이 이끌었던 백탑파처럼, 강위를 중심으로 근대인 네트워크가 단단하게 형성됩니다. 그들의 웅장한 네트워크를 보겠습니다.

무관인 강위는 1876년 강화도조약 조선 측 실무진이었습니다. 박영선이라는 육교시사 회원은 지석영에게 천연두 공부하라고 한 스승입니다. 장면 40 1882년 일본인 이노우에 가쿠고로가 〈한성순보〉를 만들 때 박영선은 창간 공동작업자입니다. 장면 47 강위는 이들을 지도합니다. 이노우에 가쿠고로는 강위를 '가정교사'라고 불렀습니다.[80] 이노우에에게 신문을 권한 사람은 후쿠자와 유키치입니다. 조선인 김옥균도 후쿠자와로부터 근대를 배웠습니다.

지석영을 2차 수신사에 끼워 보낸 사람은 김옥균입니다. 지석영 회고에 따르면 김옥균은 단순히 종두법을 배우는 데 그치지 말고 "반드시 종두 제조법을 꼭 배워오라"고 신신당부합니다.[81] 그 2차 수신사 단장이 갑오개혁정부 지도자 김홍집입니다.

회장 강위와 교류한 대표적인 사람들은 오경석, 최한기, 유대치, 김정호, 박규수, 이동인입니다. 개화를 주장하고 실천한 대표적인 사람들이지요. 연암 박지원 손자인 박규수는 강화도조약 체결에도 큰 영향을 미칩니다.

1884년 봄날 강위가 죽습니다. '육교시사' 또한 사라져버립니다. 하지만 시대정신은 더 강력해집니다. 그해 겨울 갑신정변이 터집니다. 정변 주역은 박규수가 사랑방에서 가르친 북촌 5인방, 김옥균, 박

근대인 강위. /규장각한국학연구원

영효, 홍영식, 서재필, 서광범입니다. 강위 제자 변수와 백춘배도 갑신정변에 동참합니다. 변수는 강위를 따랐던 대표적인 제자입니다. 친하게 지냈던 역관 변진환의 아들이지요. 강위와 친했던 유대치는 갑신정변 정신적 구루입니다. 〈한성순보〉를 만든 이노우에 가쿠고로는 이 갑신정변에 폭탄조로 투입됩니다.

장엄했던 근대인들과 과거제 폐지

강위와 함께 〈한성순보〉를 만들던 우시바 타쿠조는 지지부진한 창간 준비에 지쳐 귀국합니다. 그때 조선 청년 17명을 데려가 후쿠자와 유키치가 만든 게이오의숙에 입학시킵니다. 이들 가운데 일부가 군사학교에 입학합니다. 대표적인 인물이 북촌 5인방 가운데 하나, 서재필입니다.

개화승이라고 불리는 이동인은 서울 신촌 봉원사에서 이 북촌 5인방을 '혁명당'이라고 부르며 근대를 알려주지요.[82] 서재필이 회상합니다. '이동인 스님이 우리를 인도해 줬다. 새 절은 우리 개화파의 온상이다.'[83]

1894년 김옥균이 청나라 상해에서 홍종우에게 암살될 때 김옥균을 따르던 일본 청년이 있었습니다. 이름은 미야자키 도텐宮崎滔天입니다. 김옥균이 이홍장을 만나러 간다고 했을 때 자기도 따라가겠다고 나섰다가 거절당하지요. 며칠 뒤 김옥균 암살 소식이 알려지자 미야자키는 통곡을 하며 그를 추모한 뒤 훗날 청나라로 가서 손문을 도와 신해혁명에 헌신합니다.

그때는 국경도 없었고 민족도 없었습니다. 바다 건너 거미줄처럼 짜인 근대의 네트워크. 그 네트워크를 활용한 국가는 흥했습니다. 네트워크를 붕괴시킨 국가는 망했습니다.

근대를 맞아, 조선도 정체돼 있지만은 않았습니다. 각성한 근대인들이 있었습니다. 강위를 필두로 근대정신들이 모였고, 그들과 교류했던 벗들이 근대를 만들어나갔습니다. **조선 근대사는 이 근대인들을 중심으로 다시 기록돼야 합니다. 이 책이 아닌 교과서에 그들 이름과 발자국이 또렷하게 찍혀야 한다고 믿습니다.**

노예제 폐지를 선언하고 나흘이 지난 8월 3일, 그 근대인 김홍집의 군국기무처가 과거제도를 폐지합니다.[84] 과거제도는 노예제와 함께 조선 신분제를 떠받치던 양대 기반입니다. 오직 성리학을 공부해 성리학으로 시험을 보고 오직 성리학으로 무장한 벼슬아치들을 생산하던 인력충원 시스템이 붕괴됩니다. 성리학에 기반한 신분제가 공식적으로 사라집니다.

아이러니하게도 근대를 책임져야 할 지도자 고종은 저 장엄한 네트워크에 끼어들 틈이 전혀 없습니다. 찬란했던, 잔인했던 1894년이 갑니다.

5장

반동의 시대

1894~1897

반동의 시대 연표

1894년 8월 17일 일본내각, 조선의 보호국화 결정

1894년 12월 4일 고종, 동학 진압을 위해 일본군 철수 철회 요청

1895년 4월 17일 청일전쟁 종전, 시모노세키조약 체결

1895년 6월 25일 고종 갑오개혁 전면 취소 선언

1895년 10월 8일 왕비 민씨 암살

1896년 2월 11일 아관파천

1896년 3월 11일 러시아황제 대관식에 민영환 파견

1896년 4월 7일 〈독립신문〉 창간

청일전쟁, 일본이 승리했다. 1895년 봄, 일본 시모노세키 춘범루에서 이토 히로부미가 이홍장에게 말했다. "10년 전 청나라가 개혁해야 한다고 제가 드린 말씀을 기억하시는가. 이런 모습으로 재회하니 유감이다." 이홍장이 말했다. "참괴하다." 근대라는 시대정신 앞에서 청나라는 방황했고 일본은 근대에 뛰어들었다. 온몸으로 근대를 수용한 일본이 주인공이 됐다. 청일 두 나라 전쟁터로 변했던 조선은 기이한 방식으로 대청 독립을 얻었다.

60
보호국으로 전락하는 조선과 한 아이의 일생

1894년 8월 17일

[일본내각, 조선의 보호국화 결정]

1870년생 한 아이의 일생

1870년 한성 성곽 바깥 이태원에서 태어난 아이는 열두 살이 된 1882년 굶주린 온 마을 어른들이 청나라 군사에 의해 체포되는 임오군란을 겪습니다. 2년 뒤에는 또 사대문 안을 피바다로 만드는 갑신정변 소문을 듣게 됩니다. 흉흉하고 가난한 사춘기를 보낸 아이는 스물네 살 어른이 되어 전쟁을 맞이합니다. 청일전쟁이지요. 아이의 어린 시절과 청년기는 그러했습니다.

그리고 바로 그 해 1894년, 아이의 노년기를 식민지로 몰아넣는 사건이 터집니다. 사건이 터진 장소는 일본 도쿄 내각회의입니다. 날짜는 8월 17일입니다. 한 아이 평생을 불행하게 만들어버린 이 회의 결론은 '조선의 보호국화'입니다.

그해 6월 3일 '흉악하고 완고한 자들을 진압해 달라'며 청나라 군사를 요청했던 고종은 일이 이상하게 돌아간다고 느낍니다. 예상했던 일이지만 일본군이 들어오지 않나, 이들이 반란세력 토벌 대신 한성으로 물밀듯 들어오지 않나….

일이 이상하게 돌아가자 고종은 미국에 구조신호를 보냅니다. 7월 5일 미 국무부에 고종이 주미공사 이승수에게 보낸 훈령이 접수됩니다.

'이 난관을 조정해 달라고 미합중국 대통령에게 요청하라.'[85]

1882년 맺은 조미수호조약 1조에 '거중조정' 조항이 있습니다. '타국이 불공경모不公輕侮 하는 일이 있게 되면 필수상조相助 하여 잘 조처한다'는 항목입니다. 조약 당사국인 조선과 미국 중 어느 한 나라가 다른 나라와 불미스러운 일이 벌어지면 중간에서 이를 조정해 준다는 조항입니다.

단순한 외교적 수사에 지나지 않는 의례적 조항에 불과합니다. 정글 같은 근대에 대해 고종은 무지했고, 조약 당사국인 조선이 미약하고 초라해도 미국이 도와주리라고 생각했지요.

바로 그날 국무장관 그레셤은 일본공사 다테노 고조와 면담을 갖고 일본의 전쟁 의지를 확인합니다. 7월 7일 그레셤은 주일미국공사 에드윈 던Dun에게 전문을 보냅니다.

'일본 내각에 전달하라. 이 나약하고 힘없는(feeble and defenceless) 이웃을 부도덕한 전쟁에 빠뜨린다면 미국 대통령은 고통스러운 실망을 느낄 것이다.'[86]

이틀이 지난 7월 9일 그레섬이 조선공사 이승수에게 통보합니다.

'미국은 공명하고도 엄정한 중립을 지켜야 한다.'[87]

조정을 거부하겠다는 거절 통보입니다. 당시 조선과 교역량은 미국 전체 교역량의 0.01%도 되지 않았습니다. 미국은 이해관계가 비교할 수 없이 큰 일본을 택했습니다.[88]

바로 그날 외무대신 무쓰 무네미쓰陸奥宗光가 그레섬이 보낸 메시지를 전달받습니다. 훗날 무쓰는 이렇게 회고합니다.

'미국이 조선의 간청이 거절하기 어렵다는 것 외에는 그 어떤 의사도 없었음이 분명했다.'[89]

7월 23일 한성 용산에서 대기 중이던 일본군 혼성여단이 기다렸다는 듯이 경복궁을 공격해버립니다. 함화당에 있던 고종은 곧바로 궁궐수비대에게 항복 명령을 내립니다. 장면 55

1894년 7월 23일 고종이 일본군에 습격당했던 경복궁 함화당.

조선 운명이 결정된 8월 17일 일본 내각회의

그리고 8월 17일, 조선의 운명이 결정되던 그날이 왔습니다. 그때까지 청과 전쟁 준비에 올인하고 있었던 일본이 이제 조선 문제를 두고 결론을 내릴 시점이 왔습니다. 경복궁 습격 또한 청일전쟁 개전을 위해 '강압적으로 조선 조정을 밀어붙여 굴종시켜' 조선을 묶어두려는 계획이었습니다.[90]

이제 전후 조선 처리를 두고 자기네 국익에 맞는 방향으로 정책을 결정해야 하는 거지요. 조선사람 눈으로 보면 참담하고 낭패스럽고 황당하기 짝이 없는 풍경입니다. 하지만 현실은 그랬습니다. 무쓰가

회상합니다.

'나는 4개 문제를 각의에 제출해 국가 방침을 확정해 달라고 요청했다. 그 방안은 1. 조선을 독립국으로 놔둔다(독립국) 2. 일본이 직간접적으로 영구히 또는 장기간 그 독립을 돕는다(보호국) 3. 청일 양국이 공동으로 조선을 보전한다(공동통치) 4. 이도 저도 안 되면 강국强國이 담보하는 '중립국'으로 만든다.'

무쓰가 4개안에 일일이 장단점을 열거해 토의에 부칩니다. 그 결과 일본 내각은 '당분간 2번안(보호국안)을 목표로 하기로 하고 후일 다시 국가 방침을 확정하기로' 의결합니다.[91] 조선을 일본 보호국으로 만들고 향후 재론하겠다는, 식민의 시작입니다.

포성도 없었고 살인극도 없었습니다. 하지만 1894년 여러 날 가운데 가장 숨 막히는 날이었습니다. 불우한 어린 시절과 사춘기를 보내고 어른이 되어 전쟁을 겪었던 성저십리 사내는 이제 상상도 못 했던 세상에서 노년을 보내다가 죽을 운명 속으로 내동댕이쳐졌습니다. 누가 책임져야 하나요. 저 사내가? 간악한 일본이? 방관한 미국이? 뒤 장면에 그 정체가 공개됩니다.

61

고종이 부여잡은 일본군

1894년 12월 4일

[동학 진압을 위해 일본군 철수 철회 요청]

1894년 동학 농민 전쟁은 고종-민씨 척족 연합 정권의 탐학이 낳은 사건입니다. 그 진압을 위해 고종은 민영준(민영휘)과 함께 청나라 군사를 불러들였지요. 이후 벌어진 일들에 대해 국사 교과서들은 대부분 이렇게 서술합니다.

'청나라 군사가 출병하자 대륙 진출을 노리던 일본군이 동시 출병했다. 그러자 동학 농민군이 죽창을 내리고 해산했다. 청일 양국 군사가 필요 없어진 조선 정부는 양국군 철수를 요구했다. 일본군은 철군을 거부했다.

그해 7월 23일 일본군은 경복궁에 난입해 고종을 협박하고 친일 정권을 세웠다. 그리고 아산 앞바다에서 청나라 군함을 공격해 청일전쟁을 도발했다. 이후 동학은 일본군과 관군(정부군)에 무자비하게 진압됐다.'[92]

그런데 교과서가 은폐한 사실이 하나 있습니다.

은폐된 진실

그해 12월 한 유력 인사가 일본 특명전권공사 이노우에 가오루井上馨에게 이렇게 메시지를 전달합니다.

'일본군이 중도에서 철수한다면 망할 위험이 곧 다가오게 될 터이니[若中途調回危亡立至, 약중도조회위망립지] 어찌 이런 일을 차마 할 수 있겠는가.'

누군가가 철군하려는 일본군을 가지 말라고 소매를 붙잡는 발언입니다. 뒤 페이지에 있는 문서가 이 말이 기록된 문서입니다. 이 문서는 당시 조선국 내각총리대신 김홍집과 외부협판 김윤식이 1894년 12월 4일 일본 특명전권공사 이노우에 가오루에게 보낸 공문입니다. 문서는 현재 대한민국 국사편찬위원회 데이터베이스에 영인돼 있습니다. 문서 이름은 〈'주한일본공사관기록 5', 6. 내정리혁內政釐革의 건 1, (6)조선 정황 보고에 관한 건〉입니다.

동학군이 공주 우금치에서 궤멸되고 청일전쟁 전선도 대륙으로 넘어가고 일본 승리가 확실시되던 그 겨울, 일본군을 철수시키겠다는 일본 공사에게 "남아서 민란을 진압해 달라"며 소매를 붙잡고 있는 어느 유력인사의 육성입니다. 공사 이노우에는 며칠 줄다리기 끝에 이 요청을 수용합니다.

그 어느 교과서에도 이 발언과 발언 주인공에 대해 언급하지 않는, '일본군은 철수하지 말라'고 요청한 이 사람은 '조선국 국왕 고종'입니다.

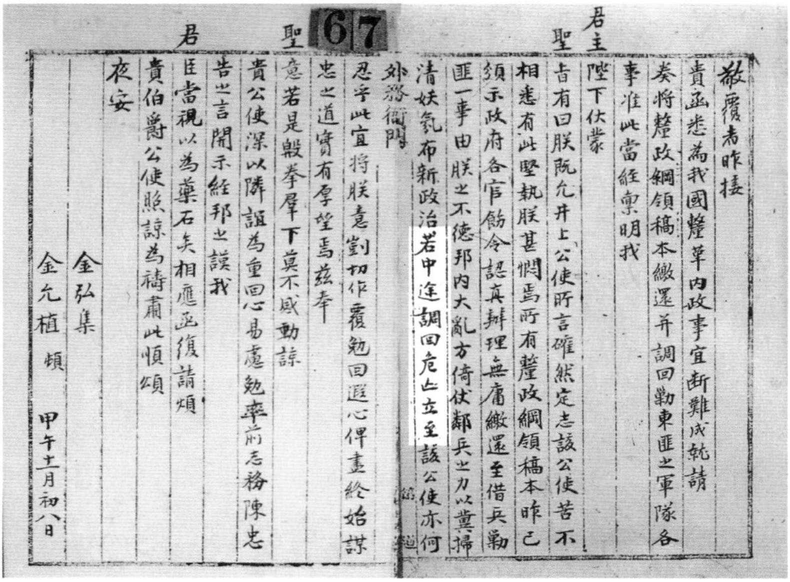
君主 聖 聖 君
敬覆者昨接
貴函悉為我國釐革内政事宜斷難成就請
奏將釐政綱領稿本繳還幷調回勦東匪之軍隊各
事准此當經稟明我
君主
陛下伏蒙
聖旨有曰朕既允井上公使所言確然定志該公使苦不
相逼有此堅執朕甚憫焉所有釐政綱領稿本昨已
頒示政府各官飭令認真辦理無庸繳還至借兵勦
匪一事由朕之不德邦内大亂方倚仗鄰兵之力以冀掃
清妖氛布新政治若中途調回危亡立至該公使亦何
外務衙門
君
忍乎此宜將朕意剴切作覆勉回遐心俾盡終始誠
忠之道實有厚望焉茲奉
聖
意若是殷拳羣下莫不感動諒
貴公使深以隣誼為重回心易慮勉率前志務陳忠
告之言開示經邦之謨我
君
臣當視以為藥石矣相應函復請煩
貴伯爵公使照諒為禱肅此順頌
夜安
金弘集
金允植 頓
甲午十一月初八日

고종이 주한일본공사관에 보낸 성지聖旨. '지금 (일본군이) 철수하면 나라(조선)가 망한다'는 고종 메시지가 적혀 있다. /국사편찬위원회

동학토벌대 '양호도순무영'

'모든 법을 활용해 용서해 주지 말라.'[93]

동학에 대한 고종 시각은 일찍부터 확고했습니다. 일본과 손잡은 개혁 정부 또한 근대적 개혁 작업을 위해 동학 진압을 원하고 있었습니다. 군국기무처 총재 김홍집 또한 '10만 일본 육군이 개선하는 날 도적 떼도 두려워 흩어지리라'[94]며 일본군 개입을 원하고 있었습니다. 국내 개혁에 집착한 나머지 일본군의 잠재적 위험에 대해 눈을 감은 것이죠.

10월 24일 고종은 수도권 잔여 병력을 모아 동학 토벌대 '양호도순무영兩湖都巡撫營'을 창설합니다. 사령관인 순무사 신정희申正熙는 강화도조약(1876) 조선 측 대표 신헌의 아들입니다.[95]

그런데 신정희는 올곧은 사람입니다. 신정희는 토벌 과정에서 '풍속을 바로잡지 않으면 동학당을 진멸해도 소용없다'는 신념을 갖게 된 군인이었죠.[96] 농민들에게 우호적인 이런 사령관이 지휘하는 병력이 '비적떼'를 제대로 소탕할 리 만무합니다.

일본군을 눌러앉힌 고종

갑오개혁정부는 '의안議案'이라는 각종 개혁안 200여 개를 공포하고 근대 개혁작업에 들어가지요. 당연히 고종의 전제 군주권을 제한하는 개혁안도 포함돼 있습니다. 장면 57

10월 26일 일본 내무대신 이노우에 가오루가 특명전권공사로 부임합니다. 명목상 임무는 조선 내정개혁입니다. 이미 일본 내각에서 결정된 조선 보호국화 작업에 앞선 개혁작업입니다.

11월 4일 이노우에는 고종과 왕비 민씨를 알현하고 내정개혁안 20개조를 제시합니다. '입헌군주제'를 포함해 20개조 대부분 군주권 제한과 관련된 사안들이었습니다. 고종 부부는 "군주가 백성을, 군주가 인민의 생명과 재산을 마음대로 탈여하는 권한이 바로 군주권"이라며 이를 거부합니다.[97]

이미 고종은 일본에 불만이 많은 상태였습니다. 경복궁 습격 당일 고종은 자기 무기를 돌려달라고 일본군에게 요청했다가 가볍게 거절당하기도 했죠. 장면 55

8월 5일 고종은 청나라로 파견한 밀사 민상호가 청 황실에 밀서를 전달합니다. 밀서에는 이렇게 적혀 있습니다.

'십수 년 병기고에 소장한 무기를 모두 빼앗겼다. 천조天朝에서 구원을 내려 주시기를 단단한 충성과 정성으로 애걸哀乞한다.'[98]

청나라가 개입해 일본군을 몰아내 달라는 또 다른 외국군 청병입니다.

그런데 11월 20일 공주 우금치에서 2,000여 순무영 병력과 일본군 200여 병력이 동학군을 궤멸시킵니다. 일본군이 합세하니까 밍기적대던 토벌작전이 대성공한 거지요. 앓던 이 하나를 제거해 준 이노우에가 이제 갑甲이 됐고 고종은 을乙로 전락합니다.

자신만만한 이노우에가 개혁안 수용을 재차 촉구합니다. 고종은 군주권을 포기할 수 없다고 버팁니다. 그러자 12월 3일 이노우에가 최후통첩을 보냅니다.

'개혁안을 수용하지 않으면 동학 토벌을 위해 파견한 일본군을 즉각 철수하겠다.'

이노우에가 토를 답니다.

"나머지는 귀 정부에서 알아서 하라, 복되시기를 빈다."[99]

통보 접수 단 하루 만에 총리대신 김홍집과 외부협판 김윤식이 '고종 어명'을 받들고 이노우에를 찾습니다. 그게 88페이지 문서입니다.

'개혁안은 어제 각 관아에 반포했다. 그리고 이웃 나라 병력을 빌어 난을 일소하고 새 정치를 하려고 했다. 그런데 만일 중도에 (일본군이) 철수한다면 망할 위험이 곧 닥치지 않겠는가. 일본공사가 어찌 그럴 수 있겠는가. 짐의 간곡한 뜻을 공사에게 알려 충직한 도리를 다하기 바란다.'[100]

4개월 전 청 황실에 "일본을 쫓아달라"고 청나라에 애걸한 고종입니다. 그런데 치안 유지를 담당해 온 일본군 철수는 정부 붕괴를 뜻합니다.[101] 그랬더니 동일 인물이 표변해 쫓아내길 원했던 일본군 소매를 부여잡습니다. 군주권 제한이야 언제든 자기 권력으로 취소할 수 있는 조치이니 눈앞의 반란 진압부터 생각하고 본 겁니다.

도박에 성공한 이노우에는 회심의 미소를 띠며 '임무 완수'라고 본국에 보고합니다. 이듬해 1월 22일 양호도순무영은 고종 명에 의해 해체됩니다. 조선 관군은 일본군 지휘하에 동학 잔당을 소탕합니다.

누가 책임을?

달면 삼키고 쓰면 뱉는 지도자. 자기 권력을 기준으로 세상을 바라본 사람. 그런 사람이 하필이면 저 때 조선 지도자였습니다. 청군에 기댔다가 일본군에 기대고 마침내 그 일본군을 눌러앉힌 사람이 고종입니다. 조선 주둔군은 이후 조선 식민지화 작업에 가장 강력한 힘으로 작용합니다.

이제 '성저십리 아이의 운명을 누가 책임져야 하나'라는 앞 장면 질문에 대한 답입니다. 고종입니다. 매천 황현이 이렇게 기록합니다.

"나는 온 세상이 병들어 제정신이 아니라고 생각한다."[102]

62
기이한 독립, 시모노세키조약

1895년 4월 17일

[청일전쟁 종전, 시모노세키조약 체결]

"그때 제 말씀을 들으시지…."

1895년 3월 20일, 청나라 북양대신 이홍장과 일본 내각총리대신 이토 히로부미가 일본 시모노세키에 있는 연회장 춘범루 1층 회의실에서 마주 앉았습니다. 일본 승리로 결판이 난 청일전쟁 휴전협상장입니다. 이토가 이홍장에게 말합니다.

"10년 전 청나라가 개혁해야 한다고 제가 드린 말씀을 기억하시는지요. 이런 모습으로 재회하니 유감입니다."[103]

이홍장이 대답합니다.

"참괴합니다. 대신께서 중국이 나라가 넓고 사람이 많아 개혁을 서둘러야 한다고 하셨거늘. 단 하루도 소망을 버리지 않았으나 오직 폐해가 쌓일 대로 쌓여 오늘에 이르렀습니다."

이토는 55세, 이홍장은 73세입니다. 10년 전인 1885년 4월 두 사람은 조선에서 벌어진 갑신정변 사후 처리를 위해 중국 천진에서 만난 적이 있었습니다. 그때 중국은 군사강국이었지만 부패로 인해 쇠락을 거듭했지요. 장면 56

그 결과가 청일전쟁 대참패입니다. 일본은 천황부터 하급 사무라이까지 광적일 정도로 서구화에 몰두한 끝에 그 중국으로부터 항복

이홍장. /일청전쟁사진도

이토 히로부미. /위키피디아

선언을 받고, 천하를 붕괴시켰습니다. 부패의 바닷속으로 중국이 침몰했습니다. 청일전쟁 종군기가, 크릴먼의 기록이 다시 떠오릅니다.

'기계들 뒤에 훈련된 두뇌와 눈과 육체가 없고 통제할 수 있는 규율이 없다면 소총도 대포도 반복되는 무장도 헛된 것이다.'[104] 장면 56

서태후 환갑잔치, 민비, 군함

이미 1894년 가을부터 청나라에는 곧 전쟁이 평화적으로 끝나리라는 소문이 돌았습니다. 그것도 '11월 7일 이전'이라고 날짜까지 박힌 소문이 돌았지요.

국가 존망이 걸린 전쟁이었지만, 평화적 조기 종전을 원한 이유는 따로 있었습니다. 11월 7일, 음력 10월 10일은 최고 권력자 서태후 환갑연이 예정된 날이었으니까요.

환갑연은 주력 군사인 북양함대 건설 예산까지 전용하며 준비한 이벤트였습니다.[105] 잔치는 예정대로 치렀고, 잔치에는 조선 정부가 보낸 사신단도 참석했습니다. 조선 사신단 부단장은 조선 왕비 민씨 조카인 민영철이었습니다.[106] 민비는 "우리 민가閔家가 가야 한다"며 내정됐던 사신단 부단장을 자기 조카로 바꿔버렸죠.[107]

9월 17일 압록강 앞바다에서 북양함대가 대패합니다. 11월 15일 이홍장은 측근 장지동張之洞 의견을 좇아 중대한 결정을 내립니다.

'종전하는 대가로 조선을 포기한다.'[108]

11월 21일 북양함대 전략지인 여순항이 함락됩니다. 해를 넘기고 1895년 2월 11일 북양함대 사령부인 위해위가 함락됩니다.

그러자 며칠 뒤 누군가가 일본군에게 편지를 보냅니다.

'귀군이 획득한 군함 가운데 '광병호廣丙號'는 북양함대가 아니라 (우리) 광동성 소속이니 반환해 달라.'

양계초梁啓超는 서방 언론을 빌어 이렇게 평했습니다.

"실로 이는 (짝짝 찢어진) 중국 각 성의 사고방식을 그대로 보여주는 상징이다. 청일전쟁은 일본과 이홍장 한 사람의 전쟁이었다. 한 나라와 한 사람이 싸웠으니 패배도 사치로다(日本果真與李鴻章一人戰也 以一人而戰一國 雖敗亦豪哉)."[109]

2월 19일 위해위를 함락시킨 일본군 제2군이 위해위 대성전大成殿에서 승전 파티를 엽니다.

대성전은 공자를 모신 사당이요 중화 천하의 상징입니다. 그 상징적 공간에서 잔인한 근대가 잔치를 합니다. 근대가 전前 근대를 접수하는 순간입니다. 부패가 낳은 절대적인 전력 열세와 근대정신에 대한 안이함이 낳은 결과입니다.

독립, 이노우에 가오루, 조선통신사

1895년 4월 17일 이홍장 일행이 굴욕적인 조약을 맺습니다. 거액의 배상금을 청나라는 약정합니다. 이후 이 배상금을 갚느라 청은 근대화 작업이 완전히 정지되고 맙니다. 그런데 요동반도를 할양받으려던 일본 계획은 러시아가 간섭하면서 없던 일이 돼버립니다. 일본은 러시아에 또 한 번 칼을 갈지요. 조약 1조는 이렇습니다.

'청은 조선국의 완전무결한 독립자주를 확인한다. 조선국의 조공은 완전히 폐지한다.'

국제관계 속 조선은 이렇게 조선이 빠진 중일 양국 회담장에서 운명이 결정됐습니다. 협상 타결 두 달 뒤 고종은 "조선 독립을 경축하라"며 독립기념일 제정을 명합니다.[110]

일본이 어디 조선이 예뻐서 자기네 병사를 희생했겠습니까. 더 이상 1876년 수신사 김기수에게 함께 근대화를 하자고 권했던 일본이 아닙니다. 여관방에 앉아 있으려는 김기수를 끌고 나가 견학을 시키며 "함께 나아가는 게 소망"이라고 역정 내던 이노우에 가오루는 없습니다. 장면 39

1894년 12월 4일 일본군을 철수시키겠다고 고종을 '협박'했던 이노우에 가오루는 협박이 성공한 뒤 본국에 '임무 완수' 보고서를 보냅니다. 보고서에는 이렇게 적혀 있습니다.

'영국이 이집트에 자본을 투자해 실리적 기반을 독점함으로써 이집트를 마음대로 간섭할 수 있는 것이다. 지금까지 일본은 조선 독립을 공고히 하고 내정을 개혁한다고 주장해 왔지만 선린관계라는 명분을 빙자했을 뿐이었다.

이제 재정 분야부터 간섭의 구실을 만들어두는 것이 긴요하다고 믿는다. 또 거류민 보호를 위해 병사를 주재시키고 수수방관해버리면 동학당이 경성에 불시에 침입해 혼란 상태에 빠질 것이다.

그러면 그들 스스로 무릎을 꿇고 도움을 애걸하든가 이씨도 민씨도 비도匪徒에게 유린당해 자멸할 것이다. 기회를 틈타 이씨 자손을 옹립해 조선독립을 돕기 위한 내정개혁을 도모하면 된다.'[111]

시모노세키 춘범루 일청강화기념관.

조약을 체결한 시모노세키 연회장 춘범루는 기념관으로 지정돼 있습니다. 기념관 건너편 해변에는 '조선통신사 상륙엄류지지朝鮮通信使上陸淹留之地'라는 기념비가 숨어 있습니다. 이렇게 적혀 있습니다. '선진 문화국인 조선의 문화 사절로서 세련된 학문, 화려한 예술, 뛰어난 문화의 향을 전했다.' 무엇이 느껴지십니까.

63

‘모든 개혁을 취소한다’

1895년 6월 25일

고종, 갑오개혁 전면 취소 선언

12월 3일, 일본군을 잔류시키는 데 성공한 고종은 권력 회수에 시동을 겁니다. 이노우에 가오루는 관군을 일본군이 지휘해 동학을 토벌하는 대신 내정 개혁안을 고종이 수용하게 만듭니다. 나흘 뒤 민비가 일본 망명생활을 청산하고 돌아온 박영효에게 사람을 보냅니다. 민비는 박영효에게 옷감과 봉제사를 보내 관복을 해 입히고 조카 민영주가 살던 대저택을 사서 박영효에게 줍니다.[112] 그리고 12월 9일 갑신정변 관련자들이 모두 복권됩니다. 12월 17일 박영효가 개혁정부 내부대신으로 임명됩니다.[113]

이 모두 개혁 작업을 진행하는 김홍집을 견제하려는 정치적 의도가 깔려 있습니다. 갑오개혁 세력은 김홍집, 어윤중, 김윤식이 이끄는 옛 친청 온건개화파들입니다. 고종을 지지해 왔던 관료들입니다. 그런데 이들이 고종 본인을 대상으로 개혁을 추진하자 고종은 '불구대천의 원수'였던 갑신정변 주역들을 사면, 복권시키고 내각으로 끌어들인 겁니다.

소위 '정치 공작'입니다. 고종은 그렇게 정적을 분열시키고 권력 복귀를 기도합니다. 이제 김홍집 정부가 애써 정상화시켰던 고종의 비정상적 권력 회복 일정표를 보겠습니다.

개혁이 소멸해 가던 숨 막히는 과정

1895년 1월 11일 고종이 친정親政을 선언합니다. 군국기무처를 폐지하고 의정부를 부활하고 그 의정부에서 본인이 직접 국정을 결재하겠다고 선언합니다. 그리고 고종은 또 "이제부터 의견을 말한다는 핑계 아래 국시國是를 뒤흔들어 놓는 자가 있으면 상소는 받지 않고 그 상소를 한 자는 처벌한다"고 선언합니다. 상소문 자체를 읽지도 않겠음은 물론 상소를 올리는 사람은 처벌하겠다는 '소통 거부' 선언은 조선 왕조 500년사에 처음 있는 일입니다.[114]

5월 28일 총리대신 김홍집이 사표를 냅니다. 고종은 기다렸다는 듯이 사표를 수리합니다. 5월 22일 군부대신 인사문제가 터집니다. 갑오개혁파는 같은 파인 조희연을 밀었고 갑신정변파는 그를 반대합니다. 고종도 반대했습니다. 고종이 두 파 앞에서 고함을 지릅니다.

"이는 군주권이 시행되지 않는다는 뜻이다. 군주가 없다는 뜻이니 그냥 너희들은 공화국을 만들어라."[115]

고종은 '"나는 임금이 아니니 경들이 가지고 가시오"라며 옥새를 집어던졌고, 대신들은 벌벌 떨며 말을 하지 못하였다'고 황현은 기록합니다.[116]

그리고 6월 25일 고종이 의정부에 이렇게 통보합니다.

"작년 6월(양력 8월) 이후 칙령과 재가 사항은 어느 것도 내 의사에서 나온 것이 아니기 때문에 모두 철회한다."[117]

갑오개혁정부가 내놓은 200여 가지 개혁안이 쓰레기통으로 들어가는 순간입니다. 신분제가 부활하고 문무 차별이 부활하고 연좌제가 부활하고 과부가 다시 평생을 수절해야 하고 노비가 주인집으로 돌아와야 하고 과거가 부활하는 끔찍한 세상이 돌아온 겁니다. 물론 이 같은 선언이 이 모든 구악의 실질적 부활을 뜻하지는 않았습니다. 하지만 권력은 동력을 잃은 갑오개혁정부로부터 고종에게 역류하기 시작합니다.

개혁작업은 김홍집에 이어 내부대신 박영효가 실질적으로 주도합니다. 그런데 집까지 사주며 기댔던 박영효는 고종 권력 제한 조치를 더욱 강하게 밀고나가버립니다. 결국 7월 6일 박영효가 파면됩니다.[118] 명목은 '음도불궤죄陰圖不軌罪', 몰래 반역을 도모한 죄입니다. 박영효는 일본으로 다시 망명을 떠나지요. 앞 장에서 말씀드린 '달면 삼키고 쓰면 뱉는다'는 표현이 참 잘 어울리는 장면입니다.

7월 27일 주한러시아공사 베베르가 고종을 알현합니다. 이후 고종 부부는 수시로 베베르를 면담합니다. 러시아를 경계하는 일본 눈앞에서 대놓고 러시아와 친분을 과시하지요.

그리고 8월 24일 김홍집이 다시 내각총리대신에 임명됩니다. 내부대신에는 친러파 박정양이 임명됩니다.[119] 이를 3차 갑오개혁정부라고 부릅니다. 일본을 견제하고 박영효 세력을 견제하려는 고종의 공작과 김홍집의 결기가 융합한 정부지요. 권력을 휘두르는 고종을 견제하는 데 성공한다면 그 결기가 더 큰 힘을 발휘할 수도 있습니다.

민씨들로 구축한 콘크리트 장벽

그런데 그렇게 놔둘 고종이 절대 아닙니다. 김홍집을 다시 부르기 일주일 전인 8월 17일 고종은 난데없이 대사면령을 지시합니다.

> '모반과 살인, 절도와 강도, 간통과 재물에 대한 협잡죄를 범한 자 외에는 일체 석방하라.'[120]

8월 22일 법부에서 해당 죄인들 명단을 작성해 고종에게 보고합니다. 모두 279명입니다. 여기에 민영휘, 민영주, 민형식, 민병석, 민응식 같은 척족 여흥 민씨들이 있었고 동학을 폭발시킨 조병갑, 똑같이 탐학했던 사촌 형 조병식 이름이 들어 있었습니다.[121]

1894년 동학 발생 직후 조병갑은 물론 제1타깃이던 민영준을 비롯해 민형식, 민응식, 민치헌 따위 부패한 민씨들은 모조리 유배형을 받고 서울을 떠났습니다.[122] 목은 달아나지 않았지만 정치적으로는 사망선고였지요.

그 귀신들을 고종이 현세로 재소환한 겁니다. 그러고 보니 닷새 전 고종이 '제외하라'고 명령한 '죄목罪目'에는 이들에게 걸려 있던 '백성 재물로 자기 배를 살찌워 원망을 산(聚斂歸怨肥己, 취렴귀원비기)' 죄가 없습니다.

고종은 자기 주변을 이 귀신들로 채웁니다. 12월 16일 민영준이 궁내부 특진관으로 복귀합니다. 역시 장관급입니다. 이듬해 2월 16일 민병석이 궁내부 특진관에 임명됩니다. 다른 모든 민씨들도 장관급으로 속속 복귀합니다. 1898년 1월 2일 대한제국 법부 민사국장으로 동학 원흉 조병갑이 복귀합니다.

결기 가득한 김홍집이 팔이 천 개라고 해도 저 콘크리트 장벽을 뚫고 원하는 개혁을 할 수 있을까요. 500년 모순을 붕괴시키기에는 저항이 너무도 거셉니다.

64

을미사변과 단발령 그리고 엄상궁

1895년 10월 8일

〔 왕비 민씨 암살 〕

1895년 10월 8일 윤치호가 일기를 씁니다.

'밤에 잠을 이룰 수가 없었다. 왕비가 맞이한 그 비참한 운명에 충격을 받아 심신이 몹시 탈진했다. 나는 어떤 방식으로든 그녀의 음모와 사악한 총신들을 포기하도록 조치하지 못한다면 그녀를 폐위해야 한다고 생각한다. 그러나 일본인 암살자들이 왕비를 잔혹하게 살해한 행위는 결코 용인할 수 없다.'[123]

을미사변

양력 10월 8일, 음력 8월 20일. 일본인과 그들에 찬동하는 조선인들이 민비를 죽인 날입니다. 을미사변이라고 합니다.[124] 기획은 육군 중장 출신인 주한일본공사 미우라 고로입니다. 서울에서 발행되던 〈한성신보〉 기자들이 대부분인 일본인들은 경복궁 북쪽 건청궁까지 가서 민비를 찾아내 죽입니다.

고종과 민비가 러시아에 손짓을 보내고 내각 또한 친미, 친러파로 구성하자 일본은 위기를 느낍니다. 새로 부임한 주한일본공사 미우라 고로는 왕비를 죽여서 판을 뒤집자는 계획을 세웁니다. 10월 7일 새벽, 고종은 일본인 교관이 훈련시킨 훈련대 해산을 명합니다.[125] 친일 인사인 군부대신 안경수가 이 소식을 미우라 고로에게 전하지요. 미우라는 바로 다음 날 암살 계획을 실천에 옮깁니다.

복잡한 궁내 길 안내는 조선군 장교 이두황 부대가 맡았습니다. 궁궐 수비대인 시위대 연대장 홍계훈이 이들에 의해 살해당합니다. 홍계훈은 임오군란(1882) 때 민비를 들쳐 업고 살려준 사람입니다. 동학 때 관군 사령관으로 청나라 군사를 불러달라고 한 사람이기도 합니다.

당시 작성된 국내외 여러 보고서에 따르면 일본인들은 우왕좌왕하는 궁녀들 가운데 민비를 '사진과 대조해' 찾아내 칼로 난자합니다. '내가 조선의 국모國母다' 같은 극적인 서사는 없었습니다. 의화군(훗날 의친왕) 이강에 따르면 "나는 왕비가 아니라 먹을 것을 찾으러 들어왔을 뿐"이라고 외치는 민비를 자객들이 인사불성이 되도록 걷어

찼다고 합니다.[126] 또 다른 조선군 장교 우범선은 석유를 뿌려 민비 시신을 불태웁니다.[127]

한 나라 왕비를 다른 나라 고위공무원 지휘에 의해 살해한 잔인한 불법행위입니다. 당시 궁내에 있던 외국인들이 잇달아 본국에 보고서를 전했고, 일본인 범죄를 부인하던 일본은 이를 인정할 수밖에 없었습니다.

그런데 민비 암살 시도는 이번이 처음이 아닙니다. 유길준이 회고합니다.

'우리 왕비는 세계 역사상 가장 나쁜 여자다. 그녀는 지난가을 개혁가 모두를 살해하려는 계획을 세웠다가 대원군에게 발각된 적이 있다.'

유길준은 "대원군이 을미사변을 계획했지만 일본에 도움을 청한 것은 큰 실수"라고 단정합니다.[128] 유길준 본인 또한 대원군과 함께 민비 암살을 계획한 적이 있었지요.

유길준이 지적했듯, 민비는 '국모'로 칭송받기에는 많이 모자란 사람입니다. 지금까지 보신 것처럼 모든 악惡은 민비에서 비롯됐고, 그 악을 없애려는 모든 개혁은 자기 이익을 확대하려는 민비에 의해 좌절됐습니다. 근대를 찾는 세력들은 민비를 제거대상으로 삼고 있었습니다. 그런데 하필이면 일본인이 그녀를 죽였습니다. 민비에 대한 저주는 사라져버리고 일본에 대한 격정적인 증오가 장안을 뒤덮었습니다.

단발령

그 증오에 기름을 부은 사건이 단발령입니다. 12월 30일 고종은 "만국萬國과 대등하게 서는 대업을 이룩하게 하라"며 본인이 먼저 상투를 자르고 단발령을 선언합니다.[129] 세자 순종 상투를 자른 사람은 유길준이고 고종 머리를 깎은 사람은 정병하였습니다. 1896년 1월 4일 자 '관보'에 단발령을 고시한 사람도 내부대신서리 유길준이었습니다.

이후 조선팔도에 곡성이 진동하고 사람마다 분이 나 죽으려는 기색을 보이며 곧 무슨 변이라도 일으킬 것 같아 일본인들은 병대를 동

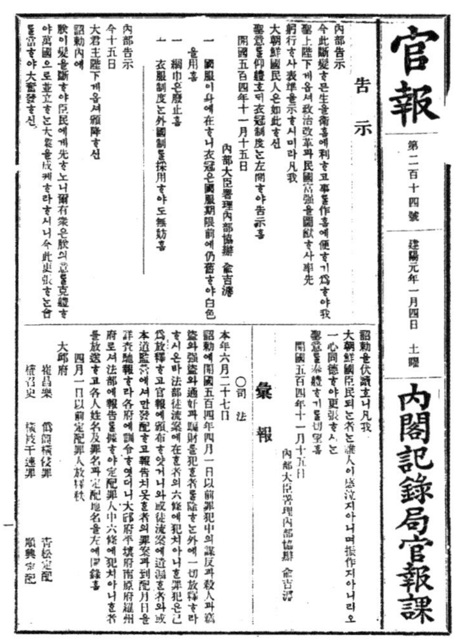

官報

第二百十四號

建陽元年一月四日 土曜

內閣記錄局官報課

告示

內部告示

今此斷髮ᄒᆞᆷ은生을衛ᄒᆞᆷ에利ᄒᆞ고事를作ᄒᆞᆷ에便ᄒᆞ기爲ᄒᆞ야我
聖上陛下게옵셔政治改革과民國富强을圖猷ᄒᆞ사率先
躬行ᄒᆞ사表準을示ᄒᆞ시미라凡我
大朝鮮國民人은如此ᄒᆞ신
聖意를仰體ᄒᆞ되衣冠制度ᄂᆞᆫ左開ᄒᆞ야告示ᄒᆞᆷ

開國五百四年十一月十五日

內部大臣署理內部協辦 兪吉濬

一 國服이라에在ᄒᆞ니衣冠은國服期限前에仍舊ᄒᆞ야白色을用ᄒᆞᆷ

一 網巾은廢止ᄒᆞᆷ

一 衣服制度ᄂᆞᆫ外國制를採用ᄒᆞ야도無妨ᄒᆞᆷ

內部告示

今十五日
大君主陛下게옵셔頒降ᄒᆞ신
詔勅內에
朕이髮을斷ᄒᆞ야臣民에게先ᄒᆞ노니爾有衆은朕의意를克體ᄒᆞ야萬國으로並立ᄒᆞᄂᆞᆫ大業을成케ᄒᆞ라ᄒᆞ시니今此更張ᄒᆞᄂᆞᆫ會를當ᄒᆞ야大警發ᄒᆞ신
詔勅을伏讀ᄒᆞ니凡我
大朝鮮國臣民된者ᄂᆞᆫ誰人이感泣지아니며振作지아니리오
一心同德ᄒᆞ야更張ᄒᆞᄂᆞᆫ
聖意를奉體ᄒᆞ기를切望ᄒᆞᆷ

開國五百四年十一月十五日

內部大臣署理內部協辦 兪吉濬

彙報

○司法

本年六月二十七日
詔勅에開國五百四年四月一日以前罪犯中의謀反과殺人과竊盜와强盜와通奸과騙財를犯ᄒᆞᆫ者를除ᄒᆞᆫ外에一切放釋ᄒᆞ라ᄒᆞ시온바法部徒流案에在ᄒᆞᆫ者의六條에犯치아니ᄒᆞᆫ罪犯은已爲放釋ᄒᆞ고官報에頒布ᄒᆞ얏거니와或徒流案에遺漏ᄒᆞᆫ者와或本道監營에서만發配ᄒᆞ고報告치못ᄒᆞᆫ者의罪案과到配月日을詳査馳報ᄒᆞ라各府에訓令ᄒᆞ엿더니大邱府全州府南原府羅州府로서法部에報告를據ᄒᆞ야定配罪人中六條에犯치아니ᄒᆞᆫ者를放送ᄒᆞ고各人姓名及罪名과定配地名을左에錄ᄒᆞᆷ

四月一日以前定配罪人放釋秩

大邱府

崔昌樂 僞關橫侵罪 靑松定配

權召史 橫侵干連罪 順興定配

단발령 고시 관보. /국립중앙도서관

원하여 대기할 정도였습니다. 순검들이 사람만 만나면 달려들어 머리를 깎아 버리고 인가를 침범하기까지 하니 깊이 숨어 있는 사람이 아니면 머리를 깎이지 않는 사람이 없었다고 합니다.[130]

학부대신 이도재가 사표를 제출합니다.

'나라에 이롭다면 그까짓 한 줌 짧은 머리칼을 아껴 나라의 계책을 생각하지 않겠는가. 허나 이로움은 보이지 않고 해로움만 보인다.'[131]

예고나 유예기간 없는 갑작스러운 조치가 국익에 도움이 되지 않는다는 말입니다. 하지만 단발을 반대하는 당시 지식인들 논리는 지극히 성리학적입니다. 특진관 김병시가 대표적입니다.

'신체와 털과 피부는 부모에게서 받은 것으로서 감히 훼손할 수 없다는 것은 바로 공자의 말이다. 만 대를 두고 내려오는 공자 말도 믿을 수 없다는 말인가?'[132]

이미 1895년 7월 복식을 근대화하는 조치가 내려졌을 때 위정척사파들은 이렇게 선언합니다.

'오호라, 애통하다. 4000년 화하정맥華夏正脈과 2000년 공맹대도孔孟大道와 조선 500년 예악전형禮樂典型이 단절되었도다.'[133]

'의복이란 오랑캐와 중화를 분별하고 귀천을 나타내도록 한 것이다.

어찌 역적들 모의를 따라서 국법을 변경해 당당한 소중화로 하여금 이적의 풍속을 따라 금수가 되게 하는가.'[134]

옷이 바뀌었으니 '중화'가 단절됐다고 애통해하던 유인석은 상투를 자르라는 말에 이렇게 분노합니다.

'이 상투와 옛 옷이 중화와 오랑캐, 사람과 짐승을 구별하니 머리는 만 번이라도 갈라질지언정 상투는 한 번도 자를 수 없고 몸은 만 번 도륙 당해도 옛 옷은 찢을 수 없다.'[135]

공자시대에 조선 상투는 없었습니다. 조선식 상투는 그 어떤 유교 경전에도 등장한 적이 없습니다. 무엇보다 상투를 틀기 위해서 남자들은 정수리 주변 머리를 면도칼로 쳐내는 '백호치기'를 해야 했습니다. 이미 '부모님으로부터 받은 털'을 꼭지부터 잘라내왔던 거지요. 옆 페이지 사진은 당시 길거리에서 '백호치기'를 하는 장면을 촬영한 사진입니다. 이 사진을 단발령을 집행하는 장면이라고 주장하는 사람들이 많습니다. 우습습니다. 그러면 저 이발사 상투는 어떻게 된 거죠? 결국 유학자들은 있지도 않은 허무맹랑한 '중화'를 들이밀며 단발령을 거부한 겁니다. 슬슬 부활하는 엉터리 중화론에 윤치호가 한마디 합니다.

"왜 일본인이 우리 왕비를 개처럼 살육할 때는 아무 말도 하지 않다가 자기들 머리 자르는 일은 반대하고 나서는 거지?"[136]

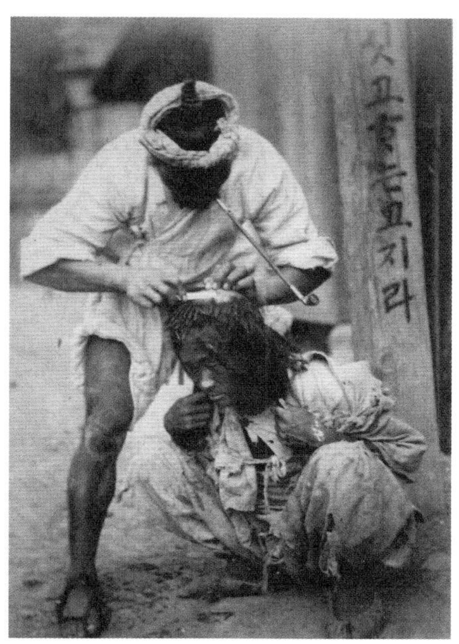

단발령 집행 장면이라고 속아온 '백호치기' 사진.

위정척사파 선비들은 왕비 암살과 단발령에 격분해 의병을 일으킵니다. 이를 을미의병이라고 합니다. 단발령을 선포한 다음 날 조선 정부는 음력을 버리고 양력을 채택합니다. 그래서 1895년 실록은 (음력) 11월 16일까지만 있습니다. 다음날은 1896년 양력 1월 1일로 시작합니다. 이 또한 척사파들의 분노 대상이었지요.

이해하기 어려운 고종

민비가 살해되고 이틀 뒤 고종은 민비를 평민으로 강등시킵니다.

"왕비는 자기 무리를 끌어들여 짐의 총명을 가렸다. 백성을 착취하고 벼슬을 팔고 탐욕과 포악을 퍼뜨려 종묘사직을 위태롭게 했다. 사변이 터지자 짐을 떠나 몸을 피하여 찾아도 나타나지 않았다. 함께 종묘를 받들 수 없다."[137]

죽고 없는 민비를 행방불명이라고 처리했으니, 실록에 기록돼 있는 이 어명은 고종 본인이 아니라 민비를 죽인 세력이 작성한 것으로 추정됩니다. 그렇다면 고종 속마음은 무엇이었을까요? 다시 매천 황현 기록을 보겠습니다.

'닷새 뒤 고종은 엄상궁을 계비로 입궁시켰다. 고종과 정을 통했다가 왕비에 의해 궁에서 쫓겨났던 여자다. 왕비가 살아 있을 때는 고종이 두려워하여 감히 만나지 못하였다. 폐비 조령이 고종 의견에서 나온 것은 아니지만 사람들은 실상實相을 기록한 것이라고 하였다.'[138]

장면 61 에서 인용한 황현 표현을 흉내 내봅니다.

"나는 고종이 제정신이 아니라고 생각한다."

65

나라를 버리고 사람을 버리다

1896년 2월 11일

[아관파천]

버림받은 나라

'역적 패거리가 나를 포위하고 있다. 단발령은 전국적으로 분노와 폭동을 촉발시켰다. 허용해 준다면 나는 며칠 안으로 밤중을 택해 러시아공사관으로 몰래 피신하고저 한다. 나를 구할 방법은 없다.'[139]

'정말 오늘 오전 7시 30분 공사관 마당에는 차양이 쳐진 여자 가마 한 쌍이 도착했는데, 안에는 여자 옷을 입은 국왕과 세자가 앉아 있었다. 국왕은 경찰에게 모반 수뇌부 체포명을 내렸다. 우리 러시아 제국 공사관의 도움으로 조선 국왕은 평화적 개혁을 달성할 수 있게 됐다.'[140]

1896년 2월 11일 새벽, 고종이 경복궁을 떠나 러시아공사관으로 도주합니다.[141] '아관파천'이라고 합니다. 단발령 이후 급증한 위험 탈출이 목적입니다. 파천播遷이라는 고상한 표현을 써서 그럴싸해 보이지만 도주입니다.

아관파천을 포함해 고종은 1907년 황제 퇴위까지 모두 일곱 차례 외국 공관으로 탈출을 시도했습니다. 1894년 청일전쟁 와중에 미관

러시아공사관 망루.

파천과 영관파천 미수 각 1회, 1896년 왕비 민씨 살해사건 직후 성공한 아관파천 1회, 1897년 대한제국 선포 직후 미관파천 미수 1회, 1904년 러일전쟁 직전 미관파천 미수 1회와 1905년 러일전쟁 도중 미관파천과 불관파천 미수 각 1회, 도합 4개국 7회. 국가 운명이 풍전등화일 때마다 고종은 외국에 피난처를 의뢰합니다. 아관파천은 그 '7관 파천' 가운데 유일한 성공 케이스입니다.[142]

이를 '훗날을 도모한 망명'이라고 주장하는 사람들이 있습니다. 하지만 아관 1년 동안 팔려나간 수많은 국가 이권사업과, 도주 생활 청산 후 고종이 한 일들을 보면 '훗날 도모' 같은 비전은 보이지 않습니다. 그저 그가 즐겨 쓰는 '이권 판매 조건부 권력 유지' 거래 과정일 뿐이라고 생각합니다. 고종은 국가를 버리고 스스로를 취했습니다.

이디오피아 아두와Adwa 전투

여자로 변장한 조선 국왕이 러시아공사관으로 달아나고 19일이 지납니다. 3월 1일 지구 반대편 아프리카에서는 이디오피아• 제국과 이탈리아 왕국 사이에 아두와 전투가 벌어집니다. 이탈리아는 1890년 이래 이디오피아를 식민지로 취급했고, 이디오피아 황제 메넬리크2세는 이에 저항해 전쟁을 선포합니다. 1893년 9월에 시작된 전쟁은 1896년 2월 28일에 이탈리아군이 아두와로 진격하면서 절정에 오릅니다.

• 외래어표기법에 따르면 '에티오피아'로 써야 하지만 이디오피아 사람들은 "왜 이디오피아를 한국만 에티오피아라고 부르냐"고 합니다.

이탈리아군은 2만 명이었고 이디오피아군은 8만 명이었습니다. 이디오피아 전사들은 지형지물을 이용해 결사적으로 싸웠고 그 기세에 눌린 이탈리아군은 방향감각까지 상실하고 퇴각합니다. 아두와 전투 승리로 이디오피아는 그해 10월 아디스아바바조약을 통해 다시 한 번 독립국임을 확인받습니다. 이디오피아와 메넬리크2세는 아프리카 제국 가운데 유일하게 독립을 지켜냅니다.

왜 이디오피아군은 8만 대군이었을까요. 왜 이디오피아 황제는 항전을 택했을까요. 왜 조선국 국왕은 틈만 나면 외국 공관을 기웃거리며 나라를 버릴 궁리를 했을까요. 고종이 정예 군사들을 차출해 궁궐 수비대를 만들던 1권 **장면 35**을 참고해 주십시오.

이탈리아군단을 물리친 무기는 활과 창이 아니라 근대 무기와 지

아두와 전투도. /미국 스미스소니언박물관

도자입니다. 옆 페이지 '아두와 전투도'에는 소총과 대포와 권총으로 무장한 이디오피아 군단이 보입니다. 그 앞에 지휘를 하는 황제가 보입니다. 메넬레크2세는 이디오피아 근대화의 아버지로 불립니다. 철도와 전신과 병원과 학교와 신무기를 수입하고 제조창을 만들었습니다. 메넬레크2세 별명은 '뭍 왕들의 왕'입니다.

버림받은 사람들

새벽에 왕이 달아났다는 소식을 내각총리대신 김홍집이 회의 도중 듣습니다. 김홍집이 말합니다.

"일이 여기에 이르렀으니 일신을 돌볼 때가 아니다. 내가 러시아공사관에 가서 폐하를 알현하고 충간忠諫하겠다."

만류하는 내부대신 유길준에게 그가 말합니다.

"죽음으로 나라에 보답하는(一死報國, 일사보국) 길밖에 없다."[143]

궁궐을 나가기도 전에 경무청 경찰들이 김홍집을 체포합니다. 농상대신 정병하는 집에서 체포됩니다. 경찰은 이들을 경무청(현 서울 광화문 교보빌딩 부근)으로 끌고갑니다.

경찰들은 경무청 부관 안환과 그 부하들입니다. 안환은 이날 새벽 러시아병사들에 의해 아관으로 끌려갑니다. 고종이 거기 앉아 있습니다. 상상도 못 했던 일입니다. 왕이 명령합니다.

"급히 가서 목을 베라(急往斬之, 급왕참지)."[144]

공사관으로 가기 위해 경무청 문을 여니 인파가 '입추의 여지도 없이' 가득했습니다. 경찰들은 칼을 뽑아 들고 사람들을 쫓아낸 뒤 김홍집을 차서 쓰러뜨립니다. 순식간에 경찰들이 난도질을 해 김홍집을 죽입니다. 정병하도 끌어내 한 칼에 죽입니다.[145]

경찰이 이들 시신에 '大逆無道(대역무도)'라 써 붙이고 새끼줄로 다리를 묶어 종로에 버렸습니다. 사람들이 돌과 기와 조각을 던져 살이

1896년 3월 1일 아두와 전투 직후. /위키피디아

터지고 찢어집니다. 시신을 베어 그대로 먹는 사람까지 있었고 경찰관 한 명은 김홍집 신낭(腎囊, 고환)을 베어버렸습니다.[146] 거리에는 포고문이 곳곳에 붙었습니다.

'국운이 불행하여 난신적자가 해마다 화를 일으켜 변을 낳게 하였다. (왕비를 죽인) 역적 조희연, 우범선, 이두황, 이진호, 이범래, 권영진은 즉시 목을 베 바쳐라(卽刻斬首來獻, 즉각참수래헌).'[147]

탁지부대신 어윤중은 용인에서 현지 주민들에게 맞아 죽었습니다. 4개월 뒤 어윤중 살해범들이 체포돼 기소됩니다. 법부에서는 이들에게 교수형과 종신형을 구형합니다. 고종은 각각 5년과 2년, 1년 유배형으로 감형합니다.[148] 이 공허함과 스산함.

66

사대 본국을 바꾸다

1896년 3월 11일

[러시아황제 대관식에 민영환 파견]

황제의 대관식

"러시아 황제 대관식이 가까우므로 궁내부 특진관인 종1품 민영환을 특명전권공사로 임명해 축하 의식에 참여하게 하겠다."[149]

아관파천은 일본에게는 청천벽력이었습니다. 청일전쟁을 치른 보람도 을미사변의 대가도 찾을 길이 없어져버린 거죠. 그런데 러시아에는 조선을 마음대로 좌우할 수 있게 만든 일대 쾌거였습니다. 일본 영향력을 벗어나겠다고 조선 국왕이 자기 발로 걸어와 러시아 포로가 됐으니까요.[150]

하지만 조선은 열강 이권이 충돌하는 격전지입니다. 조선과 만주를 두고 러시아와 일본은 서로 전면전을 피하며 '간 보는' 작업을 계속합니다. 게다가 일본 뒤에는 중앙아시아에서 갈등을 빚고 있는 영국이 버티고 있었습니다.

일본은 영-러 양국이 벌이는 '그레이트 게임'의 아시아 파트너입니다. 청일전쟁 풍도해전에서 영국 상선 고승호가 피격됐지만 영국은 일본 책임을 묻지 않았습니다. 아시아에서 형성된 대러시아 전선을 일본에 맡기겠다는 전략입니다.

고종은 이 거대한 프레임에 무지했습니다. 그래서 자기에게 피난처를 제공해 준 러시아에 찰싹 달라붙습니다. 그 상징적인 계기가 1896년 5월 26일 모스크바에서 열리는 니콜라이2세 대관식 참석입니다. 전권공사는 처조카이자 실권자 민영환을 임명합니다.

짜증 내는 민영환

파천 한 달 만에 고종이 내린 외교 지시는 대관식 참가였습니다. 4월 1일 제물포를 출발한 민영환은 통역 윤치호와 함께 청나라, 일본, 캐나다, 미국, 영국, 아일랜드, 네덜란드, 독일, 폴란드를 걸쳐 러시아에 입국합니다.

5월 22일 크렘린궁에서 민영환이 황제를 알현합니다. 민영환이 말합니다.

"언제든 조선의 사정과 긴급한 일에 대해 전해 올리도록 권한을 부여

받고 있나이다."

의례적인 알현 행사에서 진지한 얘기가 나오자 침묵이 흐릅니다. 통역 윤치호가 서둘러 "물론 오늘은 아니나이다"라며 만남을 끝냅니다.[151]

무슨 '긴급한 사정'을 말하려고 했을까요?

5월 26일 대관식 날이 밝았습니다. 대관식은 크렘린궁 우즈벤스키 사원에서 있었습니다. 조선식 대례복을 입은 민영환은 '모자를 벗지 않으면 입장 불가'라는 말에 대관식에 불참해버립니다.[152] 윤치호가 '대관식 참석이라는 목적을 위해 몇 분만 벗어달라'고 설득했지만 소용없었습니다. 식후 만찬에서 민영환은 수프만 먹고 숙소로 돌아가 버립니다.[153]

사대, 본국을 바꾸다

그리고 6월 5일 러시아 외무대신 로바노프와 첫 공식 회담을 갖습니다. 대관식도, 만찬도 보이지 않을 정도로 민영환이 애를 태우던 순간입니다. 민영환이 로바노프에게 곧바로 다섯 가지 요청사항을 쏟아냅니다.

1. 국왕의 보호를 위한 경비병 제공(!)
2. 군사교관 제공(!!)
3. 궁내부, 탁지부, 철도와 광산 고문 파견(!!!)
4. 전신선 설치(!!!!)

5. 차관 300만엔 제공(!!!!!)

바로 '보호국' 요청입니다. 1894년 8월 17일 일본이 조선 보호국화를 국론으로 결정하고 조선에 파견된 이노우에 가오루가 계획했고 장면 62 1905년 을사조약을 통해 이토 히로부미가 완성한 통감 정치입니다. 한 나라를 지킬 군사와 한 나라를 부유하게 할 경제와 인프라를 모조리 러시아에 맡기겠다는 제안이지요. 1885년 묄렌도르프를 시켜서 러시아 보호국을 요청했던 그 짓을 또 합니다. 장면 50 그리고 민영환은 '최대한 빨리 귀국해 보고해야 한다'며 즉답을 요구합니다.[154]

개인 민영환이 아니라 '고종으로부터 전권을 위임받은' 민영환이 내놓은 조선정부 공식 요청입니다. 500년 대중對中 사대에 찌든 나라가 근대라는 격랑을 맞아 러시아로 사대 본국을 바꾸려고 합니다. 관모를 고집하며 대관식 참석을 거부하고 사교의 장인 식사 자리를 거부한 전권공사가, 곧바로 황제와 대신에게 보호령 본국이 돼달라고 거듭 요청합니다. 명색이 10년 넘도록 육군 장수였던 사람이 러시아 제국군 행진 구경도 짜증을 내고 관람을 거부합니다.

민영환은 다음 날 황제를 다시 알현하면서 똑같은 요구를 하고 그 다음 날 재무대신 비테를 면담할 때 똑같이 요구합니다. 아관파천 이후 불과 한 달 만에 파견된 전권공사입니다. 그사이에 다른 대신들과 고종이 함께 대러 외교정책을 토론했다는 기록은 없습니다. 오로지 고종 혼자 입안하고 결정한 정책입니다. 그 정책이 자기가 통치하는 나라를 다른 나라에 보호국으로 전락시키는 방안이라니요.

동행했던 주한러시아공사관 서기관 스테인이 윤치호에게 재무대신 비테 말을 전합니다.

'조선 국왕이 조선인 적들을 처벌할 만큼 충분한 힘을 갖고 있지 않다면 어떻게 다른 사람들이 그를 외부의 적으로부터 보호해 주기를 기대할 수 있겠는가.'[155]

다음은 당시 양국 문서를 분석한 미국 러시아 외교사가 앤드루 말로제모프 평가입니다.

'민영환에 대한 러시아 측 회답 원문을 볼 때, 조선인들의 희망이 자신들 독립을 유지하는 데 있었는지는 의심스럽다. 조선 사절은 차르와의 사적인 회동에서 조선을 러시아의 보호령으로 삼을 것을 요구해 이를 약속받았다.'[156]

보호의 대가

민영환이 모스크바로 향하고 있던 4월 22일 고종은 러시아인 니시켄스키에게 함경도 경원과 종성 사금광 채굴권을 허용합니다.[157] 민영환이 귀국길에 들른 연해주에서 조선 동포들을 만나고 있던 9월 9일 고종은 연해주 상인 보리스 브리네르가 설립한 합성조선목상회사合成朝鮮木商會社에 압록강 유역과 울릉도 벌목伐木과 양목養木 권한을 허가합니다.[158] 숱하게 판매된 이권 가운데 일부입니다. 아, 보리스 브리네르는 러시아계 미국 영화배우 율 브리너의 아버지입니다.

67

조선사람들, 근대로 들어가다

1896년 4월 7일

서재필, 〈독립신문〉 창간

1896년 4월 7일 〈독립신문〉이 창간됩니다. 창간한 사람은 미국에서 돌아온 서재필입니다. 1884년 갑신정변이 참담하게 실패하고 미국으로 망명했던 사람입니다. 그 사이 서재필은 필립 제이슨이라는 이름을 가진 미국 국적 의사가 되어 있었습니다.

언문으로 쓰는 이유는

1면에 실린 사설은 이렇게 시작합니다.

'우리가 〈독립신문〉을 오늘 처음으로 출판하는데, 조선 속에 있는 내외

국 인민에게 우리 주의를 미리 말씀하여 아시게 하노라.'

서재필이 밝힌 '주의'는 이러합니다.

1. 우리는 편벽됨 없이 상하귀천을 달리 대접하지 않고 모두 조선사람으로 알고 오직 조선만 위하여 공평하게 인민에게 말할 터이다.
2. 백성이 정부 일을 자세히 알고 정부에서 백성 일을 자세히 알면 피차에 유익한 일만 있을 것이다.
3. 남녀 상하귀천이 모두 보도록 언문으로 쓴다. 알아보기 쉽게 띄어쓰기를 한다. 한문만 공부하는 까닭에 국문을 아는 사람이 드물다. 조선 국문이 한문보다 얼마가 나은가.

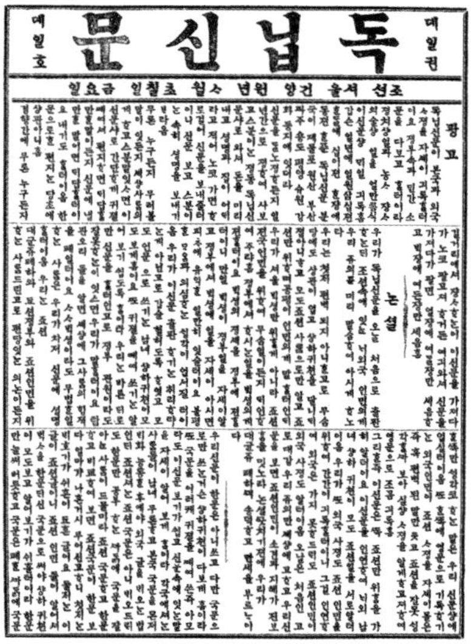
뎨일권 독닙신문 뎨일호
조션셔울 건양원년 사월초칠일 금요일
광고
논셜

〈독립신문〉 창간호. /국립중앙도서관

4. 관원도 잘못하는 이는 우리가 말할 것이다. 사사 백성도 무법한 자는 신문에 설명할 것이다.
5. 외국 인민이 편벽된 말만 듣고 조선을 잘못 생각할까 봐 실상을 알리고저 영문으로도 기록한다.

이 모든 주의가 향하는 목표가 있습니다. 서재필이 이렇게 선언합니다.

'그러한즉 이 신문은 오직 조선만 위한 신문이다. 우리 신문을 보면 조선 인민이 소견과 지혜가 진보함을 믿노라. 남녀노소 상하귀천 모두 우리 신문을 하루걸러 몇 달간 보면 새 지각과 새 학문이 생길 걸 미리 아노라.'[159]

근대를 규정하는 요소는 지성과 교류와 소통입니다. 인류가 진보하고 공동체가 발전하는 풍경 속에는 이 세 가지 요소가 마치 비료처럼 작용해 왔습니다. 때로는 그 지성이 폭력을 부르기도 하고 폭력이 지성을 확장시키기도 합니다. 〈독립신문〉이 창간된 1896년 4월 7일은 이 땅에 살던 조선 대중이 그 지적 소통과 교류에 500년 만에 처음으로 동참하게 된 날입니다. 이에 대한 여러 가지 '상징'이 이 논설에 공개돼 있습니다.

당파, 신분, 성별, 지역 없는 조선 자체를 위한 신문. 그리고 이를 통해 정부와 백성간 소통, 백성의 지적 소통을 위한 언문 사용. 이들을 통한 '새 지각과 새 학문'이라는 비전. 서재필은 새 지각과 새 학문이 생길 걸 '이리 아노라'라고 예언합니다.

구텐베르크가 활판인쇄기를 발명한 이래 유럽 문명체가 400년 넘도록 향유했던 지적 행복입니다. 그 결과가 종교혁명이었고 과학혁명이었고 시민혁명이었고 산업혁명이었습니다. 1882년 조선 개화파들과 일본인 이노우에 가쿠고로가 시도했던 실험이기도 합니다. 장면 47 서재필은 인류 역사를 통해 대중에 대한 지적인 계몽이 이 같은 혁명을 이끌어내리라는 사실을 깨닫고 있었습니다.

근대인 서재필의 기구한 일생

서재필은 기구하게 살았습니다. 정변 실패 후 본인은 일본을 거쳐 미국으로 달아났습니다. 그 사이 친아버지와 친형은 감옥에서 자살합니다. 이복 형은 관군에 의해 죽습니다. 정변에 동참했던 친동생은 참수형을 당합니다. 아내 또한 자살하고 두 살배기 아들은 굶어 죽습니다.

1895년 갑오개혁정부에서 서재필을 부릅니다. 1895년 12월 26일 그가 돌아옵니다. 한 집안을 멸족시킨 그 나라에 서재필이 돌아왔습니다. 이를 갈며 국적까지 바꿨던 지식인입니다. 서재필이 훗날 회고합니다.

> '동서양을 막론하고 민중의 조직적이고 훈련된 지지 없이 몇몇 선구자만으로 성취된 개혁은 없었다. 우리 독립당의 가장 큰 패인은 까닭도 모르고 반대하는 일반 민중의 무지몰각이었다.'[160]

1896년 11월 21일 독립문 기공식. /독립기념관

엘리트만 각성하면 된다고 생각했던 오만을 버리고 민중에게 근대를 계몽해 자발적인 변화를 이끌어내겠다는 생각. 그 실천을 위해 온 집안을 피로 물들여버린 그 나라에 서재필이 돌아옵니다. 물론 여기에는 그사이 국내에서 개화세력이 만들어놓은 분위기가 큰 몫을 했지요.

2,000부 발간된 창간호는 바로 매진이 되고 이후 〈독립신문〉은 1,000부를 늘린 3,000부씩 발행됩니다. 조선인은 그만큼 굶주려 있었습니다.

독립협회, 그리고 근대

서재필과 당시 개화 세력은 4월 7일 신문 창간에 이어 7월 2일 독립협회를 창설합니다. 그리고 11월 21일 독립문 주춧돌을 올립니다. 1895년 2월 갑오개혁정부가 병자호란 항복을 기록한 잠실 삼전도비를 넘어뜨리며 기둥만 남기고 철거한 무악재 영은문 북쪽입니다.[161] 독립문은 1년 뒤인 1897년 11월 21일 완공됩니다. 주변은 독립공원으로 변신했습니다. 그곳에 있던 중국 사신 접대장인 모화관은 독립관으로 바뀌고 독립협회 사무실로 사용됩니다. 아, 앞 페이지에 있는 기공식 사진을 보시면 독립문 주변이 충격적일 정도로 벌거숭이 민둥산입니다.

완성된 독립문과 철거된 영은문, 그리고 독립협회 사무실로 바뀐 모화관. /독립기념관

당시 러시아공사관에 있던 고종은 이 〈독립신문〉과 협회가 자기를 도와서 권력을 강화하는 데 도움이 되리라고 판단합니다. 창간 자금도 고종 정부가 지원합니다. 목숨을 걸었던 반역자와 죽음을 요구했던 군주가 손잡고 미래를 설계하는 듯합니다. 하지만 이후 고종 정부가 친러정책을 펴고 러시아에 이권을 바치는 꼴을 보며 〈독립신문〉은 '조선 민중의 이익'과 '조선 민중을 위한' '조선의 신문'으로 본색을 드러냅니다. 각성하는 민중과 함께요.

6장

제국 시대

1897~1910

제국 시대 연표

1897년 10월 13일	대한제국 선포
1897년 12월 24일	황제, 미관파천 요청
1898년 11월 22일	참형 부활
1898년 12월 20일	고종이 차르에게 친서
1898년 12월 25일	독립협회 강제해산
1899년 1월 25일	전주 조경단 설치
1899년 4월 27일	고종, 유학 국교화 선언
1899년 8월 17일	'대한국 국제國制' 공포
1899년	'파리만국박람회' 일본보고서
1902년 5월 6일	평양 풍경궁 건설 지시
1902년 10월 11일	주자朱子 후손 무시험 채용령 처리
1902년 12월 3일	칭경40주년 기념잔치
1903년 1월 25일	대한제국, 고물 군함 구입
1903년 8월 15일	고종, 다시 러시아 황제에게 편지
1904년 2월 23일	고종 30만엔 수뢰 및 한일의정서 체결
1905년 11월 11일	고종, 하야시로부터 2만엔 수뢰
1905년 11월 17일	을사조약 체결
1905년 11월 28일	고종, 이토 히로부미 소매를 잡다
1907년 7월 9일	이위종, 만국평화회담 기자단에 연설
1907년	고종 강제퇴위와 8월 27일 융희제 순종 즉위
1907년 10월 17일	메이지천황, 융희제에게 훈장 수여
1908년 7월 30일	효장세자, 헌종과 철종, 황제로 추존
1908년 9월 28일	성리학자 전우田愚, 섬으로 숨다
1909년 10월 26일	안중근, 이토 히로부미 사살
1910년 8월 16일	이완용, 데라우치와 병합 협상
1910년 8월	내내 훈장이 이어지다
1910년 8월 29일	한일병합조약 공포

‘전 황제가 이완용 총리에게 남녕위궁을 하사했음은 모두가 아는 일이다. 이 총리는 그 집을 헐고 인부 40~50명을 고용해 양옥집을 지을 예정이다.’(1908년 3월 28일 <대한매일신보>) 1907년 7월 황제 자리에서 강제 퇴위당한 고종은 성난 군중이 불태운 집을 새로 지으라며 황실 부동산을 이완용에게 선물했다. 건축비용 또한 고종이 지급했다. 1897년 스스로 황제임을 선언한 대한제국 초대황제 광무제 고종은 그렇게 이완용에게 관대했다. 을사조약 때도, 정미조약 때도, 퇴위당할 때도.

68

1인제국을 세우다

1897년 10월 13일

[대한제국 선포]

독립하다

1897년 2월 20일 러시아공사관에서 고종이 궁궐로 돌아옵니다. 백악산 아래 웅장하게 만든 경복궁이 아니라 정동 미국공사관 옆에 붙어 있는 경운궁으로 돌아옵니다. 정동에는 미국은 물론 러시아, 영국, 프랑스 같은 열강 공사관이 밀집해 있습니다. 매천 황현은 이렇게 말합니다.

"혹자는 경복궁과 창덕궁이 외국 공관에서 떨어져 있어 변란이 발생할까 두려워 새 궁궐을 지었다고 한다. 그런데 정말 변란이 일어난다면 궁궐이 새롭다고 천상天上에 있을 수 있겠는가."[162]

애시당초 러시아공사관으로 들어갈 때부터 고종은 경복궁으로 돌아갈 마음이 없었습니다. 파천 1년 동안 고종은 여러 번 경운궁으로 가서 일본 공사를 만나기도 합니다.[163] 아예 10월 31일에는 환궁할 곳은 경운궁이라고 못을 박지요.

1897년 10월 13일 고종은 경운궁 동쪽에 만든 원구단에 천제를 지내고 황제임을 선포합니다. 나라 이름은 대한大韓이고 황제 이름은 광무제입니다. 흔히 대한제국이라 부르는 이 나라 공식명칭은 '대한'입니다. 청나라로부터 독립해 스스로 하늘에 제사를 지내는 황제국임을 세계만방에 선포한 날입니다.

원구단 황궁우.

독립협회 또한 고종이 제국을 건설하는 데 힘을 보탭니다. 독립협회를 설립했던 서재필은 이를 통해서 입헌 군주제를 완성하고 그리하여 자기가 꿈꾸던 근대 국가를 만들려고 했지요. 독립신문 창간과 독립문 건설도 계몽된 대중과 함께 독립한 근대 국가를 세우려는 의도였습니다. 제국 선포 다음 날 독립신문은 '조선이 청국의 종이 되어 지낸 때가 많이 있더니 하나님이 도우사 조선을 자주 독립국으로 만드사'라고 찬송합니다.[164] 황제 또한 "낡은 것을 없애고 새로운 것을 도모하겠노라"고 선언합니다.[165]

조급한 황제, 부실했던 건국

그 새 나라 건설을 위해 많은 준비가 필요했습니다. 천제를 올릴 원구단을 짓고 국가 명칭을 신하들과 토론합니다. 심순택이라는 관료는 "예전 국호를 답습한 적이 없었다"며 새 국호를 정하자고 강력하게 주장합니다. 이에 고종은 "삼한三韓의 땅이니 대한으로 정한다"고 결정합니다.

기업 하나를 만들 때도 아이템 선정과 수익모델 결정, 예상 비용과 예상 수익을 따지는 장기적인 계획이 필요합니다. 이 대한제국을 고종이 준비한 과정을 보겠습니다.

나라 이름을 두고 심순택과 고종 사이 대화를 기록한 문헌은《고종실록》입니다. 그리고 이 대화가 오간 날짜는 10월 11일입니다. 1896년 10월 11일이 아니라 '1897년' 10월 11일입니다. 맞습니다. 제국 선포 이틀 전입니다. 건국 이틀 전까지 나라 이름도 정해놓지 않았다는 뜻입니다.

제국을 선포할 장소, 원구단도 마찬가지입니다. 의전 담당관인 장례원경 김규홍이 "천제 장소를 정해야 한다"고 건의한 날은 9월 21일입니다. 제국 선포가 한 달도 남지 않은 날입니다. 고종은 10월 1일에야 "옛 남별궁 자리에 원구단을 지으라"고 명합니다.[166]

남별궁은 청나라 사신들이 묵던 숙소요 원세개가 실질적인 조선 총독으로 살았던 관저입니다. 선택은 좋았으나 이 선택 또한 제국 선포 12일 전에야 이뤄집니다. 공사는 10월 7일에 시작돼 닷새 만에 선포식에 맞출 수 있었습니다. 천제 담당 부서인 사제서도 공사 개시와 함께 설치됩니다.

조선 창업 500년 만에 올리는 천제는 그렇게 급하게 준비됐습니다. 천지신과 태조고황제 이성계 신위를 모실 황궁우皇穹宇는 선포식 때 아예 만들지도 못했습니다. 황궁우는 이듬해 9월 3일 착공해 1899년 12월 완공됩니다. 그나마 신위를 넣는 감실龕室도 없이 비어 있었습니다. 감실은 고종이 강제 퇴위당한 뒤인 1907년 12월에야 황궁우에 들어섭니다.[167] 말하자면 신도 없고 귀신도 없는 텅 빈 제단에서 황제는 헛제사를 올린 겁니다.

당시 외국 사람들은 어떻게 봤을까요? 명동성당 주교 뮈텔이 쓴 일기가 있습니다.[168]

10월 3일: 조선 왕이 천제 장소를 준비하기 위해 옛 남별궁 경내에서 밤낮으로 일을 하고 있다. 웃음거리다.

10월 13일: 국호가 대한으로 바뀌었다.

10월 14일: 일본을 제외하고 어느 나라도 황제라는 칭호를 승인하지 않은 것 같다.

조선왕국이 제국으로 바뀌었습니다. 중국 천자로부터 왕위를 책봉받던 왕이 스스로를 황제라고 선언하고 나라 이름을 바꾸었습니다. 사전에 나오는 '제국帝國' 뜻을 보겠습니다.

Empire: a group of countries ruled by a single person, government, or country[169]

제국: 1인 혹은 1개 정부나 국가에 의해 통치되는 국가 집단

식민지가 있어야 제국입니다. 그런 나라를 통치해야 황제입니다. 뮈텔을 비롯해 서울에 와 있던 제국 외교관들은 얼마나 어이가 없었을까요. 도대체 고종에게 제국이라는 발상은 어떻게 나왔을까요.

롤 모델, 러시아 차르

고종에게는 서양식 입헌군주보다는 화려하게 전제권력을 행사하는 러시아 차르가 롤 모델이었는지 모릅니다.[170] 제국 선포는 개혁이 아니라 스스로 권위와 권력 강화를 위한 포장이고요.

저는 뒷날 입헌군주제를 요구하는 독립협회와 고종 관계가 파국으로 끝난 이유도 여기 있다고 봅니다. 독립협회가, 서재필이 사람을 잘못 본 거지요.

황제가 살지 못한 석조전.

환궁 한 달 뒤인 3월 15일, 미래의 황제 고종은 영국인 브라운을 불러 경운궁 지형을 측량시킵니다.[171] 그리고 르네상스식 건축물, 석조전石造殿 건축이 시작됩니다. 제국을 선포하던 해 만들기 시작한 석조전은 제국이 멸망하고 두 달 지난 1910년 10월 완공됩니다. 황궁우에 신들이 기거하지 못했듯, 황제가 만든 제국이 사라질 때까지 그는 이 서양식 궁전에 살아보지 못합니다.

69

벌거벗은 황제

1897년 12월 24일

미관파천을 거절당하다

장면 65에서 우리는 숨 막히는 국제정세 속에서 다른 나라로 피난처를 구하는 고종을 목격했습니다. 1년 뒤 세상이 안정되고 왕은 새 궁궐로 돌아와 제국을 선포합니다. 그런데 앞 장에서 저는 그가 '스스로 권위와 권력 강화를 위해' 제국을 선포했다고 말씀드렸습니다. 국정에 대한 비전이 아니라 본인의 안위와 권력이 통치 기준이라는 이야기입니다.

난세에 처한 국가지도자에 대해 무슨 억하심정이 있어서 그런 발상을 할까, 하는 분들이 있으리라 믿습니다. 허겁지겁 생겨난 대한제국, 그 막전막후에 벌어진 일을 보겠습니다.

제국 선포 D-13

제국 선포 13일 전인 9월 30일 미국공사 호러스 알렌이 공사관 주변 약도를 그립니다. 그리고 10월 3일 지도와 함께 본국에 전보를 보냅니다. 전보에는 이렇게 적혀 있습니다.

'왕은 특히 우리 공사관에 오기를 희망한다(He is especially desirous of coming to our Legation). 나는 러시아처럼 미국이 피난처를 제공할 수 없다고 기회 있을 때마다 말했다. 우리 공사관이 영원한 망명지(indefinite asylum)로 불가능함을 깨닫자 왕은 공사관 옆에 사놓은 땅에 소위 '도서관'을 짓기 시작했다. 사방이 미국 땅이니 유사시에 미국이 자기를 보호할 수밖에 없다고 생각한 것이다.'[172]

그 도서관이 지금 '중명전'이라 부르는 건물입니다. 중명전 남쪽은 미국공사관이고 서쪽은 미국 선교사 공간입니다. 알렌이 첨부한 지도에는 '왕립도서관(King's Library)'라고 표시돼 있습니다. 알렌은 "왕은 새 궁전과 맞닿은 영국공사관도 왕을 환영하리라는 사실을 알고 있지만 러시아든 영국이든 그 어디에도 가고 싶어 하지 않는다"고 보고합니다.

알렌이 전보를 보낸 날짜가 10월 3일입니다. 원구단에서 하늘에 황제국임을 고하기 '열흘 전'입니다. 고종이 제국 선포에 밍기적대다가 마지막에야 즉흥으로 국호를 정하고 제사 장소를 정한 이유, 이제 짐작되십니까. '제국을 만들 이유가 없었다'가 이유입니다. 고종은 나

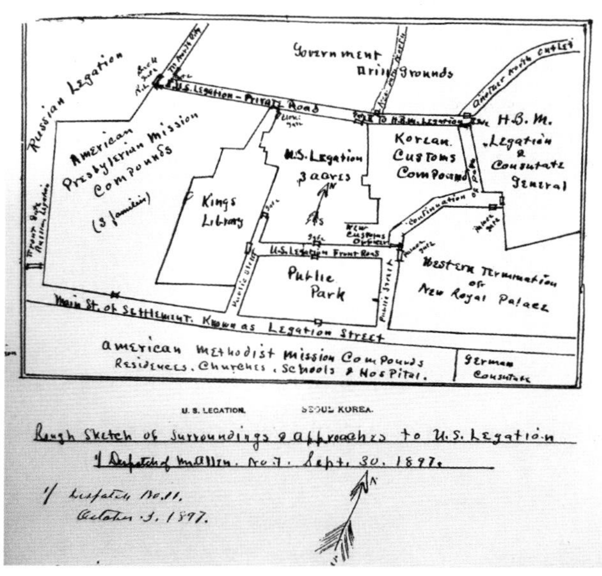

1897년 10월 3일 알렌 지도.

라를 원하지 않았습니다. 이런 지도자를 독립을 염원한 근대적 개명 군주라고 하는 사람들을 저는 이해하지 못합니다.

제국 선포 M+2

파천을 거부당한 고종은 10월 13일 황제가 됩니다. 그런데 두 달 뒤 그 황제가 은밀히 또 알렌을 찾습니다. 알렌이 본국에 보낸 전문에는 이렇게 적혀 있습니다.

'12월 24일 황제가 총애하는 내시 한 명을 공사관에 보내 곧 러시아가 군사를 보낼 예정이라고 알려왔다. 일본 또한 군사를 보낼 듯하니 망명을 요청한다고 전했다. 나는 즉시 그를 공사관으로 들여보낼 수 없다고 말했다. 설사 황제가 공사관 진입에 성공하더라도 나는 안전을 보장하지 못한다고 말했다.'

알렌은 이 내시에게 한 마디 덧붙입니다.

'러시아에 보호를 요청했더니, 보라, 러시아의 이익으로 돌아가지 않았는가. 당장 즐거울지 몰라도 망명으로 인해 상황은 더 나빠질 것이다.'[173]

제국 선포 직전에 한번, 그리고 제국을 선포하고 황제가 된 직후에 다시 한번 더 국가 지도자가 미국 망명 허용을 요구합니다. 나라가 중국 제후국이 됐건 독립한 황제국이 됐건 상관없습니다.

아관파천 기간에도 수시로 공사관 바깥으로 외출하면서 건재함을 과시하던 왕입니다. 이디오피아 황제처럼 총을 들고 전선을 지휘하라는 말까지는 않겠습니다. 열강이 이권을 위해 대치하는 상황을 적극적으로 이용할 계획은 보이지 않습니다. 이 나라와 저 나라에 고개를 숙이고 들어갈 궁리를 합니다. 그것도 만방에 황제국을 선포한 황제가.

해가 바뀌고 1898년 1월 13일, 미관파천을 기도한 사실이 발각됩니다. 러시아공사 슈페르는 친러파들을 동원해 고종에게 "다른 나라에 기웃거리면 러시아공사관으로 다시 데려가겠다"고 협박하지요.

고종은 "절대 그런 생각한 적 없다"고 펄쩍 뜁니다. 망명 요청을 고종이 극구 부인했다는 말에 일본공사 가토 마쓰오가 미국공사 알렌에게 사실이냐고 묻습니다. 개인적으로 친분이 있던 알렌은 "엄하게 거절했다"고 솔직하게 대답합니다.[174] 왕관의 무게를 견딜 마음이 없는, 벌-거-벗-은-거-짓-황-제. 이제 공포정치가 시작됩니다.

70

부활하는 참형과 단두대

1898년 11월 22일

[참형 부활]

중국으로부터 독립한 황제국임을 선포한 고종은 이후 친러정책을 택합니다. 1898년 1월, 고종은 아관파천의 대가로 부산 절영도를 러시아 군항으로 조차해 주려고 합니다. 독립협회가 반발합니다.

1898년 3월 10일, 독립협회가 주최한 종로 만민공동회에 서울시민 1만 명이 참가합니다. 쌀장수, 그러니까 '상놈' 현덕호가 공동회 회장에 선출되지요. 그때 나라는 '수려한 자연을 제외하고는 가난밖에 볼 게 없고, 부패한 관리들 착취를 받지 않는 유일한 사람은 재산 없는 사람'인 비참한 상황으로 추락해 있었습니다.[175]

그 상황 탈출을 위해 만민공동회가 요구한 사항은 세 가지였습니다. 자주독립과 자유민권 그리고 자강개혁. 모두 외세에 기대고 황민

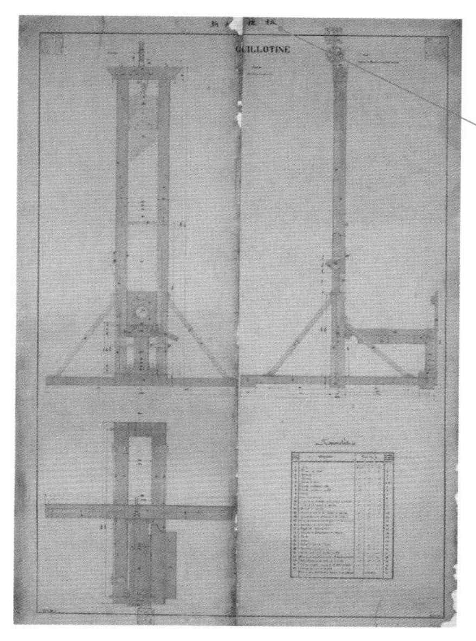

고종이 도입하려고 했던 프랑스식 단두대 도면. 맨 위쪽에 '참형 기계'라고 적혀 있다.
/규장각한국학연구원

위에 군림해 권력을 유지하는 황권을 제한하는 요구입니다.

고종은 이 요구를 수용하는 듯 제스처를 쓰지요. 그러다 11월 21일 고종의 사주를 받은 황국협회 보부상들이 만민공동회를 폭력으로 해산시킵니다. 황국협회 지휘자는 김옥균 암살범 홍종우입니다. 독립협회와 만민공동회, 그리고 '근대'가 무산되는 살벌하고 안타까운 풍경은 장면 72에서 다시 보겠습니다.

보부상을 동원한 다음 날 황제는 '외국에 의뢰하여 국체國體를 훼손시킨 자를 처단하는 예'라는 특별법을 반포합니다.

'외국과 결탁해 국익을 훼손하고 국가 권력을 잃게 하는 자들은 '대명

률 도적편 모반조'에 의거 처단한다'.[176]

어렵게 만든 근대 형법을 버리고 명나라 법을 복원시킵니다. 대명률 도적편 모반조 위반 행위 처벌은 목을 베는 '참형'입니다. 야만적인 참수형을 역적에게 부활시키고, 망명했거나 국적이 외국인 정적들을 표적으로 삼은 악법이지요.

참형은 '몸과 머리를 분리하는(身首異處, 신수이처) 형'입니다.[177] 벤 목을 장대에 걸어 백성에게 보이는 조치를 '효수경중梟首警衆'이라고 합니다. 《조선왕조실록》을 검색하면 효수경중은 모두 142회 나옵니다. 이 가운데 53회가 1873년 고종 친정 이후 벌어졌습니다. 518년 조선왕조에서 벌어진 공개 참수형의 37%가 친정 33년 동안 집행됐다는 뜻입니다.

그 잔혹함 때문에 1895년 1월 갑오개혁 정부는 참형을 폐지합니다. 3년 만인 1898년 11월 22일 참형이 부활합니다.

반시대적 형벌

정치, 사회적 관점으로 본다면 근대화는 전근대적 군주가 독점하던 권력이 공동체로 분산돼 가는 과정입니다. 유럽과 일본은 극심한 갈등을 거치며 근대로 진입해 있었습니다. 대한제국은 기이하게도 아니, 당연하게도 반대 방향으로 움직이고 있었습니다.

1899년 1월 4일 황제 자문기관인 중추원 전 의관 노수학이 상소합니다.

"박영효가 한 명 있어도 위험한데 지금은 몇 명의 박영효, 몇 명의 서재필, 몇 명의 안경수가 있는지 모르겠다. 협회 괴수들을 보이는 대로 붙잡아 남김없이 죽이시라."

고종은 "공분하고 있다"고 답합니다.[178] 그리고 1900년 고종은 기존에 만들어놨던 형법 '형률명례'에 '국사범과 황실범은 참형으로 처형할 수 있는 조항'을 삽입합니다.[179] 근대로 가던 형법 시스템도 그 지점에서 멈춥니다.

그리하여 사라졌던 참형이 부활합니다. 그 첫 적용자는 1901년 5월 17일 음주 난동을 피운 군인 김광식입니다.[180] 10월 9일 박영효 반란 사건 연루자 9명이 또 참형을 선고받습니다. 마지막 참형은 1905년 5월 29일 역시 국사범 김형집에게 집행됩니다.[181]

기요틴 수입

그 와중에 고종은 프랑스 '기요틴'을 수입할 계획을 세웠습니다. 규장각한국학연구원에 소장돼 있는 이 도면은 모두 21장입니다.[182] 첫 번째 도면 맨 위쪽에는 '참형기계斬刑機械'라고 적혀 있고 두 번째 도면 오른쪽 아래에는 프랑스어로 '1901년 8월 28일 사이공'이라고 적혀 있습니다. 그 무렵 대한제국 정부에서 베트남에 있는 단두대 업체에게 견적을 받으며 수령한 도면으로 추정됩니다. 단두대 전체 모습과 각 부분 구조, 나사까지 자세히 그려져 있습니다. 첨부돼 있는 목차에는 斬頭圓孔(참두원공: 자를 목을 넣는 구멍), 大刀(대도) 따위 섬뜩

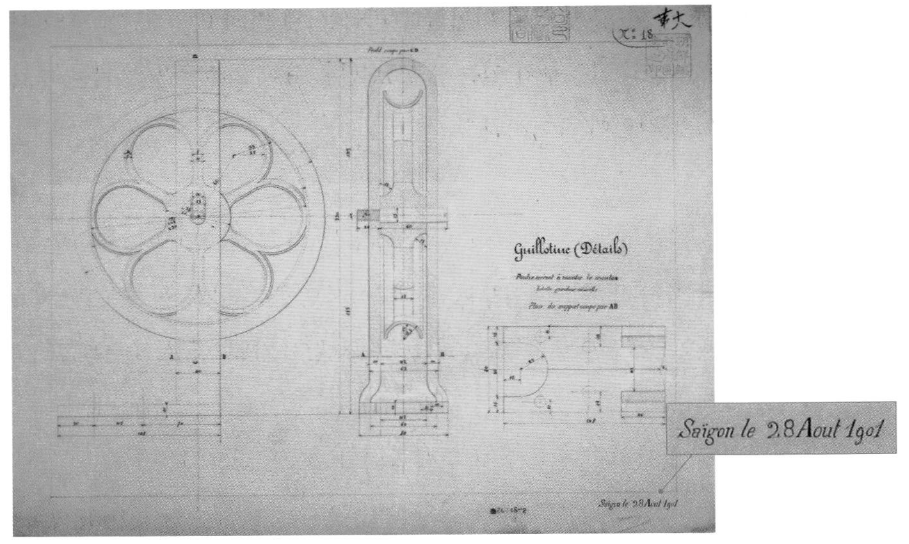

단두대 도면. 우측 하단에 '1901년 8월 28일 사이공'이라는 글이 보인다. /규장각한국학연구원

한 단어들이 적혀 있습니다. 단두대가 실제로 수입되고 형 집행에 사용됐다는 기록은 보이지 않습니다.

근대 시대정신에 맞춰서 참형을 폐지한 게 1894년입니다. 그런데 고종은 자기 권력에 반항하는 세력을 누르기 위해 참형을 부활시켰습니다. 그리고 더 효율적인 형 집행을 위해 단두대 수입을 추진했습니다. 실록 기록만 계산하면 참형제도가 폐지된 1905년까지 참형으로 처형한 범죄자는 모두 17명입니다. 1895년 갑오개혁부터 1909년까지 대한제국에서 교수형과 참형으로 사형당한 사람은 모두 1,189명입니다.[183] 스산한 바람이 불고 있습니다.

71

황제와 태후, 차르에게 충성편지를 쓰다

1898년 12월 20일

고종, 차르에게 친서

'군사 오천을 보내주오'- 명헌태후의 편지

대아라사국 육군무관에게 조회하여 알립니다. 지금 우리 대황제께서 간악한 무리에게 총명을 가리우신 바 되어 전일에 귀국의 신뢰를 잃게 된 것은 다시 어찌 말을 꺼내리오. 바로 지금 궁중에 변괴가 일어나 앙화를 예측할 수 없어 내란이 장차 일어날 것인지라.

귀국 병사 5,000명을 빌리면 간역奸逆한 무리를 쓸어 없애고 우리 대황제의 신변과 지위를 보호하고 귀국과 우리 두 나라가 예전의 우호를 중수重修하고 우리나라 독립의 기초를 공고케 할 것입니다. 이에 밀지를 보내니 이로써 신뢰를 증빙합니다.

대한국 광무2년(1898년) 10월 10일

명헌태후[184]

명헌태후는 헌종비입니다. 대한제국 황실에서 최고 어른입니다. 명헌태후는 1831년 태어나 1844년 11세에 왕비가 된 뒤 헌종이 죽고 철종이 죽고 고종이 등극하고 1904년 1월 72세로 죽었습니다.

그 어른이 러시아공사관에 근무하는 무관에게 보낸 비밀편지입니다. 날짜는 1898년 10월 10일입니다. 믿어지시는지요. 제국의 최고 어른이, 다른 제국 공사관 군인에게, '오천 군사를 보내' 역적들을 싹쓸이해달라고 요청합니다.

미관파천 기도 사실이 폭로되고 1898년 내내 고종은 정치 공세에 시달립니다. 러시아의 협박과 일본의 추궁, 내부적으로는 친러파와 친미파, 친일파 관료들 암투와 독립협회의 강한 반발에 시달립니다. 이 모든 갈등을 고종이 '참수형'으로 덮어버리려던 그 무렵 명헌태후가 러시아공사관에 몰래 보낸 편지가 윗글입니다. 나라 꼬라지가 가관이지요.

'자주독립을!' - 독립협회의 반발

장면 70에서 잠깐 말씀드렸듯, 고종은 2월 부산 절영도를 러시아에 조차해 주도록 결정합니다. 2월 21일 독립협회는 '구국운동선언상소'를 통해 절영도 조차 결정과 러시아 재정고문과 군사 초청을 강력하게 비난합니다. 이들은 '폐하가 위민爲民, 위국爲國하는 신자가 없는

고로 자주독립할 권리를 하루하루 잃었다'고 주장합니다.[185]

상소문은 이렇게 시작합니다.

'나라가 바로 되려면 두 가지가 필요하니 하나는 스스로 서서 다른 나라에 의지하지 아니함이요 또 하나는 스스로 닦아 바른 정치와 법을 온 나라에 행하는 것이다.'

자주독립과 개혁을 주장한 상소입니다. 독립협회는 '황제는 마음을 확실히 잡아 안으로 법을 밝히고 밖으로 다른 나라에 의지함 없이 황제의 권위를 스스로 세우라'고 요구합니다.[186] 바로 고종이 원구단에서 하늘에 고한 나라를 세운 이유를 떠올리라는 말입니다. 상소 운동을 이끌었던 독립협회 서재필이 윤치호에게 이렇게 말합니다.

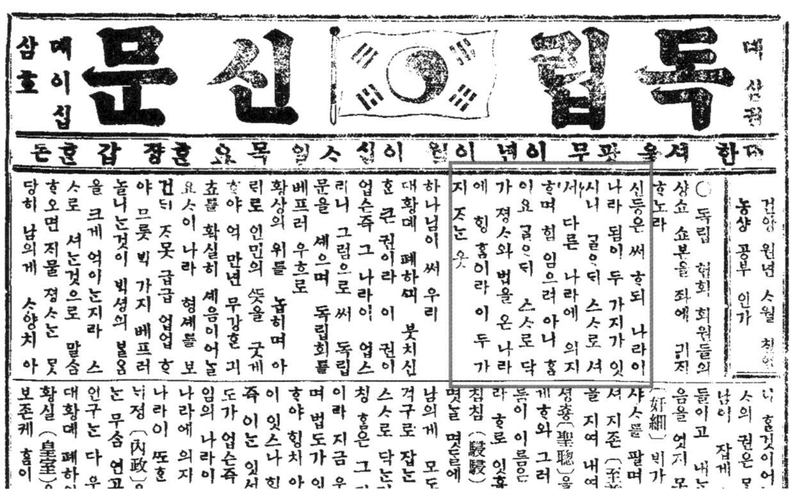
독립신문

뎨삼권 / 뎨이십삼호

대한셔울 광무이년 이월 이십일 목요일 ᄒᆞᆫ장 갑 ᄒᆞᆫ돈

건양 원년 ᄉᆞ월 칠일 농샹공부 인가

○ 독립 협회 회원들의 샹쇼 쇼본을 좌에 긔재ᄒᆞ노라

신등은 써 ᄒᆞ되 나라이 나라 됨이 두 가지가 잇시니 ᄀᆞᆯ오ᄃᆡ 스ᄉᆞ로 셔셔 다른 나라에 의지ᄒᆞ며 힘 임으려 아니ᄒᆞᆷ이요 ᄀᆞᆯ오ᄃᆡ 스ᄉᆞ로 닥가 졍ᄉᆞ와 법을 온 나라에 ᄒᆡᆼᄒᆞᆷ이라 이 두 가지 ᄌᆞ는 하나님이 써 우리 대황뎨 폐하ᄭᅦ 붓치신 ᄒᆞᆫ 큰 권이라 이 권이 업ᄉᆞᆫ즉 그 나라이 업스리니 그럼으로 써 독립문을 세우며 독립회를 베프러 우흐로 황샹의 위를 놉히며 아래로 인민의 ᄯᅳᆺ을 굿게 ᄒᆞ야 억만년 무강ᄒᆞᆫ 긔쵸를 확실히 세음이어놀 요ᄉᆞ이 나라 형세를 보건ᄃᆡ 즈못 급급 업업ᄒᆞ야 므릇 ᄇᆡᆨ 가지 베프러 놉니는 것이 ᄇᆡᆨ셩의 ᄇᆞ라올 크게 어이는지라 스ᄉᆞ로 셔는 것으로 말ᄉᆞᆷᄒᆞ오면 지물 졍ᄉᆞ는 못당히 남의게 ᄉᆞ양치 아

자주독립과 개혁을 요구한 독립협회 상소. /국립중앙도서관

'종묘에서 하셨던 신성한 약속을 대신들이 얼마나 극악하게 위반하고 있는지 폐하께 일깨워드려야 한다.'[187]

이 같은 여론에 긴장한 러시아공사 슈페이에르는 시베리아 주둔 군사를 조선 국경 안으로 투입할 계획까지 세웁니다.[188]

그해 7월 황제 총애를 받으며 간이 배 밖으로 나온 러시아어 통역관 김홍륙이 커피에 독을 타서 고종을 죽이려다 미수에 그칩니다. '김홍륙 독다毒茶 사건'이라고 합니다. 반러시아 여론에 몰린 김홍륙이 저지른 사건이지요. 김홍륙은 참수되고 이제 제국 내 반러 여론이 하늘을 찔렀습니다. 결국 재정고문과 군사고문단은 귀국하고, 시베리아 주둔군도 진입하지 못합니다. 고종이 희구했던 러시아 보호령 또한 무산되지요.

'홀로 존귀하신 차르여' - 황제의 편지

그때 명헌태후가 하급 관리에게 군사 오천을 보내달라고 편지를 썼으니, 이 무슨 나라인가요. 그리고 두 달 뒤 이번에는 황제 본인이 러시아황제에게 친서를 보냅니다.[189] 참형을 부활시키고 한 달 뒤입니다.

어진 형제 아국 황제 폐하에게 삼가 알립니다. 근년에 다행히 폐하에게 의지하게 되어 그 감격이 종이와 먹으로 다 펼쳐 말씀드릴 길이 없습니다. 금년 2월 귀국 고문관과 사관을 해고한 일은 짐의 뜻이 아닙니다. 역도와 간사한 무리들이 선동해 옳은 것을 반대하고 마땅한 일을 배반하는 지경에 이르렀을 따름입니다.

폐하는 우리나라를 유지하고 보호하실 의향이 의당 시종여일하실 터이니 깊이 헤아려 주소서. 만국 가운데 국권이 홀로 존귀하고 명성과 위엄이 귀국과 같은 나라가 없습니다. 폐하께서 옥음을 속히 내리시길 간절히 기도합니다. 복록과 장수가 끝이 없기를 기원합니다.

광무2년 12월 20일 경운궁에서 보냅니다.

폐하의 어진 형제 이형李熨[190]

왕실에 사대의 피가 진하게 흐릅니다. 외세에 의존해 권력을 유지하려는 버릇은 고쳐지지 않습니다.

독립협회가 상소운동을 선언한 다음 날 풍운아 흥선대원군이 죽었습니다. 죽기 전 대원군은 "아직 주상 가마가 오지 않느냐"고 묻고는 긴 탄식을 하고 죽었습니다.[191] 임종도, 5월 15일 치른 장례식도 고종은 참석하지 않았습니다. 한 시대가 끝납니다.

72

완전히 꺼져버린 근대의 촛불

1898년 12월 25일

〔 독립협회 강제해산 〕

1898년 10월 29일 종로에서 정부대신과 독립협회, 시민 1만 명은 물론 독립협회를 견제하는 관제 조직인 황국협회까지 참가한 '관민공동회'가 열립니다. 만민공동회가 강력하게 주장해 왔던 '의회 설립'을 포함해 '헌의6조'라는 근대 개혁안이 나옵니다. 고종이 이를 수락하고, 관민공동회는 11월 2일 대성황리에 종료됩니다.

이 땅의 근대사에 획을 그은 여러 날 가운데 그 1898년 11월 2일은 반드시 기억돼야 할 날입니다. 이날 고종은 근대 의회 설립 법안인 '중추원 신관제'를 공포합니다.[192] 백성이 선출한 중추원 의관들이 법을 만들고, 그 법으로 전제황권을 제한하는 입헌군주제를 규정한 법입니다. 1884년 갑신정변 때부터 모든 근대인들이 염원했던 날입니다. 전제군주권의 법적 제한 장치가 마련되고 민의民意가 담긴 국가 정책을 입안해 시행할 수 있게 된 기념비적인 날입니다. 그리고 1898년 12월 25일 또한 반드시 기억해야 할 날짜입니다. 11월 2일 어렵게 켜졌던 근대의 촛불이 완전히, 최종적으로 꺼져버린 날입니다.

11월 2일 잠시 빛났던 입헌군주제

11월 4일 자 '관보'에 실린 이 법에는 임기 1년의 중추원 의관 50명이 법률과 황제의 칙령을 제정, 폐지, 개정하는 권한을 갖는다고 규정돼 있습니다. 이 가운데 절반은 '인민협회'에서 투표로 뽑되, 이 '인민협회'는 당분간 독립협회가 담당하도록 규정돼 있습니다.

바로 그날부터 독립협회는 '천하만국이 의회 하는 통용 규칙책'을 5푼에 팔기 시작합니다. 11월 5일 서대문 독립관에서 민선 의관 25명을 뽑는 선거 공고가 〈독립신문〉에 게재됩니다.[193] 일본에 비해 훨씬 늦었지만 숱한 시행착오 끝에 대한제국이 근대로 들어갑니다.

그런데 독립협회가 의회 해설서 판매를 시작한 11월 4일 자 《고종실록》에 이해하기 어려운 기록이 있습니다.

> '독립협회와 여러 회들을 해산하고 당시 6개 조항을 논한 상소를 올리는 데 찬성한 대신들을 모두 파면시키라고 명하다'[194]

중추원 법이 관보에 실린 11월 4일 밤 사대문 안 곳곳에 익명 대자보가 나붙습니다. '독립협회가 박정양을 대통령으로, 윤치호를 부통

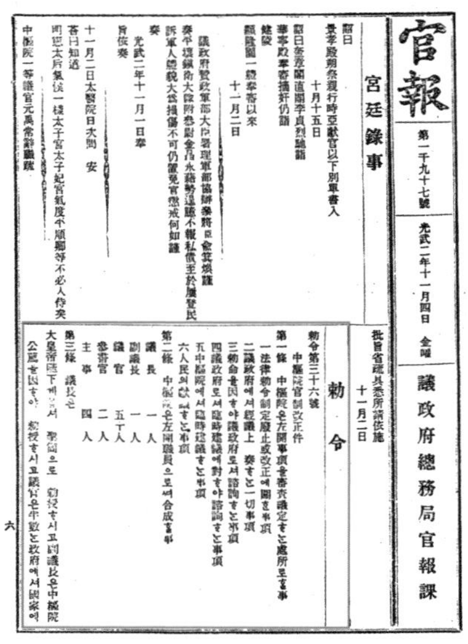

官報

第一千九十七號

光武二年十一月四日 金曜

議政府總務局官報課

宮廷錄事

詔曰
景孝殿朔祭親行時亞獻官以下別單書入
十月十五日
詔曰奎章閣直閣李貞烈馳諭
華寧殿奉審摘奸仍諭
健陵
顯隆園一體奉審以來
十一月二日
議政府贊政軍部大臣署理軍部協辦兪箕煥謹
奏平壤鎭衛大隊附參尉金昌永藉勢遏聽不報私債至於擴奪民訴軍人體貌大爲損傷不可仍置免官懲戒何如謹
奏
光武二年十一月一日奉
旨依奏
十一月二日太醫院日次問 安
答曰知道
明憲太后氣候一樣太子宮太子妃宮氣度平順卿等不必入侍矣
中樞院一等議官元禹常辭職疏
批旨省疏具悉所請依施
十一月二日

勅令

勅令第三十六號
中樞院官制改正件
第一條 中樞院은左開事項을審査議定ᄒᆞᄂᆞᆫ處所로ᄒᆞᆯ事
一法律勅令制定廢止或改正에關ᄒᆞᆫ事項
二議政府에서經議上奏ᄒᆞᄂᆞᆫ一切事項
三勅命을因ᄒᆞ야議政府로서諮詢ᄒᆞᄂᆞᆫ事項
四議政府로서臨時建議에對ᄒᆞ야諮詢ᄒᆞᄂᆞᆫ事項
五中樞院에서臨時建議ᄒᆞᄂᆞᆫ事項
六人民의獻議ᄒᆞᄂᆞᆫ事項
第二條 中樞院은左開職員으로써合成ᄒᆞᆯ事
議長 一人
副議長 一人
議官 五十人
參書官 二人
主事 四人
第三條 議長은
大皇帝陛下께셔 勅任으로 敍授ᄒᆞ시고副議長은中樞院
公薦을因ᄒᆞ야 勅授ᄒᆞ시고議官은半數ᄂᆞᆫ政府에서國家에
六

의회 설립을 알리는 1898년 11월 4일 관보. /국립중앙도서관

령으로 하는 공화정을 하려 한다'고 적혀 있었습니다. 수구세력 의정부 찬정 조병식, 군부대신 유기환, 법부대신 이기동이 짜고 만든 공작입니다.[195]

친러 수구파들은 법에 의한 개혁은 바로 자기네 권력 상실임을 너무나도 잘 알고 있었습니다. 자기들이 바로 그 개혁 당할 대상이니까요. 대자보를 발견한 사람도 다름 아닌 경무청 경찰입니다.

심야에 보고를 받은 고종은 기다렸다는 듯이 독립협회 간부 20명 체포령을 내리고 협회 사무실을 압수수색합니다. 밤샘 검거작전에서 17명이 체포됩니다. 새벽에 일어나 선거 준비를 하던 윤치호는 선교사 아펜젤러 집으로 도피해 체포를 면합니다. 그가 일기를 씁니다(느낌표는 윤치호가 썼습니다).

'이런 사람이 바로 왕이다! 아무리 감언이설로 거짓말을 하는 비겁한 놈도 대한제국 대황제보다 더 야비하지는 않으리라!!! 정부는 친일파 노예 유기환과 친러파 악당 조병식 손아귀에 들어갔다. 러시아인과 일본인이 이권을 위해 자기네 노예를 후원하는 것이다.'[196]

친러 수구파 공작을 일본이 묵인하고, 그 묵인 속에 야비한 고종이 일을 저질렀다고 윤치호는 분석합니다. 구체제를 근대 법체제로 전환시키려던 마지막 실험은 그렇게 무참한 대실패로 끝나버렸습니다. 3일 천하라던 갑신정변보다 더 짧았습니다.

박정양이 이끌었던 마지막 개혁정부는 소멸하고 고종은 친러파 수구정권을 세웁니다. 고종 자신과 이해관계가 쌍둥이처럼 똑같은 정부입니다. 분노한 민중이 다시 거리로 나옵니다. 육조거리 경무청 앞에서 협회 간부 석방과 독립협회 부활을 요구하는 철야농성이 이어집니다. 시내 상가는 모두 문을 닫습니다. 경운궁 인정문 앞 시위와 농성 참가 시민은 수만 명에 달했습니다. 수구파 대신들은 시중 모든 신문들 폐간과 시위대 해산을 위한 군부대 동원까지 검토합니다. 고종은 독립협회 간부들 처형을 건의했던 법부협판 겸 고등재판소장 이기동을 친위부대인 시위대 1연대 1대대장에 임명하고 병권을 맡깁니다.[197]

공포의 겨울날

발 아래까지 왔던 근대를 박탈당한 사람들입니다. 무력에 굴복하지 않습니다. 누군가가 국밥 300인분을 보내주기도 했고 외국인들까지 응원이 답지합니다.[198] 해산에 나선 군인들은 총검 사용을 거부합니다. 포위하고 있던 군인 200명이 스스로 해산하여 철수해버립니다.[199] 결국 고종은 체포 6일 만인 11월 10일 간부들을 석방합니다. 하지만 만민공동회는 독립협회 부활을 요구하며 시위를 계속합니다.

11월 21일, 김옥균 암살범 홍종우가 이끄는 황국협회가 인화문 앞에 난입해 몽둥이로 시민들을 해산시킵니다. 해산당한 시민들은 다시 종로에서 더 많은 사람들이 모여 농성을 합니다. 새벽장에 나무를 팔러 온 장수들이 이 소식에 분노해 수구파 집들을 덮쳐 부숴버립니다.[200]

서울 안은 계엄상태와도 같았고 해방구와도 같았습니다. 조선왕조 500년 사상 처음 목격하는 상황 앞에서 '황제는 대책을 세울 바를 몰랐고 정부 대신들은 겁을 먹고 정무를 돌보지 않는 무정부 상태'에 빠졌습니다.[201] 결국 11월 26일 고종이 직접 경운궁 밖으로 나가 만민공동회와 황국협회 회원들을 만나 개혁을 약속합니다.[202] 군주가 궐문 밖에서 백성을 만나는 일, 이 또한 개국 후 처음 있는 일입니다. 기나긴 겨울날 농성 끝에 독립협회는 부활합니다.

하지만 약속한 개혁은 진행되지 않습니다. 만민공동회와 독립협회는 농성을 이어갑니다. 12월 23일 고종 친위대인 시위대 2대대 대대장 김명제가 부대원들에게 술을 먹인 뒤 시위대에 돌진시킵니다. 무력 진압작전이 개시됩니다. 군대 뒤에는 보부상 떼가 몽둥이를 들고 대기 중이었습니다. 12월 24일 아침, 시내 전역에 군대가 배치되고 독립협회와 만민공동회 간부들이 줄줄이 체포됩니다.

12월 25일 고종은 열한 가지 죄목을 나열하며 독립협회와 만민공동회를 해산시킵니다. '우둔한 무리들'의 집회와 시위 일체를 단속하라고 경찰과 군에 명합니다.[203] 이후 잠시라도 체포됐던 개혁파는 430명이 넘습니다. 구체제 회귀를 획책했던 수구세력은 모두 석방되거나 사면됩니다.

근대 시민단체가 사라진 날이 12월 25일입니다. 그 사이에 황제는 참형을 부활시킵니다. 태후는 러시아 군사를 애원하고 황제는 러시아 차르에게 충성을 맹세합니다. 11월 16일 윤치호가 일기를 씁니다.

> '황제가 국민을 속이거나 억압하지 못하게 만드는 유일한 방법은 권력을 빼앗는 것이다. 하지만 생각조차 할 수 없다.'[204]

73

갑자기 발견되는 전주이씨 왕실 시조묘

1899년 1월 25일

〔 전주 조경단 설치 〕

500년을 찾아 헤맨 시조묘

독립협회와 갈등이 고조에 이르던 1898년 10월 24일, 전주 이씨 왕족인 의정부 찬정 이종건이 상소문을 올립니다.

"우리 시조 사공공司空公은 우리로서는 주나라를 만든 조상과 같다. 태조대왕은 전주 건지산 무덤을 특별히 보호해 왔는데, 지금 백성이 나무를 베고 무덤을 쓰고 농사를 짓고 가축을 치고 있다 원통하여 눈물이 나온다."[205]

이종건이 원통해하는 전주 무덤은 전주 이씨 왕실 시조인 이한李翰의 무덤입니다. 일찌감치 전주에 살던 이성계 조상은 정쟁을 피해 삼척으로, 함흥으로 옮겨 다니면서 시조 묘 위치를 잃고 말았습니다. 삼척에 남겨둔 이성계 5대조 이양무 무덤도 마찬가지입니다.

조선 후기, 사대부 집안을 중심으로 족보 제작과 시조묘 찾기 열풍이 불었습니다. 고조까지만 제사를 지내는 '사대봉사四代奉祀' 제한을 넘어서 묘 앞에서 제사를 지내는 묘제墓祭를 통해 가문을 결속시키려 합니다.[206] 왕실도 마찬가지였습니다. 그런데 묘가 있어야지요?

그래서 시조묘 찾기 운동이 벌어집니다. 돈과 벼슬을 건 대대적인 수색작전이 벌어집니다. 1640년 인조 때는 "묘를 꿈에서 찾았다"며

전주 이씨 시조묘가 있는 전주 건지산 조경단.

몽서夢書를 올린 사람도 나왔습니다. 자포자기한 최명길은 "가끔 꿈이 들어맞기도 한다"며 조사를 요구하기도 합니다.[207] 수색에는 실패했지만 인조는 관련자들에게 상을 줘 제보를 권장합니다. 숙종 때까지 이어진 삼척 수색작업은 성과가 없었습니다. 대신 숙종은 이양무와 아내 묘로 추정되는 무덤 주변을 정비합니다.[208]

1765년 이육이라는 왕족이 영조에게 전주에 '조경묘肇慶廟'라는 사당을 설치하자고 건의합니다. 영조는 "무덤을 찾을 수 없다"며 이를 불허합니다. 그런데 6년이 지난 1771년 영조는 경기전 옆에 이 사당 건설을 허가합니다. "내가 다 늙어서 곧 시조 할아버지 얼굴을 볼 판인데 언제 또 기다리겠냐"며 건설을 재촉하지요.[209]

그해 12월 29일 마침내 경기전 옆에 자그마한 조경묘가 설치됩니다. 무덤은 찾을 수 없었지만, 감격한 영조는 완공 사흘 뒤 특별 과거를 실시합니다. 그런데 급제자 가운데 전주 이씨와 시조모인 경주 김씨가 없었습니다. 영조는 다음 날 두 성씨만 대상으로 또 시험을 치러 4명을 급제시킵니다.[210] 1772년 1월 2일입니다.

순식간에 찾아진 그들

그런데 126년이 지나고 대한제국 건국 1년이 지난 1898년 10월 그 조경단이 엉망진창이라고 왕족이 하소연을 합니다. 황제는 인조나 숙종처럼 포기하지도, 영조처럼 머뭇거리지 않았습니다.

"일반 백성도 조상을 모시는데 하물며 황제 집안인데 못 하겠는가."[211]

1899년 1월 25일, 대한제국 황제 고종은 "전주 건지산에 제단을 쌓고 조경단이라 부르라"고 명합니다. 단순히 사당 하나를 뛰어넘어 무덤이 있었음직한 곳에 사직단이나 원구단처럼 제단을 만들라고 합니다. 동시에 삼척에는 이양무 부부묘를 준경묘와 영경묘로 이름하고 이를 정비하라고 지시합니다. 거침없고, 한 번의 심사숙고도 없었습니다.[212]

5월 10일 건지산 기슭에 제단이 건설됩니다. 경기전 옆 사당 외에 추가된 조경단입니다. 6월 15일 해독 불가능한 문자 51자가 새겨진 돌이 위쪽 기슭에서 발견됩니다. 6월 28일 바로 그 자리에 시조 가묘 봉분이 들어섭니다.[213]

전남 광양에 살던 선비 황현이 이 소식을 신문과 소문으로 듣고 이렇게 기록합니다.

'고종이 시조 묘를 알리기 위해 거창한 역사를 시작했다. 너무 거창하여 원성이 입에 오르내렸다. 그런데 함경도에서 온 지관 주씨가 몰래 참서를 묻어놓았다가 발굴하였다. 참서에는 "황제를 칭한 뒤 300년 동안 국조가 이어진다"고 돼 있었다. 고종은 크게 기뻐하였다.'[214]

그렇게 물증이 없어서 500년을 미루던 대역사를 고종은 한칼에 해결해버립니다. 무덤까지요.

권력으로 포장해버린 권위

그날이 1899년 1월 25일입니다. 근대의회를 무산시키고 참형을 부활시키고, 서울을 계엄상태로 만든 뒤 독립협회를 해산해버리고 딱 한 달 뒤입니다.

대개 상소문은 왕과 협의를 거쳐 작성됩니다. 종친이 상소를 올리던 1898년 10월부터 고종은 맹렬하게 활동하던 독립협회와 만민공동회를 제거하고 권력을 강화할 계획을 세웠다는 뜻입니다. 겉과 속이 전혀 다른 이 상황을 어떻게 설명할 수 있을까요.

그해 12월 23일 고종은 이성계를 태조에서 태조 고황제로, 사도세자 장종을 장조 의황제로, 그 아들 정종을 정조 선황제로, 그 아들 순조를 순조 숙황제로, 그 아들 효명세자 익종을 문조 익황제로 격상시킵니다.[215]

고종은 법적으로 사도세자 이후 계열의 직계 후손입니다. 철종이 죽고 나서 이름 없는 왕족 이명복은 효명세자 아들로 입적돼 왕통을 이었습니다. 그래서 법적 존속이 아닌 헌종과 철종은 황제 격상에서 제외됐지요. 실록에 기록된 조문詔文은 "고조할아버지는…, 증조할아버지는…, 할아버지는…,"이라고 자랑스럽게 적혀 있습니다.

1897년 10월 이 황제는 하늘에 독립 국가임을 선언했습니다. 그런데 황제는 굳이 "예법은 주나라 법을 본받아야 한다"며 자기 조상 황제화를 합리화합니다. 그리하여 갑자기 제국이 된 제후국 조선에 식민지 한 평 없이 황제가 우글거립니다. 문득 제국에 봄이 왔었습니다. 지는 꽃들을 보며 사람들은 봄인 줄 알았습니다.

74
다시 성리학 국가가 되다

1899년 4월 27일

[고종, 유학 국교화 선언]

황권에 저항하는 세력을 물리력으로 누르고 왕실 시조를 다시 세우면서 고종은 세속적 권위까지 부활시켰습니다. 그리고 4월 27일 고종이 선언합니다.

'날마다 변괴가 일어나고 난신과 역적이 이어지니 을미년(1895)에는 변란이 극도에 달하였다. 이 모두 종교가 밝지 못해서 생긴 환란이 아니겠는가?'[216]

고종은 을미사변은 물론 독립협회의 근대화 요구가 종교가 밝지 못해 생긴 환란이라고 주장합니다. 삼정문란으로 상징되는 고종시대 모순이 '정신세계'가 잘못됐다고 자기 백성에게 가르칩니다. 그래서 고종이 해결책을 내놓습니다.

'우리나라에서 어째서 종교가 존중되지 않고 실속이 없는가? 우리나라 종교는 우리 공부자孔夫子의 도가 아닌가?'

천대받고 있는 유교를 국교로 삼아야 환란이 사라진다는 이야기입니다.

고종은 이날 상공업과 교육을 진흥하라는 명령도 함께 내립니다. 하지만 이보다 더 급선무가 있다고 합니다. 이날 고종이 내린 조령은 한자로 모두 1,305글자인데, 이 가운데 1,032글자가 유학에 관한 내용입니다.

"도를 벗어나면 사람이 사람다울 수 없고 나라가 나라 구실을 할 수 없다. 따라서 기자箕子와 공자의 도를 나 스스로 밝히고 거룩한 성조의 뜻을 잇겠노라."

제국을 휩쓸고 있는 여러 가지 문제점에 대해 고종이 내놓은 해답은 이렇습니다.

1. 성균관 안에 초현당(招賢堂: 현자를 모시는 집)을 설치해 숨어 있는 선비를 맞이하라.
2. (유교 경전을) 강론하는 자리와 감평鑑評하는 벼슬을 신설하라.

3. 학부學部로 하여금 성균관 관제장정官制章程을 개정하여 들이게 하라.

중국보다 더 극성스러웠던 성리학

공자는 역대 중국 왕조에서 '왕王'이라고 불렸습니다. 서기 739년 당 현종 때 처음 '문선왕文宣王' 시호를 받은 이래 공자는 '문선왕'에서 '현성문선왕'과 '지성문선왕'(송)에서 '대선지성문선왕'(원)까지 계속 왕이었습니다. 그런데 1530년 명나라 때 왕 호칭은 불합리하다는 논의에 따라 공자는 '선사先師'가 됩니다. 공식 시호는 '지성선사공자至聖先師孔子'입니다.[217] 800년 신격화가 대륙에서는 그렇게 일찌감치 붕괴됐습니다.

명 황실이 공자를 선사로 낮추고 6년 뒤 명나라 사신들이 왔습니다. 이들이 오기 전 중종이 시름에 빠집니다.

"우리가 공자를 아직 왕이라고 부르는데, 사신들이 알면 어찌할꼬!"[218]

영의정 김근사가 의정부 회의 끝에 중종을 위로합니다.

"아직 황실에서 천하에 반포해 고치라는 명이 없었나이다, 이렇게 대답하소서."

조선은 그 공자를 망할 때까지 '왕王'이라고 부른 지구상 유일한 나라입니다. 명청 교체 이후에도 조선에서 공자는 '스승'이 아니라 '왕'으로 존경을 받고 숭배의 대상이 됐습니다. 대한제국 마지막 황제 순종이 아홉 살 때 성균관에 들어갈 때도 처음 인사 올린 곳도 문묘에 있는 '문선왕묘文宣王廟'였습니다.[219] 사상의 조국 명나라가 뭐라 했든, 사상의 아버지 공자는 그냥 왕이었습니다. 훗날 신채호가 이렇게 한탄합니다.

> '우리 조선 사람은 매양 이해 이외에서 진리를 찾으려 하므로 석가가 들어오면 조선의 석가가 되지 않고 석가의 조선이 되며 공자가 들어오면 조선의 공자가 되지 않고 공자의 조선이 되며 무슨 주의가 들어와도 조선의 주의가 되지 않고 주의의 조선이 되려 한다. 그리하여 도덕과 주의를 위하는 조선은 있고, 조선을 위하는 도덕과 주의는 없다. 아! 이것이 조선의 특색이냐, 특색이라면 특색이나 노예의 특색이다. 나는 조선의 도덕과 조선의 주의를 위하여 곡하려 한다.'[220]

모두가 사라진 그날

물론 영정조시대 학문이 탄압당한 이래 성리학을 제외한 학문이 성장할 기회는 드물었습니다. 하지만 고종시대처럼 세상을 바꿀 수 있는 신문물이 쓰나미처럼 밀려온 적도 없습니다. 그 신문물로 무장해야 한다고 주장한 근대인들이 어떤 운명을 맞았는지는 앞 장면들에서 모두 목격했습니다.

1899년, 그 근대인들이 물리적으로 다 제거되고 유교의 국교화가 선언됐습니다. 1800년도 아니고 1700년도 아니고 1900년을 1년 남긴 1899년입니다. 정확하게는 20세기를 7개월 앞둔 4월 27일입니다. 고종이 비장한 문체로 만백성을 타이릅니다.

> '너희 신하들은 모든 일에 각각 마음을 다하여 대양(對揚: 황명을 받들다)하라. 성인을 존중함으로써 도를 따르고 실천함으로써 아랫사람들을 인솔하라. 예의를 숭상하고 풍속을 돈독히 하며 명분과 절개를 장려하고 실용에 힘쓰라. 짐은 문묘文廟 제사를 두 배로 엄숙하고 공경스럽게 하며 학교에서 선비들을 양성하는 일은 진지하게 확장할 것이로다.'

4년 전인 1895년 고종은 자기 권력을 침범하는 '일체의 개혁'을 무효로 한다고 선언한 적이 있습니다. 장면 63 그날 이후 고종은 끝없이 개혁파 근대인들과 갈등하다가 러시아공사관으로 들어갔지요. 남의 나라 보호 속에서 그가 설계했던 미래는 무엇이었을까요. 어떤 나라를 만들어 만백성과 함께 부강한 삶을 살려고 했을까요. 다음 장면으로 가보겠습니다.

75

반근대 독재 체제의 탄생

1899년 8월 17일

'대한국 국제國制' 공포

1899년

'파리만국박람회' 일본 보고서

제국 설립 후 순식간에 500년 난제를 해결해버리고 고조까지 모두를 황제로 만든 뒤 고종은 성리학 왕국 재건을 선언합니다. 그 종착역은 1899년 8월 17일 공포된 '대한국 국제'입니다.[221] 원문에 나오는 장황한 미사여구는 생략했습니다.

대한국 국제大韓國國制

제1조 대한국은 세계만국에 공인된 자주 독립한 제국이다.

제2조 대한국 정치는 500년간 전래되고 만세토록 불변할 전제정專制政이다.

제3조 대황제는 무한한 군권君權을 가진다. 정체政體를 스스로 세운다.

제4조 군권 침손 행위는 행했든 안 행했든 신민의 도리를 잃은 것이다.

제5조 대황제는 육해군을 통솔하고 계엄과 해엄解嚴을 명한다.

제6조 대황제는 법률을 제정, 반포, 집행하고 개정한다. 사면, 감형, 복권도 대황제가 한다. 법은 대황제가 자체로 정한다.

제7조 대황제는 행정 각부 관제와 인력 법안을 정한다.

제8조 대황제는 관원 임면권과 작위 수여, 훈장 수여 및 박탈권을 행사한다.

제9조 대황제는 사신 파견, 선전과 강화권을 행사한다.

급조된 법률, 급조된 독재

유교 국교화를 선언하고 두 달 남짓한 6월 23일 고종은 '일정한 규정을 세워 백성에게 신의를 보이라'며 제국 법률 제정 작업을 명합니다. 이에 따라 7월 2일 '법규교정소'가 설치됩니다. 한 해 전 약속했던 의회가 무산된 뒤 황제 직속으로 설치된 기관입니다.

황명 9일 만에 입법기관이 탄생한 것도 우습습니다. 그런데 그 입법기관은 설립 보름 만에 한 나라 국가 시스템을 규정하는 법을 '생산'해 냅니다. 괴력이면서 동시에 부실하기 짝이 없는 입법행위입니다.

황제가 임명한 수구파 관리들이 8월 17일 내놓은 이 '대한국 국제'는 2조부터 끝항 8조까지 황제의 권리와 신민의 의무를 규정하고 있습니다. '황제의 전제 군권은 무한하고 신민은 반항하지 않는다, 황제는 그 군권으로 모든 것을 할 수 있다.'

고종이 바라 마지않던 절대 전제권이, '단 보름 만에' 법적으로 확보냈습니다. 입법 독재라고 할 수 있겠지요. 이 세속적 권력 행사를 정신적으로 뒷받침해 주는 이념이 두 달 전 선언한 '유교 국교화'입니다. 세속적으로든, 정신적으로든 그 누구로부터도 간섭과 반항을 거부할 수 있는 황제가 탄생했습니다.

견제받지 않는 권력, 그 결과

'내장원'은 황제 재정 담당 부서입니다. 갑오개혁 때 국가 재정과 왕실 재정을 분리하고 왕실 재정을 담당하도록 만든 부서입니다. 견제를 위해 만든 부서가 이제 자유로운 금고로 변합니다.

대한국 국제를 공포한 1899년 내장원 수입은 10만 1,431냥이었습니다. 이 수입이 2년 뒤인 1901년 158만 606냥으로 15배, 5년 뒤인 1904년에는 3,004만 2,433냥으로 300배 증가합니다. 내장원 지출 가운데 황제 고종이 영수증 없이 쓸 수 있는 '내입금'은 1899년 2만 5,847냥에서 1904년 1,030만 9,631냥으로 400배 증가합니다.[222]

이 수입이 어디에서 왔을까요?

세금입니다. 견제 불가능한 권력자가 그 무소불위한 권력으로 행한 국정 가운데 극히 일부입니다. 황제 금고가 터질 듯 채워지는 반면, 훗날 나라 예산을 다루는 탁지부는 군인과 경찰 월급이 없어서 돈을 만드는 전환국에서 거듭 돈을 빌려야 했습니다.[223] 재정이 이러하건대, 근대에 관한 다른 분야에서 벌어진 일은 굳이 말할 이유를 못 느낍니다.

어디에선가 빗나가버린 방향

대신 몇 달 뒤 예정된 파리만국박람회 참가를 준비 중이던 일본을 들여다봅니다. 속이 쓰리는 반면교사입니다.

메이지유신 직전인 1867년 파리박람회에 참가하기 위해 파리에 가 있던 막부 관리 마에다 마사나前田正名가 이렇게 회고합니다.[224]

'가장 고심하는 점은 돈도 아니고 언어도 아니고 부자유함도 아니고 질병도 아니며 일본을 욕되게 하는 것이다. 일본은 종교도 없고 야만스럽고 일본은 중국의 속국이다 등의 말들이 아침저녁으로 끊임없이 구주인들 입에 오르내린다. 이것이 매우 괴롭게 생각하는 점이다.'

야만국 취급에 속국 취급당해서 분해 죽겠다는 이야깁니다. 그때가 1867년입니다.

1900년 33년 만에 다시 파리에서 열리는 만국박람회 참가를 앞두고 준비에 임하는 일본 참가단 사무국장 가네코 겐타로金子堅太郎는 이렇게 말합니다.

"(청일전쟁) 승리 후 일본의 명성이 갑자기 세계에 알려져 일약 천하 강국과 비견할 정도가 되었다. 열국 사이에서 국력이 오히려 과대하게 신뢰받고 따라서 세계가 두려워할 정도가 되었다. 우리 국민이 얻은 명성을 실추시키지 않고 더더욱 증진하기 위해서는 신중히 주의해야 한다."[225]

한 나라는 세상이 두려워하는 나라가 되었으니 주의하자고 합니다. 옆 나라에서는 공무원에게 줄 월급이 밀려 있습니다. 도대체 어떤 자가 이렇게 두 나라 경로를 다르게 만들었을까요.

"신중하자"고 한 가네코 겐타로는 이와쿠라 사절단 장면 32 멤버로 18세에 미국으로 떠나 하버드대를 졸업한 사람입니다. 그 소년이 20세기를 맞아 저렇게 일본을 이끄는 지도자가 돼 있습니다. 하버드 동기생인 시어도어 루스벨트가 대통령이 됐을 때, 가네코는 러일전쟁 종전협상인 포츠머스 강화회담 중재를 루스벨트에게 부탁해 이를 성사시킵니다.[226] 또 다른 속 뒤집힐 이야기지요.

76

황제, 두 번째 궁궐을 짓다

1902년 5월 6일

평양 풍경궁 건설 지시

세 가지 겹친 경사와 굶어 죽은 백성

1902년 여름이 왔습니다. 황제권에 대한 모든 견제 장치를 없애버리고 3년이 흘렀습니다. 황태자 이척이 황제에게 상소문을 올립니다.

"세상에 다시 없을 세 가지 경사가 겹쳤나이다. 폐하가 51세가 되시고 등극하신 지 40년이 되었고, 망육순(望六旬, 60세를 바라보는 나이)을 맞아 기로소耆老所에 드시니 이 세 경사야말로 천년에 제일 큰 경사요 천년의 행운입니다."[227]

60세를 기耆라고 하고 70세를 로老라고 합니다. 기로소는 이 나이를 넘긴 국가 원로를 예우하기 위해 설치된 기관입니다. 역대 국왕 가운데 숙종과 영조가 각각 59세와 51세에 기로소에 들어갔습니다. 기로소는 현 서울 세종대로사거리 교보빌딩 자리에 있었습니다.

열두 살에 왕이 된 고종이 쉰한 살이 되었고 등극한 지 40년이 되어서 기로소에 들었습니다. 한 가지 일에 세 가지 의미를 붙여 천 년 만의 경사라며 황태자는 여러 가지 경축 이벤트를 내놓습니다. 이 1902년, 대한제국에 참 많은 일이 벌어집니다.

이보다 석 달 전인 그해 5월 1일 궁내부 특진관 김규홍이 상소문을 올렸습니다.

"당당한 황제의 나라로서 어찌 수도를 두 군데 두지 않을 수 있겠습니까? 폐하께서 깊이 생각하고 재결을 바랍니다."

고종은 '깊이 생각한 뒤' 닷새가 지난 5월 6일 조령을 내립니다. 이렇게요.

"요즘에는 외국도 수도를 두 군데 세우고 있다. 기자箕子가 정한 천년 도읍지, 예법과 문명이 시작된 평양에 행궁을 세우라."[228]

그해 굶주린 경기도 백성이 교하에 있는 인조릉 장릉長陵 송림을 침범해 껍질을 벗겨 먹었습니다. 솔숲에는 쭈그리고 앉아 죽은 사람이 줄을 잇고 있었습니다.[229] 그런데 황제는 백성이 바라고 있다고 확신합니다.

"백성이 모두 바라고 기꺼이 호응하는데 더 말할 나위가 있겠는가! 나라의 천만년 공고한 울타리로 삼겠다."

러시아를 바라본 궁궐, 탈탈 털린 평안도

외국 사례가 있으니 수도 두 개는 당연하고, 대한제국 제2수도 위치는 '기자가 정한 도읍지'인 평양이 마땅하며 이를 '백성이 호응하니' 만들어야 한다. 1897년 10월 13일 '독립국' 대한제국을 선포할 때 고종이 내건 명분은 '요와 순 임금의 예악과 법도를 이어받는다'였습니다.[230]

당당한 독립 제국과 요순을 잇는 계보. 이 모순된 선언 속에 은폐돼 있던 여러 가지 비밀들이 최근까지 보셨던 여러 장면들에서 폭로됐습니다. 그 최종 결과가 대한국 국제라는 극도로 권력이 집중된 시스템 구축이었고, 이를 떠받쳐줄 성리학적 질서 구축작업이었습니다.

그런데 평양을 선택한 현실적인 이유는 또 있었습니다. 러시아입니다. 평양은 러시아식으로 편제된 지방 부대인 진위대 주둔지였습니다. 일관된 친러 정책을 표방한 고종은 증가하는 러-일 갈등 양상 속에서 비상시 러시아에 가까운 평양으로 피난할 생각이었지요.[231]

황제권을 제한하는 그 어떤 세력도 제도적으로 봉쇄된 상황에서 새 궁궐 건설은 순조롭게 진행됩니다. 건설 명령 8일 뒤 고종은 황실 자금인 내탕금 50만 냥을 건설비로 하사합니다. 그런데 1903년 10월

풍경궁 짓는 목수들. /미국 헌팅턴대 잭 런던 컬렉션

주요 전각을 다 짓고 보니 총공사비는 1,005만 1,368냥이 나왔습니다. 고종이 두 차례 하사한 내탕금 100만 냥은 제외된 액수입니다. 풍경궁 공사비 장부 '평안도향전성책'에 따르면 소위 '향례전鄕禮錢'이 673만 1,368냥, '원조전援助錢'이 332만 냥입니다. 향례전은 평남북 향안鄕案에 등록된 양반에게 부과된 돈이고 원조전은 가구와 토지당 부과된 돈입니다.[232] 황제가 내린 내탕금 100만 냥은 '새 발의 피'지요.

이 1,005만 냥을 당시 새 화폐단위인 원圓으로 환산하면 200만 원입니다. 1902년 대한제국 세입예산 758만 원의 26%입니다. 2.6%가 아니라 26%입니다. 소나무 껍질을 벗겨 먹는 백성들로부터 한 나라 예산 4분의 1이 넘는 돈을 털어서 궁전 건축에 투입했습니다. 훗날 식민시대에 더 컴컴한 흑막이 드러납니다. 1927년 〈조선일보〉 기사입니다.

‘당시 평안관찰사 민영철이 평양감리 김인식과 상의하고 평안남도 30만 인민의 고혈을 착취하였다. 건축비로 실제 들어간 금액은 인민으로부터 착취된 총금액의 5분의 1밖에 되지 않았고 대다수는 민영철, 김인식과 궁내부 기타 중간 협잡배의 배를 채웠으니 평안남도의 피폐함은 이로 인해 더욱 심하였다.’[233]

군주의 탐욕과 여흥 민씨의 부패와 지방관의 가렴주구와 공사비 횡령. 이 책 1권부터 반복해서 등장하는 단어들입니다. 도저히 고쳐 쓸 수 없는 존재들입니다.

“모두 잡세올시다”

1903년 12월 10일 궁내부 특진관 이근명이 고종 명으로 황제와 황태자 초상화를 풍경궁에 모시고 돌아와 보고합니다.

“사녀士女들이 구름처럼 몰려들어 도로 양쪽에서 구경하였는데 모두 춤추고 환호하며 즐거워하는 기색이었나이다.”[234]

보고를 받고 즐거워하는 황제에게 이근명이 다시 보고합니다.

“신이 장단 고량포를 지나는데 수백 명의 백성들이 도로에 몰려와서 호소하기를, ‘잡세雜稅가 너무 많아 고량포에서 강화까지 100리도 안 되는데 세금을 거두는 곳은 열여덟 곳이나 됩니다’라고 하였습니다.

장사하는 백성들이 어떻게 견디겠습니까? 물가도 이 때문에 뛰어오르고 있으니, 의정부로 하여금 혁파시키는 게 좋을 듯합니다."

그러자 고종이 대답합니다.

"무명잡세를 없애라고 거듭 엄명했거늘 아직도 그렇다고? 그중에는 정세正稅도 분명히 있을 것이다."

이근명이 똑바로 고종을 보며 단언합니다.

"균역세 외에는 모두 잡세올시다."[235]

'황제 당신이 거둬들이고 있는 잡세로 백성이 고통받으니 정신 차리라'는 이야기입니다. '구름처럼 몰려와 춤추고 환호했다'는 앞선 보고는 《승정원일기》에만 있고 《조선왕조실록》에는 빠져 있습니다. 실록 편찬자가 믿지 못한 모양입니다.

77

황제, 성리학 창시자 후손들 특채

1902년 10월 11일

주자朱子 후손 무시험 채용령

세속 권력의 독점과 공포정치, 그리고 국가 통치이념의 수구화. 최근 몇 장면에서 목격했던 대한제국 풍경입니다. 아관파천 이후 대한제국 국가체제는 전제군주정으로 확고하게 자리 잡습니다. 풍경궁 건설이 한창이던 1902년 10월 11일 황제가 조령을 내립니다.

"현인을 존중해 후손들을 등용해야 나라를 다스리는 떳떳한 법이다. 주자의 증손자가 동쪽으로 건너온 이후 주씨朱氏 자손이 널리 퍼졌다. 며칠 전 그들 본관을 중국 신안新安으로 회복하라고 명했으니, 이제 그 명단을 파악해 조정에 특별채용하라."[236]

송나라가 원나라로 넘어가던 1211년 성리학을 집대성한 주희朱熹의 증손자 주잠朱潛이 제자들을 데리고 고려로 망명합니다. 주희 본관은 강서성 신안입니다. 주잠은 '바다 건너 기자箕子가 봉해진 땅이 우리들이 살 만할 곳'이라며 전남 화순 땅에 은둔합니다. 지금도 화순에는 주잠을 기리는 중국식 사당이 있습니다. 이들은 원나라에서 추적해 온 관리들을 피해 본관을 바꾸고 살았습니다. 고종은 이 후손들에게 본관을 되찾아주고 이들을 특별채용하라고 명합니다.

참 낯선 풍경입니다. 소크라테스 후손을 찾아내 그리스 정부 관리로 특채, 데카르트 후손을 프랑스 학술원에 채용, 뭐 이런 느낌? 갑오개혁이 요구한 '근대적 국가운영'을 고종은 권력 위기로 받아들이고, 그래서 자기 권력을 질적, 양적으로 확장시키는 모습을 보여줍니다. 국가에 찾아온 기회를 본인에게 엄습한 위기로 인식한 거지요. 주자 운운하는 이 명령 또한 권력 강화라는 맥락 속에 벌인 일입니다.

"황제께도 영광이오"

이틀 전인 10월 8일 원수부 기록국 총장 주석면朱錫冕이 상소문을 올립니다. 원수부는 군부를 황제가 직접 관리하기 위해 만든 조직입니다. 군부 위의 군부요 황제가 군을 통수하는 데 수족 같은 조직입니다. 사무실은 경운궁(덕수궁) 대안문 오른쪽에 있었습니다. 언제라도 황제를 만나 황명을 받들 수 있는 위치였지요. 그 내부 부서 가운데 하나인 기록국 국장 이름이 주석면입니다. 이 사람이 주자의 후손입니다.

"우리 황상 폐하께서 명나라를 계승하여 대한大韓의 기업을 세우셨나이다. 종묘를 새롭게 하여 조종祖宗의 공렬功烈을 드러내고 왕실 족보를 편수해 근본을 밝히셨으니 온 나라 백성이 감동하였나이다. 다행히 우리 황상께서 근본을 밝히는 때를 만났으니, 특별히 살펴 주시어 나라 안 친족들에게 다시 원래 본관인 신안을 회복시켜주시면 저희 가문과 성상 모두에게 영광이 더해질 것이옵니다."

500년 성리학 국가 조선에서 그 누구도 감히 하지 못했던 '본관 회복 상소'입니다. 어떻게 주석면은 이런 발상을 할 수 있었을까요? 상소문 속에 답이 있습니다.

'황제께서 왕실 족보를 편수해 근본을 밝히셨으니.'

너도 했으니까 우리도 하게 해달라는 이야기입니다. 그러면 자기네 가문은 물론 '성상께도 영광이 더해질 일'이라고 주장합니다.

세상이 개혁과 진보를 요구하는 동안 조용하다가, 그 근대를 최고 권력자가 부정하고 낡은 이데올로기를 확장하는 모습을 보이면서 벌어진 일입니다. 성리학을 국교로 선언했던 장면 74 고종은 바로 상소를 받아들이고 사흘 뒤 본관 회복과 함께 주자 후손들을 찾아내 벼슬을 주라고 추가로 명을 내렸죠.

1894년 갑오개혁으로 과거제는 폐지됐습니다. 장면 59 그리고 국문國文, 한문漢文, 글자쓰기, 산술算術 같은 실용 과목으로 시험을 치러 인재를 뽑는 '선거조례'가 마련됩니다. 이에 따르면 무시험 등용은 원천적으로 불가능합니다.[237] 하지만 황제는 이 법을 무시하고 자기 명령이 '나라의 떳떳한 법'이라고 주장합니다. 그렇다면 '고종이 생각하는 나라'는 무엇일까요?

> "도량형은 물건을 헤아리는 표준이고 모든 사람들이 그대로 믿는 것으로써 학문과 기술, 문명과 부강이 이를 통해 발전합니다."[238]

하루 전인 10월 10일 아래에서 도량형을 새로 만들겠다는 보고가 올라옵니다. 국가 생산과 유통의 기본인 무게와 부피, 길이, 거리 측정 단위가 엉망이라 바로잡겠다는 보고입니다. 통상과 무역시대에 필수라는 보고도 함께입니다.

조선 왕국에서 도량형을 관리하는 기관은 평시서平市署입니다. 시장에서 판매하는 곡식 양과 옷감 길이에 개입된 협잡을 단속하고 척尺, 두斗 같은 도량 단위를 표준화하는 관청입니다.

그런데 조선은 임진왜란 이후 이 단위들이 표준화되지 않았습니다. 평시서는 이를 악용해 서민들 세금을 부당하게 징수하는 악덕 기관으로 비난을 받습니다. 동학 주범인 조병갑도 초기 관직이 평시서 관리였죠.

그래서 1894년 갑오개혁정부는 제 기능을 상실한 평시서를 폐지합니다. '부강함의 요건이 되는' 도량형 관리 기관이 아예 사라진 거죠. 그 도량형이 1902년 10월 10일에야 국가에서 관리되기 시작합니다. 통상과 무역시대에 피해를 입지 않기 위해 해당 부서에서 만든 보고서입니다.

그 다음 날 고종이 내린 명령이 주자의 후손 특채령입니다. 구체적인 세상을 외면하고 도덕과 명분으로 연명해 온 '그 떳떳한 나라'로 돌아가겠다는 선언입니다. 유교 숭상 논리는 황제 자신을 중심으로 충군忠君과 애국愛國 신민을 만들겠다는 의도의 표현에 불과했습니다.[239]

이제 역대 유례가 없는 이 전제국가의 화장을 지워보겠습니다.

78

거지 나라 황제 즉위 40주년 파티

1902년 12월 3일

〔 칭경40주년 기념잔치 〕

사도세자까지 황제로 만들고 성리학을 부활시킨 황제는 이제 인생을 돌아보며 자기를 위한 파티를 준비합니다. 이름하여 '어극40년 칭경예식御極四十年稱慶禮式'입니다. 음력으로 1873년 왕이 된 본인의 40년 재위를 축하하는 대대적인 행사입니다. 모든 권력을 스스로에게 집중시켰으니 아무도 말릴 수 있는 사람이 없습니다.

1902년 2월 8일, 고종은 망육순과 즉위 40주년 축하를 받고 사면령을 반포합니다. 1852년생인 고종이 음력으로 51세가 되던 해이고 1863년 이래 즉위 40주년이 되는 해입니다. 사실 애매하긴 합니다. 고종이 왕이 된 날은 음력으로 1863년 12월 13일이고 양력으로는 1864년 1월 21일이니까요.

2월 18일 황태자 이척李坧이 고종에게 존호尊號를 올립니다. 새 존호는 '건행곤정 영의홍휴乾行坤定 英毅弘休'. 이로써 고종 황제 존호는 '통천융운조극돈륜정성광의명공대덕요준순휘우모탕경응명입기지화신열외훈홍업계기선력건행곤정영의홍휴統天隆運肇極敦倫正聖光義明功大德堯峻舜徽禹謨湯敬應命立紀至化神烈巍勳洪業啓基宣曆乾行坤定英毅弘休'가 되었습니다.

마흔여덟 글자. 순조 77자, 영조 70자에 이어 세 번째로 긴 존호입니다. 고종이 죽고 12글자가 추가돼 60글자가 됩니다. 고종은 존호를 받으면서 "백성이 굶주리고 나라 저축이 거덜 나 마음이 편치 않다"고 말합니다.

3월 19일 고종은 그 편치 않은 마음으로 '올가을에 등극 40년 경축 예식을 거행하려고 한다'고 밝힙니다. 훗날 중추원 의관 안종덕은 끝없이 반복되는 '불편한 마음'과 '안 불편한 행동' 사이 괴리를 두고 이렇게 비난합니다.

> "환란이 생길 때마다 왕께서 내린 밝은 조서가 몇천 몇백 마디인지 모를 정도구나."[240]

불어오는 전운, 끝없는 파티

장면 76에서 보셨듯, 대한제국을 둘러싼 국제 정세는 점점 험악해지고 있었습니다. 일본은 욱일승천하는 중이었고 러시아는 아시아에 국력을 집중시키고 있었습니다. 대한제국 정부는 국가 자원을 총동원해 그 일본과 남하하는 러시아 틈바구니에서 주권을 지켜야 할 미션이 있었습니다. 그런데 백성을 위한 불편한 마음을 안고, 그 나라 황제가 40주년 기념 대행진을 벌입니다.

5월 30일 아침 경운궁 함녕전에서 잔치가 벌어집니다. 다음 날 아침 또 잔치가, 밤에 또 잔치가, 6월 1일 아침과 밤 또 잔치가 열립니다. 잔치는 6일, 18일에 또 열립니다. 19일 밤에는 제국 영빈관인 대관정(大觀亭: 현 프라자호텔 뒤편)에서 '각 공사, 영사와 신사를 청하여 기악으로 잔치를 벌입니다.'[241] 평양, 선천, 진주와 서울에서 무용과 음악을 맡은 기생 80명이 동원됐습니다. 잔치 시리즈에 투입된 예산은 6만 9,246원 8전 4리였습니다.

그 해 굶주린 경기도민들이 파주에 있는 인조릉 장릉 송림을 침범해 나무껍질을 모두 벗겼습니다. 왕릉을 지키는 병사들도 막지 못했습니다. 송림 밑에서 쭈그리고 앉아 죽은 사람이 줄을 잇고 있었습니다. 연일 북을 치고 풍악을 즐기는 궁중으로 사람들이 기왓장을 던집니다.[242]

즉위 40주년 기념비 설립도 진행됩니다. 1902년 9월 '조야송축소'라는 관변 조직이 주도한 이 이벤트를 통해 이듬해 2월까지 공무원 1,770명으로부터 3만 원이 걷혔습니다.[243] 1903년 9월 2일 기로소 앞에 기념비각이 설치됩니다. 이게 서울 세종로 사거리에 서 있는 '기념비전紀念碑殿'입니다. 고종 생일인 8월 28일에는 만수성절이라는 이름으로 또 잔치가 벌어집니다.

칭경 40주년 기념잔치

즉위 40주년 기념식 공식 명칭은 '어극40년 칭경예식'입니다. 메인행사인 기념식은 10월 18일, 외부인사 초청행사인 외진연은 10월 19일, 궁중 내부행사인 내진연은 10월 22일로 예정됐습니다.

몇 차례 연기됐던 잔치는 예정보다 두 달이 지난 12월 3일 경운궁 중화전에서 외진연을 시작으로 성대하게 거행됩니다. 7일에는 경운궁 관명전에서 내진연이 거행됩니다. 관례에 따라 잔치는 14일까지 낮밤으로 이어집니다.

그런데 그해 여름 콜레라가 대한제국을 덮쳐버립니다. 메인행사인 기념식은 열리지 못하고 1903년 4월 30일로 최종 연기됩니다. 그런데 20일을 앞둔 4월 10일 일곱째 아들 이은李垠이 천연두에 걸려버립니다. 결국 대한제국 정부는 기념식 행사를 취소합니다.

1902년 8월 10일 칭경예식사무소가 의정부에 보낸 공문에는 칭경행사 비용이 100만 원으로 나와 있습니다.[244] 1902년 대한제국 총예산은 758만 5,877원(세출 기준)입니다.[245] 나랏돈 13.2%가 사라졌습니다. 체제 개혁과 자원 생산에 써도 모자랄 돈입니다. 러시아와 일본 사이에서 주권을 지키는 데에는 더할 나위 없이 필요한 돈입니다.

황제 무리가 벌인 잔치는 '임연진연도'에 박제돼 있습니다.(뒤 페이지 사진1) 등불까지 켜놓고(사진2) 깊은 밤 평양 기생들이 춤을 추며 그를 축하하는 장면입니다.(사진3) 나라가 거덜 나는 장면입니다.

사진1 임연진연도병(부분). /국립고궁박물관

사진2 임연진연도병 등불. /국립고궁박물관(위),
사진3 임연진연도병 기생들. /국립고궁박물관(아래)

79

고물 군함 입항하다

1903년 1월 25일

대한제국, 군함 양무호 구입

1903년 7월 29일 군부대신 윤웅렬이 사직서와 상소문을 올립니다. 장관직을 걸고 말을 한다는 뜻입니다.

"군함 양무호를 구입한 마당에 계약을 파기할 수도 없다. 그냥 바다에 묶어두는 것도 비용이 들고 기계도 훼손된다. 매우 답답하다."[246]

6개월 전인 1월 25일, 당시 군부대신 신기선이 일본 미쓰이물산과 군함 인수 계약을 체결합니다. 윤웅렬이 언급한 '양무호揚武號'입니다. 가격은 일본돈 55만엔. 대한제국 돈으로 100만 원입니다. 그해 대한제국 군부 예산은 세출 기준으로 412만 3,582원이니 한 해 국방예

산 26.7%를 들여 구입한 야심 찬 군함입니다.[247]

4월 15일 제물포항에 양무호가 입항합니다. 웅장합니다. 3,000톤이 넘는 배에 80밀리미터 대포 4문과 5밀리미터짜리 소포 2문이 장착돼 있습니다.

임진왜란 이후 조선은 해군을 운용하지 않았습니다. 평화시대가 지속되고 국경지대인 북쪽 육군만 강화해 왔지요. 흥선대원군이 집중 육성했던 강화도 수비대와 지방군은 와해되다시피 한 상태였습니다.

그런 부족한 시대에 증기기관을 단 군함을 수입했으니, 참으로 경사입니다. 그런데 후임 군부대신은 이 군함 때문에 속이 답답하다고 합니다. 이유는 이렇습니다.

고물 화물선

'신제품이 아니오, 기십 년 전 일본의 고물인데 누차 파손돼 일본 해상에 세워뒀던 배를 정부가 고가에 매입했더라. 해군이 사용하려면 본래 연로하고 파손된 물건이라 곤란하다더라.'[248]

1903년 4월 25일 〈황성신문〉 기사입니다. 제목은 '군함 사건을 논함'입니다. '군함'과 '사건'이라는 이질적 단어가 붙어 있습니다. 요즘으로 치면 방산 비리가 언뜻 생각납니다.

맞습니다. 방산 비리입니다. 기사가 이렇게 이어집니다.

'바다 한가운데에 정박시켜놓고 사용하기에나 쓸모가 있다고 하니, 목

격하지 못한 우리로서는 확인이 불가능하노라.'

이 소문이 멀리 전남 광양에 살던 선비 황현 귀에까지 날아갑니다. 기록벽이 있는 이 선비가 한 줄 일기장에 쓰지 않을 수 없지요.

'배가 고물인 데다가 누수까지 되어 빨리 항해할 수 없었으므로 일본인을 고용하여 수선 작업을 벌이는 바람에 전후에 걸쳐 거액의 비용이 소모되었다.'[249]

바보가 한 짓인지 사악한 관리가 한 짓인지 모르겠지만, 한 마디로 고물을 샀다는 이야기입니다.

겉은 멀쩡했습니다. 소문을 확인하기 위해 답사까지 한 〈황성신문〉 기자는 '소문과 대단히 다르게 극히 완전 양호하여 우리 한국에 처음 있는 신함新艦이니 굉장하더라'고 속보를 보냈죠.'[250] 식당, 기계, 공구, 의약, 전등, 측량기구 등등 군함이 갖출 바를 완비하고 양총 150정, 칼 100자루, 육혈포 22정, 대포 4문, 소포 4문도 기자 눈에 완벽해 보였다고 합니다. 아마 제국 정부가 기자를 불러 공식적으로 양무호를 보여준 게 아닌가 싶습니다. 그런데.

이게 군함이냐?

자, 오른쪽 페이지에 있는 문서는 1903년 1월 25일 군부대신 신기선과 미쓰이물산을 대신한 임시대리공사 하기와라 모리이치荻原守一

가 맺은 계약 부속 명세서입니다.[251]

'군기軍器는 적당히 완비할 일'

'순양함 혹은 연습함의 목적에 변통變通함을 위함'

'황실 경절 때 봉축'

'식당에는 미려한 서양 요리 기구 30인분'

'침구는 화려한 서양 물품으로 완비'

'일체 무기는 적당히 탑재'

'예포禮砲 연습용 공탄과 소총 탄환도 적당히 둘 일'

군함인가요? '미려한 서양 요리 기구'와 '화려한 침구'가 있으면 전쟁하기 좋을까요? 무기는 '적당히' 마련하랍니다. 적당히 마련한 무기를 또 적당히 탑재하랍니다. 대신 '황실 경절을 축하하고' 이를 위

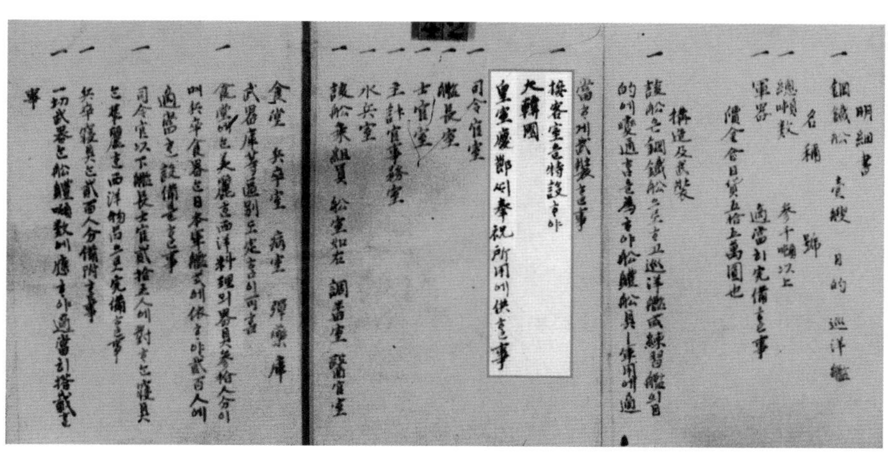

明細書
一 鋼鐵船 壹隻 目的 巡洋艦
名稱 號
一 總噸數 參千噸以上
一 軍器 適當히完備할事
價金 合日貨五拾五萬圓也
構造及武裝
一 護船은 鋼鐵船으로 하고 巡洋艦或練習艦의目的에 變通함을 爲하야 船體 船具ㅣ 使用에 適當하게 武裝할事
一 接客室을 特設하야 大韓國 皇室慶節에 奉祝 所用에 供할事
一 司令官室
一 艦長室
一 士官室
一 主計官事務室
一 水兵室
一 護船乘組員 船室如右 調當室 醫官室
食堂 兵卒室 病室 彈藥庫
武器庫等 區別로 定함이 可함
一 食堂에는 美麗한 西洋料理의 器具參拾人分이며 兵卒食器는 日本軍艦式에 依하야 貳百人에 適當한 設備할事
一 司令官以下 艦長士官貳拾五人에 對하는 寢具는 華麗한 西洋物品으로 完備할事
一 兵卒寢具는 貳百人分 備附할事
一 一切武器는 船體噸數에 應하야 適當히 搭載할事

양무호 계약서. /국사편찬위원회

해 '예포용 공포탄과 소총탄도 적당히' 두라고 합니다. 다시 여쭙습니다. 이게 군함 맞는가요? 사진 속 두 번째 문서 표시 부분을 읽어볼까요?

접객실을 특설하여
대한국
황실 경절 때 봉축에 공할 일

오로지 40주년을 맞은 고종 황제 폐하 등극 기념식에 황제를 선상에 앉혀놓고 예포 몇 방 쏘려는 게 상고물 양무호를 수입한 이유였습니다. 그래서 윤웅렬이 올린 상소문 결론은 이랬습니다.

"땅과 인구가 우리나라 절반도 안 되는 나라도 수십만 해군과 수십 척 전함이 있다. 그 돈을 귀신이 줬겠는가? 재물을 절제하고 법도를 신중히 했으니 성공한 것이다. 굳이 새로 군함을 살 것 없다. 우리에게도 강화도와 경남 진남군에 해군부대 관청이 남아 있다. 이들 부대를 부활시켜 세금을 제대로 집행하면 해군을 운영할 수 있다. 그러면 저 (고물) 양무호도 해적 순시에 쓰면 된다."

요컨대, 헛되게 돈을 쓰지 말고 법대로 집행하면 대한제국도 이순신 군단의 영광을 되찾을 수 있다는 건의입니다. 윤웅렬은 1884년 갑신정변 때 정변에 참여하라는 급진파들 요청을 거절했던 온건개화파입니다. 그 개화파 눈에 행사에 써먹으려고 돈을 처바르는 정부가 이해가 되지 않았습니다.

하지만 건의는 무시됩니다. 해군은 부활하지 못합니다. 앞 장면에서 보셨듯, 경축행사는 취소됩니다. 대신 제물포에 있던 양무호는 꼬박꼬박 정박료와 감가상각비용과 이자를 뜯기다가 1909년 11월 29일 일본 오사카의 하라다상회原田商會에 매각됩니다. 110만 원 주고 산 군함은 4만 2,000원에 팔렸습니다.[252]

80

황제, 차르에게 편지를 쓰다

1903년 8월 15일

고종이 다시 러시아 황제에게 편지

1903년 8월 15일, 대한제국 황제 광무제가 러시아제국 황제 니콜라이2세에게 편지를 씁니다.

만일 전쟁이 발발하면 우리나라는 전쟁터가 됨을 면할 수 없을 것입니다. 그렇게 된다면 귀국 군대가 승전보를 알릴 것은 의심할 것도 없으니 짐이 미리 축하드리는 바입니다. 폐하가 모름지기 우리나라에 머물고 있는 귀국 공사에 명하여 우리에게 은혜와 호의의 정을 더욱 도야하도록 하신다면 거룩한 마음 둘 곳을 짐은 반드시 잊지 않을 것입니다.[253]

광무제 고종이 평양에 궁궐까지 지어가며 러시아에 손짓하던 그 무렵, 러시아는 이미 대한제국 목덜미까지 접근하고 있었습니다.

1898년 3월, 러시아는 청나라 여순항과 대련항을 조차하는 데 성공합니다. 제국 확장을 위해 염원하던 부동항不凍港입니다. 이어서 만주를 점령하고 만주에 철도 건설을 시작합니다.

일본은 자기네 우위를 주장하는 한반도에 군대를 상륙시키며 러시아를 견제합니다. 전 지구대에서 러시아를 견제하던 영국은 1902년 일본과 동맹을 맺고 대 러시아 연합전선을 형성합니다. 바야흐로 조선에 피비린내가 불어옵니다.

전쟁은 단순히 러시아와 일본 두 나라 사이가 아니라 국제적인 이슈였습니다. 러시아 편은 항구를 조차해 준 청과 러시아에 피난처를 제공받았던 대한제국 아니 대한제국 황제 고종밖에 없었고, 청과 고종을 제외한 모든 나라는 러시아를 극도로 경계했지요.

바로 그때 고종이 니콜라이2세에게 '미리 전쟁 축하' 편지를 보냅니다. 이하 편지에는 전쟁이 터지면 모든 수단을 동원해 러시아 승리를 돕겠다는 결연한 의지가 보입니다.

> '일이 발생한다면 짐은 반드시 귀국과 연대하여 관계를 맺고자 합니다. 개전하는 첫날부터 우리는 반드시 일본인에게 견제를 받을 것이며 또한 우리나라 군비軍備가 많지 않아 방어도 어렵습니다. 그때가 되면 분명 폐하가 몇 세대에 걸친 원수 타파를 도우리니 짐은 의당 사람을 시켜 일본 군사의 숫자며 거동과 그들 의향이 어떠한가를 정밀하게 탐

지해 귀국 군대 사령관에게 보고해 돕겠습니다.'

고종은 자기를 믿어달라며 이런 문구까지 적어넣습니다.

'이 서신은 훗날 유사시 족히 짐이 폐하에 대해 깊은 우의를 보여준 큰 근거가 될 것입니다.'

고종 자신이 밝혔듯, 대한제국은 '군비軍備가 많지 않은' 국가입니다. '무기제조창을 설치한 지 20년이 넘었음에도 총알 한 개 주조하지 못하는' 나라였습니다.[254] 제국 건국 2년 뒤인 1899년부터 1904년까지 6년 동안 군부대신이 25명이나 바뀌는 나라였고[255] 그래서 '장수는 병사를 모르고 병사는 장수를 모를 정도로' 군기 또한 전쟁은커녕 중립 유지도 불가능할 정도인 나라였습니다.[256]

편지를 보낸 해는 1903년입니다. 제국을 건설하고 7년이 지났습니다. 그 시점에, 제국 황토皇土 곳곳에 황제를 기리는 기념물이 서고 각종 파티가 황궁을 흥청망청하게 채우는 동안 나라는 거덜이 나고 그 나라를 지킬 군사는 사라지고 없습니다. 왕이던 시절 청나라 군사를 요청하고(1882), 일본 군사 소매를 붙잡고(1894), 이제 황제가 된 그가 러시아 황제에게 대책 없는 구조신호를 보냅니다. 그것도 국제 정세를 읽지 못한, 과녁 없는 신호입니다.

기억하시는지요. 1896년 고종이 '보호국화'를 요청하며 모스크바로 보낸 특사 민영환에게 러시아 재무대신 비테가 간접적으로 한 말.

'어떻게 다른 사람들이 그를 외부의 적으로부터 보호해 주기를 기대할 수 있겠는가.' 장면 66

훗날, 정확하게는 9년이 지난 1905년 영국 언론인 프레데릭 맥켄지가 고종 측근 이용익에게 똑같은 말을 던집니다.

"당신들이 자신을 보호하지 않는데 남이 보호해 줄 턱이 있는가."[257]

국제정세를 똑바로 읽지 못하고 만국의 경계대상 러시아에 기대려 한 황제. 자기가 통치하는 제국에는 그 어떤 국방력도 갖추지 못한 황제. 대신 황제, 차르가 가진 화려함과 권위를 본인도 차지하기 위해 숱한 기념식과 잔치로 허세를 과시하던 황제. 그가 러시아황제에게 보낸 편지는 이렇게 끝납니다.

바라옵건대 폐하는 우리나라의 곤란한 정황을 헤아려주시길 간절히 기원하고 축원합니다. 지금 이후로 바라옵건대 폐하가 우리나라를 더욱 잘 대해주시리라 짐은 깊이 믿습니다. 폐하의 덕화가 융성하고 왕업이 영원하기를 기원합니다. 한양 경운궁에서 보냅니다.

폐하의 어진 형제 이형李㷩

광무7년(1903년) 8월 15일

81

천황의 뇌물 30만 엔과 황제의 변심

1904년 2월 23일

[한일의정서 체결]

'왕은 자신의 웅대한 지략을 자부한 나머지 불세출의 자질을 가지고 있다고 판단하고 권력을 다 거머쥐고 세상일에 분주한 나날을 보냈다. 그는 자기가 우리 동방에 처음 난 군왕이라고 생각하고 있었다.'[258]

동학전쟁이 한창인 1894년 매천 황현이 쓴 글입니다. 매우 시니컬합니다. 아니라는 뜻이지요. 불세출도 아니고 최고의 군왕도 아니라는 말입니다. 그런데 권력을 다 거머쥐고 바쁘게 살더라는 말입니다. 10년이 지난 1904년 마침내 러일전쟁이 터집니다.

1904년 2월 8일, 일본군이 청나라 여순항에 있는 러시아 극동함대에 어뢰를 발사합니다. 2월 9일 일본함대 14척이 제물포에 입항한 러시아 바략호와 코리에츠호를 공격합니다. 2월 10일 일본 측 선전포고와 함께 러일전쟁이 터집니다. 전쟁 냄새를 맡고 있던 고종은 앞장처럼 미리 러시아 승전 축전을 보내고 이에 대한 적극 지원과 대한제국에 대한 선처를 호소했지요.

러일전쟁과 군자금 18만 원

2월 12일, 대한제국 정부는 각 군 단위 행정구역에 '군내 통과 일본군에 숙박 및 군수 일체를 협조하라'고 지시합니다.[259] 발신자는 외부대신 임시서리 겸 법부대신 이지용입니다. 2월 17일 고종은 일본군 요청에 따라 창덕궁을 일본군 12사단 병영으로 사용하도록 칙허합니다.[260] 2월 21일 이지용은 한성판윤 김규희에게 "북진 일본군 군수품 수송을 위해 매일 인부 600명을 지체 없이 모집하라"고 지시합니다.[261] 앞 장면과 분위기가 많이 다르죠?

그리고 2월 23일 '한일의정서'가 체결됩니다. 4조는 이렇습니다.

'대일본제국 정부는 군략상 필요한 지점을 정황에 따라 차지하여 이용할 수 있다.'[262]

이 조항에 따라 일본군은 대한제국 어디든 자기네 마음대로 빌려서 군부대를 만들 수 있게 됐습니다.

의정서 체결 닷새 뒤인 2월 28일 고종은 본인과 두 아들인 황태자와 영친왕 이름으로 군자금 명목으로 일본에 백동화 18만 원을 기부

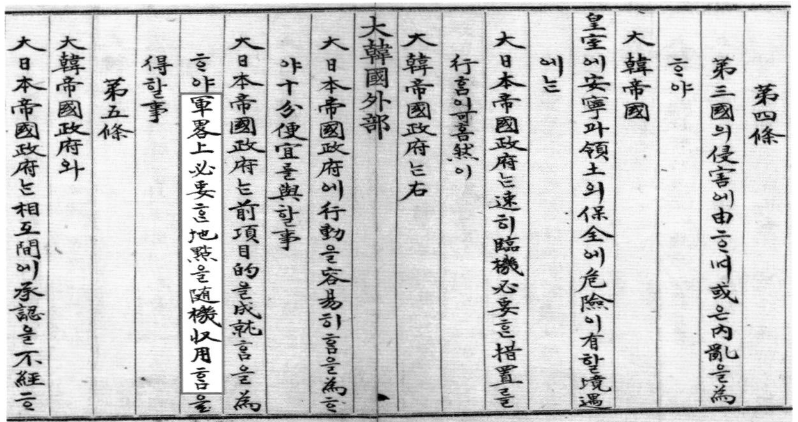

第四條
第三國의侵害에由ᄒᆞ며或은內亂을爲
ᄒᆞ야
大韓帝國
皇室에安寧과領土의保全에危險이有할境遇
에는
大日本帝國政府는速히臨機必要ᄒᆞᆫ措置를
行ᄒᆞᆷ이可ᄒᆞᆷ然이
大韓帝國政府는右
大韓國外部
大日本帝國政府에行動을容易히ᄒᆞᆷ을爲ᄒᆞ
야十分便宜를與할事
大日本帝國政府는前項目的을成就ᄒᆞᆷ을爲
ᄒᆞ야軍略上必要ᄒᆞᆫ地點을隨機收用ᄒᆞᆷ을
得할事
第五條
大韓帝國政府와
大日本帝國政府는相互間에承認을不經ᄒᆞᆫ

한일의정서. /규장각한국학연구원

합니다.[263]

그리고 3월 18일 일본 특파대사 이토 히로부미가 고종을 알현합니다. 이토는 일본 천황 메이지가 보낸 국서를 고종에게 봉정한 뒤 '군자금 기증에 대한 천황의 감사인사'를 전합니다. 대화 도중 고종이 이토에게 말합니다.

> "이번에는 특파대사로서 오래 머물지 못하겠지만, 국정에 대해 경으로부터 들을 이야기가 많다. 그러니 짐의 최고 고문이 되어서 평상복을 입고 언제든지 짐의 자문에 답해주기를 희망한다."[264]

3월 20일 이토가 두 번째 고종을 알현합니다. 고종이 이토를 추켜세웁니다. "서양인들은 영국 빅토리아 여왕과 독일 비스마르크와 청나라 이홍장과 함께 경을 '근세 4걸'이라 한다." 이토가 답합니다. "천황의 의지가 확고해 잘 보필한 덕분입니다."[265]

천황의 뇌물 30만엔

다음 날 이토가 궁내부대신 민병석을 숙소인 손탁 여관으로 부릅니다. 자기 숙소 옆방에서 이토가 은밀하게 제안합니다.

"군자금을 받은 답례로 일본돈 30만 엔을 황제에게 바치려 한다."

3월 22일 고종은 "거절은 예의에 어긋난다"며 이를 수락합니다. 이토는 30만 엔이 입금된 일본 제일은행 경성지점 예금 통장을 민병석을 통해 고종에게 헌납합니다. 이틀 뒤 이토는 궁내부 철도원 감독 현운영 아내를 통해 엄비에게 1만엔, 황태자에게 5,000엔, 황태자비에게 5,000엔을 각각 상납합니다.[266]

3월 24일 고종은 이토 히로부미에게 대한제국 최고 훈장인 금척대수장을 수여합니다. 국서 봉정 이틀 뒤인 3월 20일부터 25일까지 주한일본공사관 직원 전원과 대사 수행원 전원, 이토가 타고 온 군함 함장까지 훈장을 받았습니다.[267]

3월 25일 이토가 귀국 인사차 고종을 알현합니다. 이토가 말합니다.

"한국이 여기저기 눈치를 보고(左視右顧, 좌시우고) 애매한 방책을 택하면 한국에 이로운 방책이 될 수 없습니다. 러일전쟁에서 일본이 불리해진다고 한국군이 총을 일본에 돌린다면 우리는 한국을 적국으로 간

주할 겁니다."

이토가 갑이 되는 순간입니다.

"이토 후작이 필요하오"

잠시 긴장됐던 분위기는 곧 풀리고 고종이 말합니다.

"황제께서 본인이 신임하는 경을 특파해 주었으니 짐과 황실과 일반 신민 모두 기뻐 마지않는다. 나 또한 경을 깊이 신뢰하니 그대 보필을 깊이 기대하겠다. 수시로 와서 유익한 지도를 해주기 희망한다."[268]

전쟁이 한창인 그해 7월 21일, 고종이 주한일본공사 하야시 곤스케를 급히 부릅니다. 하야시는 '고종이 "한국 시정 개선을 위해 이토 후작을 짐이 신뢰하니 지도를 받기 위해 그를 초대하고 싶다"고 말했다'고 본국에 보고합니다. 하야시는 "이토가 추밀원 의장이며 천황의 중신이라 천황의 재가가 필요하다"고 답했고 고종은 "짐이 직접 천황에게 전보를 보내겠다"고 말합니다.

다음 날 고종은 하야시에게 사람을 일본으로 파견해 이토를 초빙하겠다는 뜻을 보입니다. 그리고 7월 23일 고종이 일본공사관으로 친전親電 초안을 보냅니다. 이렇습니다.

'대한제국황제 이형은 대일본제국 황제 폐하께 짐과 뜻이 합치하는 폐

하의 중신重臣 이토 히로부미 후작을 한국에 파견하도록 사랑을 나눠 주시길 희망한다.'

친전 초안은 일본 외무대신에게 즉각 보고됩니다. 외무대신 고무라 주타로는 이토에게 이 사실을 통보하지요.[269]

독촉이 거듭됐지만, 이토 초청은 성사되지 못했습니다. 대신 일본은 한 달 뒤인 8월 22일 '1차한일협약'을 맺고 대장성 주세국장 메가타 다네타로目賀田種太郎를 재정고문으로 보냅니다.

'한일의정서'로 나라 땅을 넘겼습니다. '1차한일협약'으로 나랏돈을 넘겼습니다. 러시아 차르에게 손짓하던 그 나라 황제가 한 일입니다. 불쾌합니다. 이 황제는 삶의 기준이 도대체 뭔가요.

82

황제의 두 번째 수뢰

1905년 11월 11일

고종, 하야시로부터 2만 엔을 받다

'나라는 반드시 스스로 친 후에야 남이 치나니(國必自伐而後人伐之, 국필자벌이후인벌지).'

맹자《이루離婁》上에 나오는 말입니다. 이 '國必自伐(국필자벌)'이라는 네 글자가《조선왕조실록》에 다섯 번 나옵니다. 한 번은 선조, 한 번은 인조, 한 번은 현종, 그리고 고종과 순종 때.[270] 하나같이 나라가 위태로워서 망국 지경까지 갔던 시기입니다.

동서고금을 막론하고 멸망하는 나라는 공통된 특징이 있습니다. 부패腐敗입니다. 공동체 소시민들을 이끌어야 할 권력자들이 썩어 있을 때 나라는 가난해지고 국방은 무력화됩니다. 대한제국도 마찬가지입니다.

러일전쟁에서 승리한 일본은 1894년 내각에서 결정한 조선 보호국화 조치를 실행에 옮깁니다. 11월 17일 대한제국 외부대신 박제순과 일본제국 특명전권공사 하야시 곤스케林權助 사이에 을사조약이 체결됩니다. 대한제국 측 공식 명칭은 '한일협상조약韓日協商條約'입니다.[271] '2차한일협약'이라고도 합니다. 대외적으로 주권을 행사하는 외교권을 일본이 가져갑니다. 대한제국에 있던 각국 공사관은 일제히 제국을 팽개치고 공사관을 영사관으로 격하시켜버립니다. 국제사회는 그렇게 냉정합니다.

누구나 그랬겠지만, 1년 전 이 사태를 예견했던 의정부 참정 신기선이 저 네 글자를 내뱉으며 고종에게 이렇게 말합니다.

"단 한 점의 살점도 성한 것이 없이 만신창이가 된 것처럼 온갖 법이 문란해지고 모든 정사가 그르쳐졌다."[272]

그리고 근본 원인이 두 가지라고 지적합니다.

"궁궐이 더럽다. 폐하 주변에 지저분한 간신들밖에 없다. 둘째, 그놈의 뇌물을 왜 받는가. 내탕고(內帑庫: 황제 금고)에 넣어놓고 나라에 도움을 주려함이 아닌가? 뇌물로 저 모리배들에게 벼슬을 주면 그들이 나라에 도움이 되리라고 보는가. 어찌 이다지도 생각이 모자라는가. 아녀자들도 모두 아는 일을 왜 폐하만 못 깨닫고 있는가."

아녀자들이 보면 불쾌하겠지만, 무시무시한 말입니다.

노름판에 빠진 장관들

1894년 갑오개혁 때 '칙임관'이라는 관직이 신설됩니다. 황제가 임명하는 장관급 고위직입니다. 황제 직속인 궁내부에 특진관이 16명 있는데 이들이 모두 칙임관입니다. 1904년 대한제국 의정부가 고종에게 올린 상주문을 읽어보겠습니다.

'근래 칙임 고등관들이 무리로 노름을 하는데 한 번에 승부가 수만 냥이 움직인다. 은밀한 곳에 몰래 소굴을 짓고 외국돈까지 빌리기를 예사롭게 한다. 속여 빼앗는 행습이 강도들과 다르지 않다. 놀랍고 한탄스럽기 이루 말할 길 없다.
급히 법부와 경위원과 경무청에 훈령하되 발각되는 대로 체포한 후 엄중히 처벌하고 압수한 도박 판돈은 많든 적든 모두 이를 포착한 관리에게 주도록 하겠다.'[273]

때는 1904년 12월입니다. 온 나라가 일본군 군기지로 변하고 온 백성은 러일전쟁에 징발돼 고통받던 때입니다. 그 난장판에서 장관급 관리들이 도박판을 상시로 벌이고, 모자라는 판돈을 외국인에게 빌립니다. 판돈을 현상금으로 받게 된 경찰들이 눈을 부라리며 단속하지만 이자들의 노름판은 없어지지 않습니다. 왕족이 사는 완평궁, 나아가 대원군이 살았던 운현궁에서도 노름판을 벌이던 자들이 적발

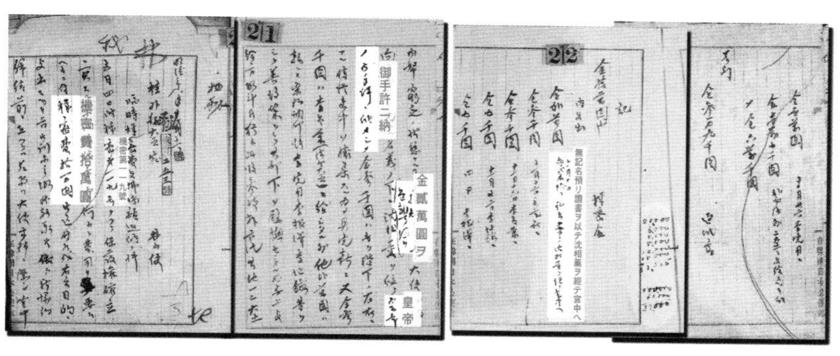

1905년 뇌물 수수에 관한 하야시 곤스케의 보고서. /국사편찬위원회

돼 수사에 들어갑니다.[274] 위 신기선이 말한 '더러운 궁궐'에 해당하는 놈들입니다.

오, 아름다워라

1900년 조선에 왔던 청국 공사 서수붕徐壽朋이 귀국하며 고종에게 이임인사를 합니다.

> '그가 조선 풍속이 아름답다고 극구 칭찬을 하므로 고종이 이유를 물었다. "청나라에서는 매관매직을 한 지 10년이 안 돼 천하가 큰 난리를 겪고 종사가 위태롭게 되었는데 조선은 30년째 매관매직을 해도 옥좌가 건재하다. 풍속이 아름답지 않으면 어찌 그리 되겠는가."
> 이 말에 고종이 크게 웃으며 부끄러워할 줄 모르자 서수붕이 밖으로 나가 사람들에게 말하기를 "한국민은 슬픈 민족이다"라고 하였다.'[275]

그 버릇이 나라를 판매하는 을사조약 때 재연됩니다. 조약 체결 일주일 전인 11월 11일입니다.

'보호권 확립에 관한 조약체결을 위해 비용을 필요로 하겠기에 기밀비 10만 원을 송부하여 위 목적에 지출하라는 훈시 취지를 삼가 받았습니다. 이에 지난 11월 11일 대사 접대비 명의로 금 2만 원을 경리원경 심상훈을 거쳐 무기명 예금증서로 황제 수중에 납입시켰습니다-공사 하야시 곤스케林權助'[276]

대한제국 황제가, 지금 돈 25억 원에 해당하는 돈을, 요즘도 뇌물로 즐겨 쓰는, 현금과 동일한 무기명 예금증서로 받습니다. 말하자면 국가 판매 대금, 매국賣國 대금입니다. 조약 체결 전후로 러일전쟁 참전 일본군 응접관을 지낸 구완희, 법부대신 이하영은 3,000원, 내부대신 이지용과 군부대신 이근택 5,000원, 학부대신 이완용 1만 원, 외부대신 박제순을 비롯한 다른 세 대신이 1만 5,000원을 하야시로부터 받아 갑니다.

액수로는 고종-이완용-이지용과 이근택 순입니다. 신기선이 말한 '궁궐을 더럽힌 자들'과 '아무것도 깨닫지 못하고 뇌물을 받는 군주' 명단입니다. 황제는 1904년에 이어 두 번째 수뢰입니다. 참고로 조약 체결 다음 날인 11월 18일《윤치호일기》에는 이렇게 적혀 있습니다.

'어젯밤 서명 하나로 독립이 포기되는 동안 황태자는 묘지기 3개와 보좌관 자리 하나를 팔았다.'[277]

83
을사오적, 황제를 꾸짖다

1905년 11월 17일
[을사조약 체결]

1905년 11월 17일, 경운궁 옆에 있는 중명전에서 한일협상조약이 체결됩니다. 중명전은 고종이 미관파천을 거부당한 뒤 미국공사관과 미국선교사 시설 사이에 지었던 왕실 도서관입니다. 장면 69 그 현장으로 가보겠습니다.

11월 10일에 이어 15일 일본 측 전권대사 이토 히로부미가 고종을 알현합니다. 알현장에는 일본 통역 고쿠분 쇼타로國分象太郎와 조선 통역 박용화朴鏞和가 동석했습니다. 수시로 말을 끊어가며 조약 체결을 요구하는 이토에게 고종이 말합니다.

"짐은 스스로 재결할 수 없다. 정부 신료에게 자문하고 일반 인민 의향

중명전 1층 회의실 을사조약 협상장 마네킹들.

도 살펴야 한다."

이토가 기다렸던 말입니다. 이토는 독일에서 헌법을 공부한 법학자입니다. 메이지 정부 헌법을 설계한 사람도 이토입니다. 이토가 쏘아붙입니다.

"각료들에게 자문함은 당연하다. 하지만 무슨 인민인가. 귀국은 헌법정치도 아니며 폐하가 만기친람하는 전제군주국이 아닌가. 모든 권리를 황제가 가지고 있는데 인민이라니 기괴하다."[278]

전제군주정. 고종은 그렇게 스스로 준비해 놓은 독배毒杯를 마십니다. 자기를 위해 집중시켜놓은 권력이 나라를 처참한 지경에 빠트립니다. 중추원 설립 투표 당일에 그가 벌인 일은 독립협회 와해 공작이었습니다. 장면 72 그때 독립협회가 요구했던 의회가 제대로 설립됐다면 역사는 엄청나게 달라졌으리라고 생각합니다. 승기를 잡은 이토가 거칠게 나갑니다.

> "폐하는 책임을 정부에 돌리고 정부는 또 폐하께 돌려 군신이 서로 책임을 회피하면 귀국에게 손해를 줄 뿐 이로울 바 없다."

딱히 반박할 말을 찾지 못한 고종은 "외부대신에게는 교섭·타협에 힘쓰라는 뜻을 전달하겠다"고 대화를 끝냅니다.

결국 대한제국은 외교권을 일본에 넘기는 을사조약, 한일협약조약에 도장을 찍습니다. 조약에 적극적으로 합의한 대신 5명을 우리는 천하의 매국노, '을사오적'이라고 부릅니다.

항의하는 매국노들

사흘 뒤 〈황성신문〉은 '是日也放聲大哭(시일야방성대곡)'이라는 유명한 사설로 불법성을 규탄합니다. 수많은 지사들이 자결로 의지를 보였고, 더 많은 사람들이 매국노를 죽이라고 상소문을 올립니다. 훗날 헤이그밀사로 활동한 이상설은 아예 "어찌 사직을 위해 황제는 죽으려 들지 않는가"[279]라고 고종을 비난합니다. 그 숱한 상소에 고종이 내린 답은 대개 이랬습니다.

"이처럼 크게 벌일 일이 아니고 또 요량해서 처분을 내릴 것이니 경들은 그리 알라."[280]

연거푸 상소를 올리는 사람들을 고종은 아예 도성 밖으로 쫓아버리기도 합니다.

한 달이 지난 12월 16일, 욕을 들어먹을 대로 먹은 그 을사오적이 고종에게 상소문을 올립니다.

"제대로 깨닫고 분석하는 사람은 하나 없이 개 한 마리가 짖으면 모든 개가 따라 짖듯 소란을 피워대니 한심하다."[281]

반박이 이어집니다.

"황실의 안녕과 존엄에 대한 조항이 없다고 하니까 폐하가 '그거 좋다'며 넣으라고 하지 않았는가." (농상공부대신 권중현)

"우리 모두가 '폐하 뜻은 그러하나 우리는 기필코 불가不可라는 두 글자로 물리치겠다'고 하니까 뭐라 그랬나. '방금 전 짐의 뜻을 말했으니 모양 좋게 조처하라'고 하지 않았나." (권중현)

"이토 대사가 알현을 청했더니 폐하는 인후통을 앓고 있어서 못 만난다고 하지 않았나. 그리고 '각 대신에게 협상해 잘 처리하라고 했다'고 답하지 않았는가." (학부대신 이완용)

"두 나라 사이 협상된 초안을 폐하가 모두 자세히 살펴보지 않았나." (이완용)

'황실 안녕 조항을 넣으라'고 했답니다. '불가不可' 두 글자를 마음에 품고 가겠다는 대신들에게 '내 뜻대로 조처하라'고 했답니다. 나라를 인수하려는 이토에게 자기는 '목구멍이 아파서' 대신들을 상대하라고 했답니다. 그리고 완성된 초안을 '꼼꼼하게' 읽었답니다.

그래서 이들이 항변합니다.

"무슨 이유로 걸핏하면 우리 다섯에게 사실무근한 죄명을 씌워서 천지에 몸 둘 곳이 없게 한다는 말인가. 체결 경위는 폐하가 충분히 알고 있지 않은가."

고종은 "각자 한층 각고의 노력을 기울여 타개책을 도모하라"고 답을 내리죠.

누군가는 말합니다. 간악한 일본이 만든 《고종실록》을 믿을 수 없다고요. 하지만 이 실록을 믿을 수 없다고 주장하는 사람들 중에서 이 '을사오적의 항의'에 대해 사료를 제시하며 반박하는 사람은 보지 못했습니다. 주장을 하려면 팩트에 근거해야 합니다.

목숨을 걸고

그런데 사흘 뒤 〈황성신문〉은 사설과 함께 '五件條約請締顚末(5건 조약 청체 전말)'이라는 기사를 싣습니다. 여기에 고종이 이토에게 했다는 말이 나옵니다.

'朕은 寧宗社에 殉홀지언졍 決코 認許치 못ᄒᆞ리라 ᄒᆞᆸ시고…大皇帝陛下씌셔는 强硬히 拒絶ᄒᆞ시고 裁可치 아니ᄒᆞ셧스니.'[282]

(짐은 종묘와 사직에 목숨을 바칠지언정 결코 허가하지 않으리라 하옵시고…대황제 폐하께서는 강경히 거절하시고 재가치 아니하셨으니)

고종이 목숨을 걸고 조약에 반대했다고 합니다. 정말일까요? 한일 양국 통역이 듣는 앞에서 작성된 일본 측 기록에는 이 문장이 없습니다. 〈황성신문〉이나 《주한일본공사관기록》 가운데 하나는 거짓말이라는 뜻입니다.

84
이토 히로부미의 흰 수염

1905년 11월 28일

[고종, 이토 히로부미 소매를 잡다]

조약 체결 닷새 뒤인 11월 22일 저녁, 경기도 안양역에서 이토 히로부미 일행이 탄 기차 객실에 커다란 화강암 돌멩이가 날아듭니다.[283] 이 돌에 객차 유리가 깨지고 이토는 얼굴 다섯 군데에 상처를 입습니다.

즉각 수사에 들어간 일본군 헌병대는 원태우라는 청년을 범인으로 체포합니다. 원태우는 열차를 전복시키기 위해 큰 돌을 선로에 올려놨다가 이토를 향해 돌을 던졌습니다. 석공石工인 원태우는 '일본' 군법에 따라 2개월 금고형과 태형 100대에 처해집니다.[284]

28일에는 서울에서 이토 히로부미와 을사오적 암살을 준비하던 사람들이 적발됩니다.[285] 니동泥洞에 사는 한성모라는 사람이 동료들과 함께 권총 3정과 칼 4자루로 '죽음을 무릅쓰고決死 암살을 계획하다가' 탄로가 난 사건입니다.

그때 대한제국은 활활 타오르고 있었습니다. 앞에서 보셨듯 반대 상소와 을사오적 처형 상소가 봇물 터지듯 올라갔고 영문도 모른 채 주권을 빼앗긴 사람들은 자기네가 할 수 있는 방법을 동원해 저항하고 있었습니다.

암살계획이 발각된 그 어수선한 날 오후 3시 30분, 이토 히로부미가 고종을 만나 귀국 인사를 합니다. 다음은 《주한일본공사관기록》에 기록돼 있는 대화 육성입니다.[286]

"가지 마라, 이토"

"기차 속에서 폭한暴漢 때문에 안면에 부상을 당했다고 듣고 걱정이 적지 않았다. 곧바로 궁내대신을 보냈는데 상처가 경미하여 다행이다. 흉한을 엄중히 처분하도록 관헌에게 엄명했다. (…) 이제 우리나라는 유신을 도모할 시기에 조우했다. 명실상부한 시정개혁을 하지 않을 수 없다. 그리고 이는 실로 중흥의 대업에 속한다. 일본에 원로가 많다고 할지라도 무릇 일본 유신의 대업은 경의 힘이 많았음을 의심치 않는다. 모름지기, 잠시 머물라. 경의 지도를 바라서 효과를 거둘 것을 기대한다."

어딘가 단순한 외교적 언사로 보기에는 뉘앙스가 이상합니다. 그리고 고종이 이렇게 덧붙입니다.

"짐이 신뢰하는 바는 오직 경의 두 어깨에 달려 있다. 짐은 이미 지난날昨日 귀국의 황제 폐하께 친전親電을 보냈지만 다시 또 간청하는 바 있을 것이다."

바로 장면 81에서 보셨던 고종이 메이지 천황에게 보냈던 전문입니다. 이토 본인은 물론 그 나라 황제인 천황한테까지 이토를 자기 신하로 달라고 했다가 답을 받지 못한 그 전문입니다. 자기 황토를 일본군에게 내주고 자기 나라 재정을 그 나라 고문에게 맡겨버렸던 그 황제가, 외교권까지 넘기고 나서 이토 히로부미에게 던진 말입니다.

"그대 검은 수염을"

가지 말라는 고종 말에 이토 히로부미는 오직 천황의 판단에 따를 뿐이라며 거절합니다. 그러자 고종이 말합니다.

"경은 지금 수염이 반백이고 생각하면 그게 이에 이르게 된 것도 오직 국사에 매진한 결과가 아닌가. 바라건대 일본 정치는 후배 정치가에게 위임하고 남은 검은 수염으로서 짐을 보필해 달라. 생각건대 그 남은 수염이 서리처럼 희게 되면 우리나라에 위대한 공헌을 하여 그 성공을 기대할 수 있을 것이다. 경이 비록 늙었으나 짐은 대한제국 정부 대신 그 누구보다 경을 신뢰한다."

무한대에 가까운 칭찬에 이토는 잠시 미소를 보입니다. 그리고 이

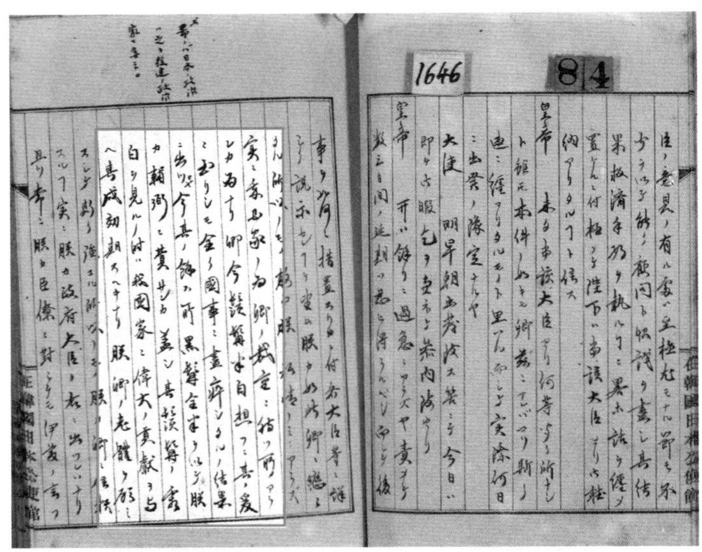

수염 얘기가 적힌 이토 히로부미 복명서. /국사편찬위원회

렇게 고종을 한 대 쥐어박습니다.

“이 나라와 달리 일본에서는 모든 일이 예정시간에 따라 털끝도 지체를 허가치 않습니다. 유감입니다.”

‘일본은 당신네 나라와 다르다.’ 조롱입니다. 그리고 이토는 내일(26일) 오전 일본으로 귀국할 예정이라고 말하지요. 그러자 고종이 화들짝 놀랍니다.

“너무 급하지 않은가? 하다못해 3~4일 정도 연기해 각 대신에게 자세히 가르침을 주기 바란다.”

결국 이토는 다음 날 오전 대신들을 만나 대화를 하고 낮 12시 10분 서울을 떠났습니다.

다음 날 민영환이 자살했습니다.

이틀 뒤 민영환과 함께 연명 상소했던 조병세가 자살했습니다.[287] 그사이에 어떤 황민은 이토를 죽이려다 감옥에 갔습니다. 반대상소가 계속 이어지자 황제가 이렇게 짜증을 냅니다.

"당장 엎어질 물그릇도 아니고 물 새는 배도 아닌데 호들갑인가."[288]

원로 사학자 신복룡 선생이 반문합니다 "망국의 군주가 침략의 수괴 앞에서 할 말인가?"[289] 고종. 노련한 외교가일까요? 속으로 자주독립을 염원하면서 적에게 들키지 않기 위해 온갖 사탕발림 수사법을 구사하는, 그런 지혜로운 지도자일까요? 그랬으면 좋겠습니다.

85

헤이그밀사의 폭로, '학정'

1907년 7월 9일

이위종, 만국평화회담 기자단에 연설

헤이그밀사 3명은 이상설, 이준, 이위종입니다. 1907년 헤이그로 파견됐을 때 이상설은 37세, 이준은 48세, 이위종은 21세였습니다. 이상설은 왕국 부활을 꿈꾸는 복벽파, 이준은 근대 사법기관인 법관양성소 1회 졸업생입니다. 대한제국 1호 검사지요. 본명은 이선재입니다. 이위종은 열한 살 때부터 친러파 외교관인 아버지 이범진을 따라 외국생활을 하며 미국에서 중고등학교를, 프랑스에서 육군군사학교를 졸업했습니다.

이준은 전주 이씨 왕족이지만 천대받던 함경도 사람이었고 이위종 또한 왕족이지만 근대에 익숙한 청년입니다. 이위종은 1903년 18세 나이에 아버지가 공사로 있는 주러시아공사관 3등서기관에 임명됩니다.[290] 아버지 이범진은 외국말을 전혀 하지 못했습니다. 을사조약으로 공사관이 폐쇄된 이후 이위종은 고종과 니콜라이2세 사이 소통 담당으로 활동합니다.[291]

이 가운데 이상설과 이준은 인연이 있습니다. 1905년 을사조약이 체결되고 온 나라가 흥분했을 때, 많은 사람들이 경운궁 앞에서 집단 상소 운동을 합니다. 김구에 따르면 그 첫 번째 상소문을 쓴 사람이 이준입니다. 그리고 이들이 집회를 하기 위해 종로 파고다공원으로 몰려갈 때 거리에 피투성이가 된 채 쓰러진 선비를 만나는데, 그 선비가 이상설입니다. 황제에게 "죽어라"라고 상소했던 그 이상설입니다. 장면 83 [292]

매우 길었던 연해주 체류

밀사 파견은 고종 고문인 미국 선교사 헐버트와 독립지사들이 준비해 온 작업입니다. 1906년 헤이그에서 열릴 만국평화회담에 제국 밀사를 파견해 일본의 부당함을 호소하려는 계획이었지요. 회담 주최국은 러시아였고, 대한제국은 원래부터 초청국에 포함돼 있었습니다. 그런데 1906년 회담이 1년 연기되고 그사이에 러시아는 일본의 대한제국 보호국 조치에 합의하고 맙니다.

그래서 공식 대사가 아닌 밀사 자격으로 이들 세 사람이 네덜란드 헤이그로 먼 길을 떠납니다. 4월 22일 서울에서 출발한 이준은 4월 26일 간도에서 학교를 운영하던 이상설과 러시아 블라디보스토크에서 만납니다. 이들은 한 달 뒤인 5월 21일 시베리아 열차에 올라 상트페테르부르크에서 이위종과 합류해 네덜란드로 가지요.

통감부에 의해 돈줄이 완전히 끊긴 고종은 자기가 지분 절반을 가지고 있는 한성전기회사 사장 콜브란에게서 밀사 비용 명목으로 15만 엔을 받습니다. 조카뻘인 비서 조남승이 이를 수령합니다. 다음은 일본 기록입니다.

> '그러고 보니 조남승이 갑자기 씀씀이가 헤퍼졌다. 조남승을 불러 따졌더니 15만 엔은 미국인 헐버트와 이준, 이상설과 본인이 나눠 가졌다고 자백했다. 또 고종이 헐버트가 마련한 친서 초안과 위임장을 밀사들에게 줬다고 자백했다.'[293]

15만 엔은 거액입니다. 조남승 횡령액을 감안해도 여비로는 충분합니다. 그런데 갈길 바쁜 밀사들이 한 달 동안 블라디보스토크에서 모금활동을 벌입니다. 두 밀사는 교포 성금 1만 8,000원을 받아 시베리아로 가지요.[294] 어디에도 기록이 없으니 이유는 알 길 없습니다. 설마 고종이 또?

은폐된 연설문, '부패한 옛 정권'

어찌 됐건 회의장 입장은 거부됩니다. 그래서 외국어에 능통한 이위종이 기자들을 모아놓고 연설을 합니다. 7월 9일 헤이그 국제협회에서 이위종이 한 연설 제목은 '한국을 위한 호소(A Plea for Korea)'입니다. 영문 연설문은 8월 22일 자 미국 〈인디펜던트The Independent〉지에 실립니다. 시작은 이렇습니다.

'러일전쟁 때 일본인들은 자기들이 일본 이익만이 아니라 모든 문명과 모든 무역국가의 상업적 이득을 위해 싸운다고 거듭 말했다. 조선인과 조선 정부는 조선 독립과 영토 보전이라는 일본의 굳은 약속을 전적으로 믿고서 일본과 연대했다. 하지만 놀랍고 후회스럽게도 일본은 공정하고 평등한 기회 부여라는 역할 대신 추하고 불공정하며 비인간적이고 이기적이고 잔인한 역할을 해버렸다.'

러일전쟁 승리 이후 일본이 완전히 돌아서서 조선을 파멸시켰다는 주장입니다. 을사조약이 그래서 불법이고 부도덕하다는 주장이지요. 그런데 이위종이 한 연설 가운데 낯선 내용이 있습니다. 이렇습니다.

'우리 조선인들은 옛 정권의 잔인한 행정과 탐학과 부패에 지쳐 있었다. 일본인들을 기대를 가지고 맞이했다(We, the people of Korea, who had been tired of the corruption, exaction and cruel administration of the old Government, received the Japanese with sympathy and hope).'

황제의 밀사가, 그 황제가 경영한 정권이 부패하고 탐학하며 잔인하다고 폭로합니다. 그 학정을 개혁해 주리라고 믿었던 일본이 변심해 주권을 불법 침탈했다고 거듭 호소합니다. 이위종은 "부패한 관리들에게 엄격한 잣대(stern measures against the corrupt officials)를 적용해 백성에게 정의를 선물하리라(give justice to the common people)고

A Plea for Korea

BY PRINCE YE WE CHONG

[Prince Ye We-Chong is the son of Chin Pom Ye, who was Korean Minister to the United States, 1896-1900. The recently deposed Korean Emperor, Ye Hyeng, is his grand uncle. The Prince's name indicates his royal birth. We is his given name: Chong indicates his "generation name" and Ye is the imperial family name. He lived in Washington, D. C., for four years, attended the College of Janson de Lailly and for two years was a student at the special military school at St. Cyr in Paris. He has received the Russian order of St. Stanislaus from Tsar Nicholas II. He is married to a Russian lady and has a daughter; his family resides in Russia. His credentials were sent to him thru secret agents of his Emperor. For presenting himself at The Hague Peace Conference the Korean courts (at the command of the Japanese officials, so it is generally believed) passed sentence of death against Ye We-Chong and of life imprisonment against his colleagues, Ye Sang Sul and Ye Choon. The latter died of heart failure while at The Hague. We publish a facsimile and translation of the credentials which he bears to The Hague, signed by the Emperor's own hand and sealed with the imperial seal at the palace in Seoul, April 20, 1907. The Japanese have denied the existence or authenticity of this document and claim to have obtained a disavowal of it from the ex-Emperor.—EDITOR.]

AT the beginning of the Russo-Japan war, the Japanese Government announced that it had two main objects in view—the maintenance of the independence and territorial integrity of Korea, and the continuance of the "open door" for trade in the Far East. The Japanese publicists proclaimed, time after time, that Japan was not fighting for herself alone, but also for all civilization and for the commercial benefit of all trading nations. So every American and English merchant, missionary and other men in the Far East, fully expected that Japan would keep her words. In Korea, both the people and Government, placing full confidence in Japan's solemn promises—of the maintenance of independence and territorial integrity, made alliance with Japan. By virtue of this treaty the country was open to Japan as a basis of her military operations and the Korean Government and people assisted the Japanese in every possible manner in their struggle with Russia. We, the people of Korea, who had been tired of the corruption, exaction and cruel administration of the old Government, received the Japanese with sympathy and hope. We believed at that time that Japan, while dealing possibly stern measures against the corrupt officials, would give justice to the common people and would give honest advice in the administrative work. We believed that Japan would seize the occasion and lead the Koreans in their efforts to bring about the necessary reforms.

The Japanese … "open door" and of equal … for all.

Then came the succession of remarkable Japanese victories and the tone of the statesmen and administrators altered. To our amazement and great resentment Japan has been and is playing the ugly, unjust, inhuman, selfish and brutal role instead of a fair and …

dealing possibly stern measures against the corrupt officials, would give justice to the common people and would give honest advice in the administrative work.

We, the people of Korea, who had been tired of the corruption, exaction and cruel administration of the old Government, received the Japanese with sympathy and hope.

이위종 연설문.

믿었다"고 거듭 주장합니다.

7월 7일 밀사 파견 사실 공개 후 통감 이토 히로부미가 고종을 추궁합니다. 다음은 이토가 사이온지 긴모치西園寺公望 일본 총리에게 보낸 보고서입니다.

> '비록 황제 폐하께서는 "짐과 이 일에 대해서는 아무것도 알지 못한다"고 변명하셨으나 헤이그에 있는 파견원들은 폐하 위임장을 소지하고 있다고 공언하고, (…) 폐하가 파견하신 것임은 세계가 다 아는 사실이 명백하다고 말함.'[295]

황제가 파견을 부인했다는 저 통감 보고 이틀 뒤 밀사 이위종은 "학정에 시달렸다"고 폭로합니다.

본인이 보낸 밀사에게 학정虐政을 고발당한 황제. 그리고 밀사를 보낸 사실을 극구 부인하는 그 황제. 그 모든 사실을 모르고 있었던 공화국 대한민국의 우리들.

86

상투 튼 허수아비, 황제가 되다

1907년

[고종 강제퇴위와 8월 27일 융희제 순종 즉위]

7월 16일 총리대신 이완용이 주재한 내각회의는 '사태 수습을 위해' 황제 양위를 결정합니다. 일본으로부터 밀사 책임을 추궁당한 이완용 내각이 내린 결정입니다. 통감 이토는 공식적으로는 이 결정에 빠져 있었습니다. 당연히 고종은 거부하지요. 다음 날 고종은 내쫓았던 박영효를 궁내부대신으로 임명합니다.[296] 18일 오후 2시 이완용 집에서 열린 내각회의는 황제 퇴위와 양위를 공식요청하기로 결정합니다. 오후 8시 시작된 어전회의는 동이 틀 무렵에야 끝납니다. 경운궁 밖을 일진회가 에워싼 살벌한 분위기 속에서 고종은 '황태자 대리 청정'에 합의합니다.

그 19일 광무제 고종이 강제 퇴위되고 황태자 이척이 황위를 물려

받습니다. 경운궁 중화전에서 전임 황제도 신임 황제도 참석하지 않는 약식인 '권정례權停例'로 치러집니다. 다음 날 일본 천황 축전과 통가를 비롯한 외국 영사를 접견한 뒤 신임 황제가 내린 첫 조치은 "거짓 밀사 세 사람을 엄히 처벌하라"였습니다. 이상설은 교수형, 이위종과 죽은 이준은 종신형을 선고받습니다.[297]

기이한 풍경1 - 상투

프레데릭 매켄지는 독립운동을 상세하게 취재해 세계에 알린 캐나다 언론인입니다. 그가 쓴 《대한제국의 비극Tragedy of Korea》는 우리들이 알고 있는 유일한 의병 사진이 실려 있을 정도로 친한국적인 정서가 가득합니다. 이 매켄지가 다른 외국 기자들과 함께 7월 19일 양위식에 참석합니다. 다음은 그가 쓴 글 일부입니다.

'황제 상투를 자르는 것은 대관식 못지않게 중요한 일이었다. 그는 단발을 매우 고통스럽게 생각했다. 대관식에서 한국식 옷이 아니라 신식 복장을 입어야 했다. 상투를 자르지 않고서야 서구 원수들이 쓰는 금술 달린 모자를 쓸 수 있겠는가? 그날 아침 대궐에서 장관이 벌어졌다. 황실 이발사가 참석하고 원로 고관들이 황제 주위에 시립하고 있었다. 그들은 창백한 얼굴에 떨리는 목소리로 선대의 유풍을 버리지 말라고 아뢰었다. 황제는 겁에 질려 망설였다. 몇 분이 지나 상투는 날아갔다.'[298]

즉위식을 앞두고 8월 15일 순종이 조령을 내립니다.

"짐이 한 세상을 유신維新하고자 할진대 황제 자리에 오르는 날 머리를 깎고 군복을 입겠으니 신민들은 잘 알고 뜻을 따르라."[299]

그때까지 순종은 상투머리를 하고 있었다는 이야기입니다. 단발령은 1894년 갑오개혁정부에서 전격적으로 내린 조치입니다. 장면 64 그런데 그 나라 황태자는 황제가 될 때까지 단발령을 지키지 않았습니다. 도대체 무슨 일이?

철모 쓴 고종-순종(1904년 추정). 오른쪽은 상투 틀고 탕건 위에 철모를 '얹은' 순종. /국립고궁박물관

대한제국 건립 두 달 전인 1897년 8월 12일, 고종이 내린 조령이 있습니다. "1895년 11월 15일에 내린 조칙을 모두 취소하라."[300] 취소된 조칙 가운데 '단발령'이 들어 있었습니다. 공식적으로 단발은 개인 선택에 달려 있었고, 황태자 시절 순종은 상투를 틀고 있었습니다. 황제 등극일 아침까지 상투를 유지하고 있었습니다. 성리학 국가 부활을 꿈꾸던 그 아버지 말씀을 잘 따른 판단입니다.

1904년 아버지 고종과 함께 촬영한 사진이 있습니다. 독일 철모를 쓴 사진입니다. 자세히 보시면 아들 순종(오른쪽) 철모 아래 탕건이 보입니다. 상투 위로 철모가 '얹혀서' 머리가 비정상적으로 커 보입니다.

이날 아침 일본인 마루야마 시게토시丸山重俊 경시총감이 고쿠분 쇼타로國分象太郎 통감 비서관에게 보낸 전문에는 이렇게 적혀 있습니다.

'오늘 오전 3시 태황제와 황제, 황태자께서 모두 머리를 깎으셨음.'[301]

아이고, 고종도 상투를 하고 있었네요. 저 사진 속 고종도 상투 위에 철모를 얹어놓고 있었다는 이야기입니다.

이날 열린 행사는 정식 양위가 아니라 대리청정식입니다. 이후 제국 내각과 통감부는 공식 양위였다고 일방적으로 선언하고 8월 27일 정식 황제 등극식을 갖습니다.

기이한 풍경2 - 최초, 최후의 전투

7월 24일 7개조로 구성된 '한일신협약'이 체결됩니다. '정미7조약'이라고도 합니다. 외교권(1905년 을사조약)에 이어 사법권과 징세권이 통감부로 넘어갑니다. 대한제국 인사권 또한 통감부로 넘어갑니다. 눈 깜짝할 새에, 총성 한 번 없이 한 나라 주권이 녹아 없어집니다.

8월 1일 오전 7시 대한제국 군대가 해산됩니다. 해산 현장에서는 그 어떤 총성도 저항도 없었습니다. 오전 10시 해산령에 공분한 제국 육군 참령 박승환이 자결하고, 이에 분노한 황실 친위대 시위대가 남대문에서 일본군과 교전을 벌입니다. 대한제국 최초, 최후의 전투였습니다.

그 장엄하되 처참한 전투 현장 위로 1897년 고종이 세웠던 원구단 황궁우가 서 있었습니다. 천지신과 태조 이성계 신위를 넣는 감실龕室은 그해 12월에야 완공됩니다. 장면 68

기이한 풍경3 - 이완용과 고종

내각총리대신 이완용은 천하의 매국노로 낙인찍힙니다. 1907년 7월 21일, 신문로 약현에 있던 이완용 집에 분노한 사람들이 몰려가 땔감 더미에 석유를 붓고 불을 지릅니다.[302] 집이 완전히 타버립니다. 이완용 가족은 이토 배려로 남산 기슭 왜성대에 더부살이에 들어갑니다.

이후 두 달 정도 형 이윤용 집에 얹혀살던 이완용은 이듬해 1월 저

동에 있는 한 대저택으로 들어갑니다. 명동 동쪽 끝에서 청계천까지 2,000평이 넘는 땅에 있던 이 저택은 '남녕위궁'이라고 합니다. 남녕위는 순조 셋째딸인 덕온공주 남편 남녕위 윤의선입니다. 당시 신문 기사를 보겠습니다.

'전 황제가 이완용 총리에게 남녕위궁을 하사했음은 모두가 아는 일이다. 이 총리는 그 집을 헐고 인부 40~50명을 고용해 양옥집을 지을 예정이다.'[303]

남녕위궁은 대한제국 황족 재산입니다. 선대인 순조 때부터 황실 재산이던 이 거대한 부동산을 고종은 집 잃은 이완용에게 무상 양도합니다. 그뿐만 아닙니다.

'이완용에게 신화新貨 2만 환을 하사하여 새 가옥을 신축하게 하므로 사람들은 그에게 전화위복이 되었다고 하였다. 그후 또 그에게 3,000환을 하사하여 기밀비機密費로 사용하게 하였다.'[304]

땅을 내주고, 건축비를 주고 이것도 모자라 용돈까지. "(을사조약은) 당신이 시킨 일인데 왜 우리가 욕을 먹냐"고 대들고 "밀사 파견 책임을 지고 물러나라"고 협박하던 악인에게 할 행동은 아니라고 봅니다. 이토 히로부미에게 "가지 말고 남으라"고 애원하던 그 남자 표정이 딱 중첩됩니다.

87

제국 황제, 천황으로부터 '목걸이'를 받다

1907년 10월 17일

[메이지 천황, 융희제에게 훈장]

순종이 즉위하고 두 달이 지난 10월 15일, 내각총리대신 이완용이 순종에게 아룁니다. "전 참판 허위許蔿가 비적匪賊 괴수가 됐는데 700여 무리를 거느리고 노략질하므로 백성이 근심하고 있다." 순종이 즉각 엄하게 처결하라고 명합니다.[305]

왕산 허위는 고종 퇴위 이후 경기도 연천에서 의병을 일으킨 전직 관료입니다. 이 의병을 두고 이미 일본과 이해관계를 함께하는 대한제국 내각이 처벌을 요청했고, 황제는 이를 수락합니다. 허위와 또 다른 유학자 이인영이 이끌던 13도창의군은 이듬해 서울진공작전을 벌여 동대문까지 진격합니다. 마침 이인영이 부친상을 당했는데, 이인영은 "나라보다 부친상이 먼저"라며 허위에게 지휘권을 넘기고 달아나고 말지요.[306] 어이없는 그 모습에 허위가 지휘권을 행사했지만 절대적인 열세에 패배하고 맙니다. 결국 허위는 1908년 8월 체포돼 그해 10월 경성감옥(서대문형무소)에서 교수형으로 처형됩니다.[307] 서울 동대문에서 청량리로 연결되는 도로 이름이 허위를 기리는 '왕산로'입니다.

일본 황태자의 방한

허위를 체포해 처벌하라는 명령이 떨어진 다음날 순종이 즉위하고 두 달이 지난 10월 16일, 일본 황태자 요시히토친왕嘉仁親王이 조선을 방문합니다. 요시히토는 메이지 천황에 이어 다이쇼 천황으로 등극한 사람입니다.

통감 이토 히로부미는 대한제국 황태자인 영친왕 이은을 일본으로 유학 보낼 계획을 세우고 있었습니다. 이에 대한 반대 여론을 무마할 겸 일본에 대한 친근감을 줄 겸 황태자 초청을 추진했지요.[308]

인천에 도착한 요시히토는 항구에 기다리고 있던 순종과 영친왕으로부터 환영을 받습니다. 요시히토 일행과 순종 일행은 함께 특별열차를 타고 서울로 돌아오지요.[309] 순종은 먼저 덕수궁으로 떠나고, 일본 황태자는 대한제국 황태자 영친왕과 같은 마차를 타고 입경합니다.[310] 다음 날 영친왕은 지금 명동 부근 진고개에 있는 통감관저로 찾아가 요시히토에게 다시 인사를 합니다. 그때 영친왕 나이는 만 10세였습니다. 영친왕은 또 다음 날 통감관저로 가서 요시히토를 만납니다.

1907년 10월 19일 창덕궁, 한일 양국 황실. /大日本帝国朝鮮写真帖(1910)

10월 18일 순종은 황태자를 수행한 아리스가와 친왕과 수행원 전원에게 훈장을 수여해 '친애하는 뜻'을 보입니다. 19일 순종은 직접 통감관저로 가서 황태자를 만납니다. 순종은 이들을 창덕궁을 초청해 궁궐을 구경하고 함께 기념사진을 촬영합니다. 위 사진이 10월 19일 창덕궁 단체 사진입니다. 앞줄 오른쪽부터 영친왕, 요시히토 황태자, 융희제 순종, 그리고 요시히토를 수행한 삼촌 아리스가와 친왕입니다. 일본 황태자 일행은 다음 날 남대문역(서울역)에서 황제 배웅을 받으며 기차를 타고 일본으로 돌아갑니다.[311]

비겁한 후대 사학자들

그런데 영친왕이 요시히토를 만나러 숙소로 가던 10월 17일, 국역《순종실록》에는 이렇게 적혀 있습니다.

'일본국 황제가 국화장菊花章 경식頸飾을 증진贈進하였다'
(日本國皇帝 贈進菊花章頸飾, 일본국황제 증진국화장경식)

'경식頸飾'은 '금붙이 따위로 만들어 목 주위로 두르는 장신구'를 뜻합니다. 목걸이지요. 왜 천황이 대한제국 황제에게 목걸이를 줬을까요?

알고 보니 이날 순종이 받은 '경식'은 목걸이가 아니라 훈장입니다. 일본어로 '대훈위 국화장 경식大勳位菊花章頸飾'의 준말입니다. 바로 일본 최고 훈장을 뜻합니다.

이 '훈장'을 후대 실록 번역자는 전문용어인 '경식'으로 국역해 놓았습니다. 왜곡된 민족주의요 비겁한 애국심입니다. 1919년 1월 21일, 그러니까 고종이 죽은 그날《순종실록부록》도 마찬가지입니다.

'천황이 태왕전하太王殿下께 국화 무늬 목도리를 드렸다.'

'목도리'라니요. 원문은 이렇습니다.

'천황 폐하가 태왕 전하에게 국화장 훈장을 줬다.'
(天皇陛下 授太王殿下 菊花章頸飾, 천황폐하 수태왕전하 국화장경식)

아들 순종이 12년 전 천황으로부터 받았던 바로 그 '대훈위 국화장경식' 훈장을 고종이 사후에 받았다는 기록입니다. 그런데 이 기록을 후대 사가는 '국화 무늬 목도리'로 번역했습니다. '준[授, 수]' 것도 아니고 '드렸다'고 합니다.

눈 가리고 아웅입니다. 양국 우호 증진을 위해 관례적으로 주고받는 물건이 각국 최고 훈장입니다. 그걸 목걸이라느니 목도리라느니 하는 유치한 단어로 덮는다고 없어진 나라가 부활하고 뭉개진 자존심이 회복될까요. 안타깝도록 불쌍합니다.

참 많은 것들

참 많은 일들이 후대에 의해 왜곡돼 있습니다. 왜곡이 이뤄진 동기는 피해의식입니다. 예컨대 모든, 말 그대로 '모오든' 백과사전과 신문과 방송과 개인 블로그 할 것 없이 대한민국에 떠도는 모든 매체에는 이렇게 적혀 있습니다.

> '일제는 1907년 숭례문 오른편의 성곽 일부를 허물고 '순종의 즉위식에 참석하기 위해 조선 땅을 찾은 자국의 황태자가 숭례문이 아닌 성곽의 허문 통로 부분을 이용하도록 했으며 이후 숭례문 앞에 파출소를 설치하는 등 일반인의 출입도 억제하려 했다.'[312]

문화재청(현 국가유산청) 궁능유적본부 홈페이지 설명도 마찬가지로 '1907년 일본 황태자의 방한 이유로 성곽을 헐음'이라고 돼 있습니다.[313] 그래서 2008년 남대문 화재를 계기로 일제가 파괴한 남대문 성벽을 2013년 복원했다고들 합니다.

웃기지도 않는 괴담입니다. 순서가 뒤집힌 거짓말입니다.

남대문 성벽은 이미 1907년 3월 30일 대한제국 내각에 의해 철거가 결정된 사항입니다. 의정부 참정대신 박제순과 내부, 군부 대신이 함께 고종에게 요청합니다.

"동대문과 남대문은 황성皇城 큰 거리와 연결돼 있고 전차電車가 그 복판을 가로질러 다닙니다. 문루 좌우 성벽을 8칸씩 헐면 번잡함이 없을 듯합니다."

의정부 참정 박제순 요청에 고종이 철거를 허가합니다.[314]

그래서 이 무렵에 처음으로 남대문 양쪽 성벽이 철거되고 전찻길이 생깁니다. 그리고 6월 22일 총리대신이 된 이완용과 내부, 탁지부, 군부대신들이 나머지 성벽도 원활한 교통을 위해 철거하겠다고 보고하고, 이 또한 고종이 허가합니다.[315]

7월 헤이그밀사가 공개되고 8월 고종이 강제퇴위됩니다. 그해 9월 16일, 통감 이토 히로부미는 천황 메이지에게 "영친왕 유학을 위해 황태자 방한을 윤허해 달라"고 주청해 허락을 받습니다.[316] 9월 20일 메이지는 동생인 아리스가와 친왕 동행을 조건으로 방한을 허락합니다. 황태자 방한은 10월 16일이었고 영친왕은 그해 12월 5일 이토 히로부미와 함께 일본으로 떠납니다.[317]

자, 철거 방침이 결정되고 이후 황태자 방한이 결정됩니다. 대한제국 대신들이 고종이 퇴위되고 영친왕이 유학을 가고 일본 황태자가 오리라는 사실을 예언이라도 했을까요? 동대문, 남대문 성벽 철거 결정은 3월, 전찻길이 뚫려 있던 남대문 북측 성벽 추가 철거 집행은 10월 초, 남측 성벽과 동대문 좌우 성벽 철거 집행은 1908년 3월 8일 개시됐습니다.[318]

제국 수도가 근대로 접어들면서 자연발생적으로 벌어지는 현상에 불과하고, 시민 생활 개선을 위해 제국 관리들이 직접 결정한 정책입니다. 성벽 철거에 대한 첫 논의가 나온 날은 3월 30일입니다. 이토 히로부미가 아니라 그 할아버지라도 고종 퇴위는커녕 황태자 방한을 상상하지 않았던 때입니다.

그런데 우리들은 그렇게 믿으려 하지 않습니다. 이 글조차도 믿으려 하지 않습니다. 재미가 없으니까요. 자존심이 상하니까요. 그런 왜곡된 자존심과 근거 없는 정신승리는 미래의 대한민국에 해악스럽습니다.

또 늘어나는 황제들

1908년 7월 31일

효장세자, 헌종과 철종, 황제로 추존

망국의 징조 혹은 원인은 비슷합니다. 앞서 말씀드린 부패가 첫 번째 망국 원인이라면 장면 82, 망국 직전 나타나는 징조는 '각자도생各自圖生'입니다. 국가고 공동체고 노블레스 오블리주고 뭐고 다 필요없이, 최윗선에서 말단까지 자기 보따리를 챙겨서 난파선을 탈출하려는 쥐떼로 대변신합니다. 보따리 속에는 재물도 있고 명예도 있습니다. 대한제국 황실은 무엇을 챙겼을까요?

황제 10명을 가진 나라

대한제국 건국 이후 고종이 한 일들 기억나십니까. 미국 공사관 망명 시도, 독립협회 해산에 이어 1898년 고종은 전주 이씨 시조묘 발견에 성공합니다. 이어 1899년에는 자기 직계 선대 왕과 사도세자를 한꺼번에 황제로 격상하지요. 장면 73

세월이 지나고 고종은 강제 퇴위되고 나라는 난장판이 됩니다. 9년 뒤인 1908년 5월 6일, 고종 아들 융희제 순종이 조령을 내립니다.

> "진종대왕, 헌종대왕, 철종대왕에게 황제 존호尊號를 추상하는 의절을 마련하라."[319]

진종은 요절한 영조 장남 효장세자입니다. 진종과 헌종과 철종은 1899년 고종이 황제로 올리지 않은 세 사람입니다. 공식 족보상 이 세 왕은 고종 직계가 아니라서 제외됐습니다. 그런데 고종 아들 순종은 이날 이 세 사람을 마저 황제로 만들라고 명을 내립니다. 실록에는 특별한 이유가 적혀 있지 않습니다. 그저 거역할 수 없는 황명입니다.

5월 9일 내각총리대신 이완용이 전현직 대신을 포함한 회의를 열어 이 세 황제 존호를 정하자고 제안합니다. 이틀 뒤 회의에서 미래의 세 황제와 황후를 부를 이름 후보들이 정해집니다. 순종은 이들 후보 가운데 진종은 '소황제昭皇帝'. 헌종은 '성황제成皇帝', 철종은 '장황제章皇帝'를 선택해 추존 의식을 진행하라고 명합니다.[320]

이로써 대한제국으로 이름을 바꾼 조선왕국은 이성계부터 순종까지 황제를 무려 10명이나 배출한 대국으로 거듭났습니다. 나라 실질은 악화를 거듭했음에도 온갖 '코스프레'를 동원해 왕실을 황실로 격

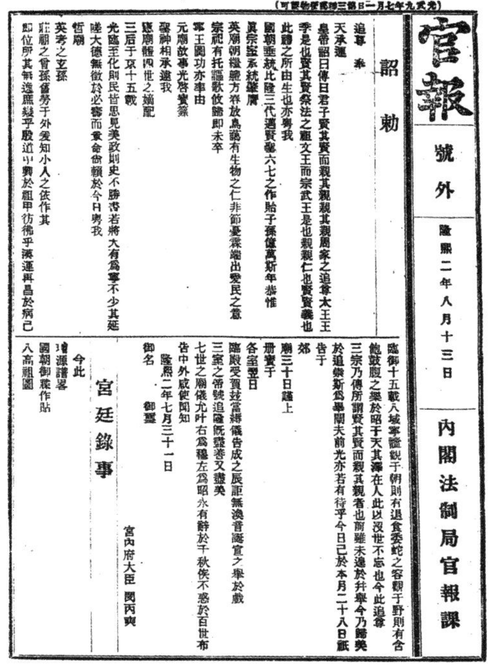

(光武九年七月一日第三種郵便物認可)

官報 號外 隆熙二年八月十三日 內閣法制局官報課

詔勅

追尊奉
天承運
皇帝詔曰傳曰君子賢其賢而親其親周家之追尊太王王
季是也賢其賢祭法之祖文王而宗武王是也親親仁也賢賢義也
此禮之所由生也亦粤我
國朝垂統比隆三代邁賢聖六七之作貽子孫億萬斯年恭惟
眞宗聖系統肇膺
英廟朝繼體方春放鳥鵲有生物之仁非節憂霖端出愛民之意
宗祀有托謳歌攸歸即未卒
寧王圖功亦率由
元廟故事光啓寶籙
聖神相承逮我
憲廟體四世之嫡配
三后于京十五載
光臨至化則民皆思見美政則史不勝書若將大有爲寧不少其延
嗟大德無徵於必壽而貪命尙賴於今日粤我
哲廟
英考之玄孫
莊祖之曾孫奮勞于外爰知小人之依作其
即位所其無逸庶幾乎殷道中興於祖甲彷彿乎漢運再昌於病己
臨御十五載八域寧謐觀于朝則有退食委蛇之容觀于野則有含
飽鼓腹之樂於昭于天其澤在人此以沒世不忘也今此追尊
三宗乃傳所謂賢其賢而親其親者也前雖未遑於升擧今乃歸美
於追崇斯爲擧闕夫前光亦若有待乎今日已於本月二十八日祇
告于
郊
廟三十日謹上
册寶于
各室翌日
臨殿受賀玆當縟儀告成之辰詎無渙音涎宣之擧於戱
三室之帝號追隆既體著又盡美
七世之廟儀允叶右爲穆左爲昭永有辭於千秋俟不惑於百世布
告中外咸使聞知
隆熙二年七月三十一日
御名 御璽
宮內府大臣 閔丙奭

宮廷錄事

今此
璿源譜略
國朝御牒作貼
入高祖圖

대한제국 관보 1908년 8월 13일 호외. /국립중앙도서관

상시키고 황제가 대거 탄생하는 기적이 벌어집니다. 이 기적은 8월 13일 자 대한제국 관보 호외에 실립니다.

6월 27일 순종은 이들 세 왕 왕릉 비석에 황제로 추존된 사실을 추가로 새겨넣으라고 명합니다. 마침내 그해 7월 30일 종묘 영녕전에 있던 이들 세 왕들 위패가 '추존 황제' 위패로 바뀝니다.[321] 순종은 다음 날 이를 전국에 공식 반포합니다.[322]

500년 쌓인 정치범 일괄 사면

황제는 황실 명예 격상작업과 동시에 전주 이씨 왕실이 500년 동안 간신과 역신으로 낙인찍었던 온갖 관료들 명예도 회복시켜줍니다. 7월 9일, 연산군 때 간신으로 낙인찍힌 유자광, 세조에게 반발했다가 처형된 서강, 정조 암살 사건에 연루됐던 홍술해, 천주교 박해 때 처형된 유동근, 유항검 등 옛 죄인 21명에 대해 관작 회복령을 내립니다.[323]

이 스물한 명 사이에 아주 특별한 공통점이 있습니다. 역대 왕실에 의해 '역적'으로 몰려 처형된 사람들입니다. 즉위 석 달 뒤인 1907년 11월 18일, 순종은 '죽은 자를 밝게 해주는 남다른 은혜를 입게 하라'고 대사면령을 내립니다.[324] 이 사면령에 의거해 나라가 망할 때까지 역대 간신과 역적들이 대대적으로, 꾸준히 관작을 회복하고 사면복권됩니다.

500년 난제였던 조상묘 수색작업을 아버지 고종이 해결했듯, 아들 순종은 500년 정치 사건을 송두리째 평화롭게 해결해버렸습니다. 실록 기록에 따르면 등극 때부터 이날까지 사면복권된 역대 간신과 역적은 모두 290명입니다.[325] 저 나라가 사라질 판인데 황제는 명예를 얻었고, 사대부는 명예를 회복했습니다.

바야흐로 빚잔치가 벌어집니다.

89

들통나는 '선비정신'

1908년 9월 28일

성리학자 전우田愚, 섬으로 숨다

1908년 9월 28일, 한 존경받는 선비가 전라도 부안 앞바다 왕등도로 들어갑니다. 섬으로 들어가며 시 한 수를 씁니다.

'남쪽 오랑캐 시끄럽게 지껄여대니/노나라 춘추는 한없이 운다/그 옛날 태화산에 살던 나그네/표연히 노 저어 창해로 들어가니/이로써 내 뜻을 알리로다'(南蠻鴂舌銀三等 東魯麟經淚萬行 舊日太華山裡客 飄然一棹入滄溟 此可以見吾志也)[326]

전국시대를 맞은 공자가 '도가 행해지지 않으니 뗏목을 타고 바다로 가겠다'[327]고 했듯, 자기도 도가 무너지고 어지러운 세상을 버리고 섬으로 간다는 뜻입니다. 예순일곱 살인 선비 이름은 전우田愚입니다. 호는 간재艮齋입니다. 을사조약과 고종 강제 퇴위로 세상이 어지럽습니다. 그때 이 선비는 섬으로 숨습니다.

반성하는 선비, 고집하는 선비

전우는 1841년 전주에 태어나 1922년에 죽었습니다. 고종 때 몇 차례 벼슬에 임명됐지만 전우는 거부합니다. 오로지 성리학 공부에 매진한 선비입니다. 마지막 선비, 호남의 거유巨儒라 불립니다.

근대로 접어들면서 옛 이념인 성리학은 효용을 잃습니다. 실용에 대한 각론이 전무한 공허한 학문임이 들통나버린 거지요. 대종교를 창시했던 선비 해학 이기가 그런 낡은 선비들을 이렇게 비판합니다.

> '전일前日에 배웠던 것이 모두 실질적으로 필요한 일이 아니었다. 선비 노릇도 못하고 농사꾼도 못 되고 상인商人과 공인工人이 되려고 해도 되지 못하였다. 나라가 오늘처럼 되지 않았어도 우리들은 이미 쓸모없는 사람이다.'[328]

일찍 깨달은 선비들도 많았습니다. 장면 59에서 우리는 숱하게 명멸했던 근대 선비들을 목격했습니다. 하지만 근대를 거부하는 선비들 또한 많았, 아니 엄청나게 많았습니다. 전우는 그 많은 선비들 최선봉에 있던 사람입니다. 1895년 갑오개혁정부에 합류한 박영효는 '전우는 수구당의 괴수이니 개화를 위해서는 반드시 죽여야 할 자'라

고 고종에게 거듭 건의하기도 했습니다.[329]

근대를 거부한 많은 선비들은 '도가 무너졌다'며 의병을 일으켰고, 자살을 했습니다. 깨인 선비들은 나라를 떠나 대륙에서 독립운동을 하기도 했습니다. 안동 임청각 주인 이상룡처럼 전 재산을 털어서 간도에 독립군기지를 만든 안동 유림들이 대표적입니다. 이들은 기존 유림들과 차별해 '혁신 유림'이라고 불립니다.

그런데 더 많은 선비들은 근대 자체를 거부합니다. 하지만 '왜정倭政 당국이 합방 기념으로 은사금이라고 돈을 주자 온 나라 양반들이 많이 뛸 듯이 좋아하며 따르는' 모습도 보여줍니다.[330] 근대정신은 거부하면서 근대가 주는 물질은 그리 반가웠던지요.

"나라 망친 놈들이 무슨 통곡이냐!"

훗날 1919년 3.1운동이 벌어졌을 때, 민족대표 33인 가운데 유림은 단 한 명도 없었습니다. 뒤늦게 서울 파고다공원을 찾은 혁신 유림 김창숙이 텅 빈 공원에서 펑펑 웁니다. 위로해 주던 사람들이 김창숙이 '선비'임을 눈치채고선 이렇게 말합니다.

"이놈아, 통곡은 왜 하느냐. 나라를 망칠 때는 너희 놈들이 온갖 죄악을 다 지어놓고 오늘날 민족적 독립운동에는 한 놈도 끼이지 않았으니, 이놈아, 이러고도 다시 유림이라 오만하게 자부하려느냐. 이놈아, 통곡은 무슨 통곡이냐!"[331]

그 호령에 500년 미몽에서 깨어나 대각성을 한 김창숙은 상해 임시정부 요원으로 활동하고 해방 후 대한민국 부통령에 출마하기도 하지요.

전우는 달랐습니다. 1910년 나라가 망하자 전우는 '통분을 참지 못하고' 제자들을 이끌고 산으로 들어가 여러 날을 통곡합니다. 그리고 1908년에 들어갔던 왕등도로 다시 가버립니다.[332]

그 섬에서 전우는 공자상과 주자상을 세워놓고 그믐날마다 제사를 지내죠. 1912년 마침내 전우는 왕등도 옆에 있는 계화도에 정착합니다. 계화도 한자는 '界火島'인데, 전우는 이 이름을 '繼華島'로 개명합니다. '중화中華를 잇는다'는 뜻입니다.[333]

거절당한 독립청원 서명

나이는 물론 학문적 성숙도와 지명도에서 전우를 따라갈 선비가 없었습니다. 그래서 근대에 눈을 뜬 선비들은 전우를 앞세워 독립운동을 하려고 합니다. 1919년 3.1운동에 불참했던 선비들은 파리평화회의에 독립을 청원하는 글을 보내기로 합니다. '파리 장서巴里長書 사건'이라 불리는 독립청원 운동입니다. 모두 137명이 서명합니다. 전우와 함께 '영남의 거유'로 칭송받던 곽종석도 이에 동참합니다. 유림단은 40세 이상 선비들만 서명을 받고 어린 선비들은 '미래를 위해' 숨겨두기로 결정합니다.[334]

맹보순이라는 선비가 일행 수천 명을 끌고 계화도로 77세 대원로 전우를 찾아갑니다. 전우는 단칼에 서명을 거부합니다.

"왕을 다시 세우고 유학을 회복하는 일이라면 몸이 만 조각 되더라도 웃으며 죽을 것이다. 하물며 요즘 서양 기술을 숭상한다고 하니 어떻게 우리 유림이 간섭할 것이겠는가."[335]

그러자 정두현이라는 선비가 편지를 보냅니다.

'평소 의리를 말하여 거동할 때마다 사람을 놀라게 하더니 국가가 무너지고 광란이 벌어지니까 방책 하나 없이 졸렬한 시골 농사꾼 같다. 부끄럽지 않은가.'[336]

해방 후 고려대 초대 총장이 된 동시대 후배 학자 현상윤은 이렇게 비판합니다.

'500년 은택을 입고 춘추대의를 강론하는 선비로서 마땅히 분골쇄신하여야 할 시기였다. 그러나 전우는 중망을 받으면서도 '궁벽한 것을 찾고 괴이한 일을 행동'으로 서해 바다 섬으로 도망가 싸우지도 못하고 죽지도 못하였다.'[337]

'도道'라는 관념으로 화장하고서 500년 동안 국가와 공동체를 외면한 그릇된 선비정신에 대한 비판입니다.

근대를 받아들인 사람들은 근대를 준비합니다. 때로는 맹렬하게 때로는 은근히 근대를 건설합니다. 정신적으로, 그래서 실질적으로 세상은 구체제와 작별 중이었습니다.

90

하얼빈의 총성

1909년 10월 26일

[안중근, 이토 히로부미 사살]

비 내리던 여름날

1909년 7월 6일 초대 조선통감 이토 히로부미가 일본으로 돌아가며 고종을 알현합니다. 그때 경운궁은 덕수궁으로 이름이 바뀌어 있었습니다. 순종이 황제가 되면서 '태황제'가 사는 궁명을 변경한 거지요.[338]

비가 내립니다. 고종이 운韻으로 내리고 통감 이토와 부통감 소네 아라스케, 궁내대신 비서관 모리 오노리, 대한제국 내각총리대신 이완용이 시를 씁니다.

단비가 처음 내려 만인을 적셔주니

(甘雨初來霑萬人, 감우초래점만인: 이토)

함녕전 위 이슬 빛이 새롭다

(咸寧殿上露華新, 함녕전상로화신: 모리)

부상(일본)과 근역(한국)을 어찌 다르다 하리오

(扶桑槿域何論態, 부상근역하론태: 소네)

두 땅이 하나 되니 천하가 봄이로다

(兩地一家天下春, 양지일가천하춘: 이완용)

'雨', '露', '霑'은 은총이 비처럼 이슬처럼 대지를 적신다는 뜻입니다. 천황 은혜를 뜻합니다. 덕수궁이태왕 고종은 이에 '크게 기뻐하였다(大加嘉賞, 대가가상)'고 기록돼 있습니다.

시와 고종 평은 비석에 새겨 1935년 덕수궁 정관헌 옆에 세웠습니다. 해방 후 사라진 이 비석은 지금 그 자리에 묻혀 있으리라 짐작됩니다.[339]

이토의 죽음과 병합

일본으로 귀국하고 석 달이 지난 10월 26일 오전 9시 30분, 이토 히로부미는 중국 흑룡강성 하얼빈역에서 안중근에 의해 암살됩니다. 이토 히로부미를 비스마르크에 비유하고 충신들이 자결하며 상소를 올릴 때 검은 수염을 자기를 위해 써달라고 부탁하던 고종은 어떤 생각을 했을까요? 장면 81, 84

젊을 적 이토는 극단적인 테러리스트였습니다. 1862년에는 다카스기 신사쿠高杉晋作가 만든 존왕양이(尊王攘夷: 조선의 '위정척사'와 비슷합니다) 테러조직 미타테구미御楯組 소속으로 영국공사관을 방화합니다. 1863년 이토는 학자 하나와 다다토미塙忠寶가 천황을 폐위시키려 한다는 소문에 그를 칼로 암살합니다. 일본 총리 가운데 유일하게 '살인'을 한 총리로 기록돼 있습니다. 이후 이토 히로부미는 미국과 유럽이 보여준 근대의 힘에 충격을 받고 일본 근대화의 기수로 활동하지요.

그 테러리스트 이토가 조선인 안중근에게 죽었습니다. 테러리스트로 삶을 시작해 피살로 삶을 끝냈습니다. 안중근은 열다섯 가지 죄를 물어서 이토를 처단했다고 진술합니다. 메이지 천황 직전 천황인 고메이를 암살한 죄, 조선 왕비를 암살한 죄 등등. 안중근은 중국이나 러시아가 아닌 일본 법으로 재판을 받고 1911년 3월 26일 여순 감옥에서 처형됩니다. 그 유해는 아직 찾지 못했습니다.

촌철살인적인 표현으로 유명했던 정치가 김종필은 이렇게 말합니다.

> "사이고 다카모리는 일본의 영웅이겠지만 한국인들에게는 침략의 발상자로 알려져 있다. 이토 히로부미는 일본인에게겐 메이지 유신의 원훈元勳이지만 한국인에게겐 침략의 원흉元兇으로 불린다. 일본과 아시아 국가 사이엔 국경을 넘으면 영웅이 역도逆徒가 되고 역도가 영웅이 되는 그런 역사가 있다."[340]

그렇습니다. 조선과 조선인 시각에서 이토 히로부미는 민족의 원흉입니다. 그 원흉을 안중근이라는 조선인이 처단했으니, 당시 조선인들은 모두가 쾌거요 거사라고 만세를 불렀지요.

이토의 죽음은 대한제국 운명을 결정적으로 바꿔버립니다. 대한제국을 보호령으로 두고 지배하려고 했던 이토 히로부미 계획은 일본 군부 강경파에 의해 즉각적인 병합으로 변경됩니다. 강경책은 이듬해 8월 한일병합조약으로 연결되지요.

정신적 종속을 막은 안중근

그렇다면 도대체 안중근의 거사는 무슨 의미일까요. 완전한 주권 박탈을 유도했으니 안중근을 비난해야 할까요?

안중근이 저격한 타깃은 자연인 이토 히로부미가 아니었습니다. 모순의 근본 원인 자체였습니다. 자기 나라를 위해, 당대 권력가들이 방치했던 이웃 나라를 희생시키던 이토 히로부미였습니다.

타협할 여지는 없었습니다. 이토는 대한제국 황제가 몇 번에 걸쳐서 자기를 위해 일해달라고 애원한 능력자였습니다. 그가 만일 살아서 조선 지배에 계속 간여했다면 무슨 일이 벌어졌을까요?

안중근이 히로부미를 처단하지 않았다면 강제병합이 없었다는 주장이 있습니다. 말이 안 되는 이야기입니다. 이토 히로부미가 고종을 알현하던 7월 6일 일본 내각은 '적당한 시기에 병합을 단행한다'는 '한국병합에 관한 건' 결의를 통과했습니다.[341] 이토가 살아 있었어도 대한제국은 병합 일보 직전에 있었습니다.

하지만 이토가 살아 있었다면 병합 이후 10년간 이어진 무단통치는 없었을지 모릅니다.

이토가 구상했던 조선 지배 정책은 점진주의였습니다. 민족주의와 적당히 타협하면서 조선을 일본식으로 근대화시켜 궁극적으로 자발적 복종을 끌어내겠다는 거였죠. 조선 민족에 대한 애정이 아니라 강제 병합과 식민지 관리에 일본이 치르게 될 경제, 정치적 비용을 우려해서입니다.

을사조약 후 대한제국 대신들과 유림, 시민을 만났을 때, 일본 본국에서 순회강연을 다닐 때, 이토 히로부미가 쏟아낸 공약은 조선 근대화와 궁극적 독립이었습니다. 그래서 통감부는 학교를 만들어 한글

안중근. 체포 직후 사진으로 만든 엽서. 판매 금지가 될 정도로 팔렸다.

을 교육하고 상업을 가르치고 공업을 가르칩니다. 1907년 헤이그밀사 사건 때 이토는 "너무 급하게 극단적인 처분을 하면 후에 (일본에) 불이익을 초래하지는 않겠는가"라며 강경책을 망설이기도 합니다.[342] 그 달콤한 사탕에 홀린 조선인이 무척 많았습니다.

이토가 죽고 8개월 뒤 일본은 조선을 병합합니다. 1910년 8월 29일, 초대 총독으로 부임한 육군대신 데라우치 마사타케가 포고문을 발표합니다.

> "함부로 망상을 다하여 정무를 시행하는 것을 방해하는 자가 있으면 결단코 용서하지 않을 것이다."[343]

안중근은 단순히 '민족을 통쾌하게 한' 인물이 아닙니다. 독립 의지 자체가 소멸되고 일본에 정신적으로 종속될 뻔한 위기에서 조선을 탈출시킨 사람이 안중근입니다. 이토가 죽지 않았다면 이후 10년간 이어진 저 무단통치는 없었을지 모릅니다. 하지만 그가 살아 있었다면 35년이 아니라 지금도 우리는 일본어로 생각하고 말하고 글을 쓰는 식민지에 살고 있지 않았을까 생각합니다.

91

1910년 여름, 물고기가 먼저 뛰어들었다

1910년 8월 16일

〔 이완용, 데라우치와 병합 협상 〕

'당분간 조선 보호국화를 목표로 하기로 하고 후일 다시 국가 방침을 확정하기로 한다.'[344]

장면 56을 기억하시는지요. 조선 의지와 무관하게 일본 내각이 조선을 보호국으로 만들겠다고 결정한, 1894년 8월 17일 그날을.

16년이 지난 1910년 8월 16일, 대한제국 내각총리대신 이완용이 서울 남산에 있는 조선통감관저를 극비리에 방문합니다. 3대 통감 데라우치 마사타케가 이완용을 맞이합니다. 한일병합조약 협상이 개시됩니다. 험난한 격랑을 헤쳐나온 끝에, 대한제국이 피보호국을 넘어 일본제국 식민지로 굴러떨어지려는 순간입니다. 정확하게 하루가 빠지는 16년 만입니다.

1910년 7월 23일, 일본 육군대신 데라우치 마사다케가 3대 조선통감으로 부임합니다. 8월 5일 밤 10시, 이완용의 비서가 통감부 외사국장 고마쓰 미도리小松綠를 찾아옵니다. 비서는 최초의 신소설 '혈의 누淚'를 쓴 이인직입니다. 이인직은 일본 도쿄정치학교에서 고마쓰로부터 배운 제자입니다. 제자가 옛 스승에게 말합니다.

"이천만 한인이 쓰러지거나 육천만 일본인과 함께 전진하는 수밖에 없다."

고마쓰는 그 순간을 이렇게 기록합니다.

"그물을 치기도 전에 물고기가 먼저 뛰어들었다."[345]

송병준이 이끄는 일진회는 일찌감치부터 한일 합방을 주장하고 있었습니다. 이완용은 일진회에게 선수를 빼앗기지 않기 위해 비서 이인직을 일본으로 출장 보내 일본 지도층 의중을 파악해 옵니다.

그리고 이날 이완용 지시를 따라 이인직이 예고도 없이 옛 스승을 방문하지요. 고마쓰는 이미 "이인직이 이완용 비서로 있으니, 병합에는 자신이 있다"고 데라우치에게 말한 적이 있습니다. 이완용은 일본어를 모르고 그 비서인 이인직은 자기 제자이니 어렵지 않다고 생각한 거지요.

8월 16일 이완용이 일본어에 능한 농상무대신 조중응을 데리고 쌍

'그물 치기도 전에 물고기가 뛰어들었던' 통감관저. 병합 후 총독관저로 변했다. /부산시립박물관

두마차를 타고 통감 관저를 방문합니다. 조중응 또한 고마쓰 제자입니다. 통감부 출입기자들에게는 "도쿄 수재민 위로 방문"이라고 둘러댔습니다.

그리고 8월 22일 나라가 사라집니다. 고마쓰는 이렇게 기록합니다.

'8월 22일은 한일 관계에서 가장 기념할 만한 하루였다. 오전 10시 도쿄 추밀원 임시회의에서 메이지 천황이 병합조약을 재가하고, 오후 2시에는 한국 정부 어전회의에서 융희제 스스로 병합조약을 가납했다. 이어 데라우치 통감과 이완용 총리가 조약에 조인하고 모든 절차를 완료했다. 데라우치는 병사 한 명도 움직이지 않았고 피 한 방울 흘리지도 않았다. 담판 개시일부터 조약 조인까지 딱 일주일 걸렸다.'[346]

총 한번 쏘지 않고 한 국가가 다른 국가에 수용돼버리는 인류사상 유례없는 일이 벌어집니다. 청나라에서 일본으로, 러시아로 미국으로 의지할 국가를 옮겨가며 권력을 유지해 온 지도자, 위기 때마다 일본으로부터 뇌물을 받고 제 나라 이권을 떼준 지도자로부터 신하들은 충성심을 거둬들였습니다. 성리학적 도리를 지키던 많은 사람들이 고종에게 정신을 차리라고 고함을 질렀지만 고종은 귀 또한 닫아버렸습니다.

독립협회가 내놓았던 개혁안들이 거부되고 대한제국은 결정적으로 침몰하기 시작합니다. 스스로는 물론 5대조까지 황제로 만들고 통치하는 국가 대신 자기 전주 이씨 가문을 격상시키고 성균관을 부활시키고 주자 후손을 중용하며 나라를 가난한 전근대로 회귀시키는 모습을 보며 일본은 그물 칠 준비를 합니다.

그런데 그물을 치기도 전에 물고기가 뛰어든 겁니다.

보고를 받은 데라우치는 이완용에게 '황제는 태공太公으로서 온전하게 대접하고' '황족은 지금보다 더 나은 대접을 약속하며' '대신들 또한 평생 행복을 신분적, 금전적으로 보장한다'고 준비된 조건을 설명합니다.[347] 이완용은 "중국에 조공할 때도 왕王 호칭은 유지했다"고 이의를 제기합니다. 데라우치는 본국 문의를 거쳐 이를 승인하지요. 이후 대신들을 일일이 찾아다니며 이완용은 반대파를 솎아냅니다.

8월 22일 오전 10시, 데라우치는 상황 파악을 잘 못하고 있는 궁내부대신 민병석과 시종원경 윤덕영을 불러 황제에게 이완용을 조약체결 전권대신으로 임명해 달라고 요청하라고 합니다. 오후 2시 순종이 창덕궁 흥복헌에서 전주 이씨 황족대표들과 각 대신을 소집해 어

이완용(좌)과 데라우치 마사타케(우).

전회의를 열고, 예정된 순서대로 전권대신 이완용이 마차로 남산 통감관저로 떠납니다.

92

망국과 환장하는 훈장 대파티

1910년 8월 내내

[훈장이 이어지다]

사업이 망하면 빚잔치를 벌입니다. 금전적으로 도움을 받았던 사람들에게 남는 돈을 나눠 빚을 갚습니다. 파산 일보 직전 대한제국이 빚잔치를 벌이는 방식은, 기이하게도 훈장과 승진 남발, 시호 남발입니다. 훈장과 승진은 살아 있는 사람에 대한 보상이며 시호는 죽은 사람에게 주는 명예입니다.

고비마다 쏟아지는 훈장

대한제국이 일본에 넘어간 세 가지 결정적인 조약은 1904년 한일의정서와 1905년 을사조약(2차 한일협약), 1910년 한일병합조약입니다. 기이하게도 그 세 고비마다 대한제국 황실은 광범위하고 납득하기 어렵게 훈장을 남발합니다.

러일전쟁 발발 직후인 1904년 2월 23일, 일본은 한일의정서를 맺습니다. 3월 20일 일본 추밀원 의장 이토 히로부미가 특파대사 자격으로 고종을 알현하지요.

이날 황제는 일본공사관 직원 '전원'에게 훈장을 내립니다. 나흘 뒤 황제가 조령을 내립니다. "이토 히로부미를 특별히 대훈위에 서훈하고 금척대수장을 주라." 금척대수장은 대한제국이 황실과 외교사절에게 주는 최고 등급 훈장입니다.

다음날 황제는 이토가 타고 온 군함 함장 대위 이노우에 도시오와 시바후 사이치로에게도 훈장을 하사합니다.[348] 이듬해 1월 18일 황제는 대한제국에 주둔한 한국주차군 사령관 하세가와 요시미치에게 대훈위 이화대수장을 하사합니다. 1907년 8월 27일 갓 황제로 즉위한 융희제 순종은 하세가와에게 금척대수장을 추가합니다.

1905년 11월 17일 2차한일협약, 을사조약이 체결됩니다. 조약 협상 '이틀 전'('뒤'가 아닙니다) 고종은 일본 육군중장 이노우에 요시토모부터 소위급인 해군 소군의少軍醫 오카다 고가네마루까지 모두 65명에게 훈장을 하사합니다.[349]

11월 30일 무관장 민영환이 자결합니다. 고종은 12월 1일 민영환에게 대훈위 금척대훈장을 추서합니다. 그날 원로 대신 조병세가 자결합니다. 다음 날 고종은 조병세에게 금척대수장을 하사합니다. 국권이 넘어가고 조약을 성토하는 상소가 잇따랐지만 황제는 "크게 벌일 일이 아니니다"라며 물리칩니다.[350]

이듬해 4월 9일 고종 아들 의친왕 이강이 대훈위 금척대수장, 또 이듬해 5월 28일 또 다른 아들 영친왕 이은이 대훈위 이화대수장을 받았습니다. 1908년 1월 29일 신임 황제인 융희제 순종은 일본 추밀원 의장 겸 육군 대장 야마가타 아리토모와 총리대신 사이온지 긴모치에게 대훈위 금척대훈장을 수여합니다. 이날 훈장을 받은 사람은 독일인 1명을 포함해 59명입니다.[351]

1910년, 대환장파티

나라가 사라졌던 1910년입니다. 대한제국 융희제 순종이 벌인 훈장과 승진과 시호 대행진을 보겠습니다.

1월 4일 경기관찰사 김사묵을 비롯해 조선 관리 3명과 관측소 기사 와다 마사하루를 비롯한 일본인 2명, 관세국 영국 관리 '일리암 부라띠' 등 6명이 훈장을 받습니다. 이후 한일병합조약이 체결된 8월 22일 나흘 전까지 순종은 132명에게 각급 훈장을 수여합니다. 이 가운데 83명은 일본인을 포함한 외국인입니다. 일본으로 관리를 보내 훈장을 '출장 수여'한 사람도 4명입니다.[352] '유벨부오'라는 미국인 '화가'도 들어 있습니다.[353]

대한제국 법제에는 여성 전용 훈장인 '서봉장'이 있습니다. 1905년 10월 5일 영친왕을 낳은 황귀비 엄씨, 의친왕 이강 아내 김씨가 최고 등급인 서봉대수훈장을 받았습니다. 훈장을 준 사람은 남편과 시아버지인 고종입니다.[354] 1907년 1월 24일, 황태자인 순종비 윤씨가 또 시아버지로부터 훈장을 받았습니다.

1909년 8월 27일, 황후가 된 윤씨가 직접 전현직 고관 아내 12명에게 서봉장을 수여합니다. 그리고 11월 12일 다시 한번 열린 집단 서훈식에서 태자 스승 이완용의 아내 조씨를 비롯한 고관 아내 7명과 궁녀 3명이 훈장을 받습니다.[355]

1910년입니다. 5월 9일 일본에서 온 황족 3명, 8월 1일 데라우치 통감 아내가 서봉장을 받습니다. 8월 21일, 조약 체결 하루 전날입니다. 우리가 익히 들어 알고 있는 사람 아내들과 궁녀 45명이 훈장을 받았습니다.[356]

8월 5일 순종은 순정효황후 큰아버지 윤덕영을 비롯해 원로 4명의 품계를 한 등급씩 올려줍니다. 8월 19일에는 황실 요리장 안순환을 포함해 25명이 품계를 승급받습니다.

그리고 순종은 4월 14일부터 병합조약 체결 하루 전까지 모두 32명에게 시호를 내립니다. 이 가운데에는 갑신정변 주역 김옥균과 홍영식, 개화파 어윤중도 포함돼 있었고,[357] 정조 때 북학파 지식인 박지원과 정약용도 들어 있습니다.[358] 450년 전인 1468년, 예종 때 사형당한 남이 장군과 선조 때 정치가 송익필도 8월 20일 시호를 추증받습니다.

화끈한 빚잔치입니다. 얼마나 화끈하냐 하면, 순종이 이렇게 명을 내립니다.

'절차를 기다리지 말고 시호를 주어라(不待狀擧行, 부대장거행).'[359]

이렇게 대한제국은 산 자는 물론 죽은 자에게 지고 있던 빚까지 화끈하게 다 갚았습니다. 죽은 자에게는 그렇다 치더라도 산 자들에게 망하고 없을 나라 훈장과 승진이 무슨 소용이 있을까요.

배가 난파하면 쥐들이 먼저 배를 탈출합니다. 그게 세상 이치입니다. 그런데 대한제국은 함장까지도 쥐들 틈에 섞여서 탈출을 시도하고 있었습니다.

93

황제 즉위파티 때문에 연기된 병합조약 공포

1910년 8월 29일

[한일병합조약 공포]

그렇게 대환장 훈장파티를 치르는 와중에 이완용과 데라우치 사이에 조약 체결이 합의되고, 8월 22일 한일병합조약이 체결됩니다. 일주일이 지난 8월 29일 병합조약이 공포됩니다. 대한제국은 역사에서 사라지고 길고 긴 식민시대가 문을 엽니다.

이 일주일 공백을 두고 말이 많습니다. 왜 8월 29일일까요. 우선 한일 양국이 합의한 조약 내용을 요약하면 이러합니다.

1. 대한제국 황제는 통치권 일체를 일본 황제 폐하에게 양여.
2. 일본국 황제는 대한제국을 일본 제국에 병합하는 것을 승락.
3. 일본국 황제는 대한제국 황제 직계 가족에게 각기 지위에 맞게 적당

한 존칭, 위신과 명예 그리고 이에 따른 충분한 세비 공급.
4. 기타 한국 황족 및 후손에 대해서도 마찬가지.
5. 일본국 황제는 공로가 있는 대한제국인에게 작위와 은사금.
6. 일본국 정부는 대한제국인의 신체 및 재산에 대하여 전적인 보호와 복리 증진 도모.
7. 새 제도를 존중하는 한국인은 한국에 있는 제국 관리에 등용.
8. 본 조약은 공포일로부터 시행.

전문 8개조 가운데 3개조가 황실에 관한 조항입니다. 황실은 명예와 신분과 재산을 그대로 유지한다는 내용입니다. 또 하나는 병합 공로자를 귀족으로 만들고 돈을 준다는 조항입니다. 4개조가 이들 한 줌 매국노들 복지 보장 조항입니다.

8월 22일 창덕궁 흥복헌에서 어전회의를 마친 내각총리대신 이완용은 이 조약문을 들고 마차로 남산 통감관저로 가서 일본제국 육군대신인 통감 데라우치 마사타케와 조약에 조인합니다.

'월요일' '29일'로 연기된 조약 공포

자, 이제 의문의 일주일에 대한 이야기입니다. 한국학중앙연구원이 발행한 《한국민족문화대백과사전》에는 이렇게 적혀 있습니다.

'일본은 한국민의 반항을 두려워하여 조약체결을 숨긴 채, 사회단체의 집회를 철저히 금지하고 원로대신들을 연금한 뒤 반포했다.'[360]

거짓말입니다. 일본 외무성 기록보존소 당시 기록을 보겠습니다. 먼저 1910년 8월 22일 조약 체결 당일 한국 통감 데라우치가 당시 일본 외무대신 고무라 주타로에게 보낸 전문입니다.

'…조약 공포 기일에 관해 <별도 전문> 42호 승인을 요청함.'

이 전문에 나오는 〈별도 전문〉은 아래와 같습니다.

'조약 공포일을 오는 26일로 정하였는데 현 황제 즉위식이 그 다음 날에 해당하므로 조약은 그 이후에 공포하기를 원한다는 뜻이 〈상대방으로부터 강구되어〉 사정이 여의치 않으므로 다음 월요일인 29일에 공포하는 것을 승낙하여 제국 정부에 있어서도 같은 달에 공포할 것을 일률적으로 계책이…'[361] (꺽쇠 표시는 필자)

원래 약정했던 8월 26일이 29일로 연기된 이유가 명확하게 나와 있습니다. 8월 27일이 현 대한제국 황제 융희제가 즉위한 날이므로 이를 피해서 공포하겠다는 말입니다.

장면 86을 다시 보십시오. 대한제국 광무제 이형은 1907년 7월 19일 황태자 이척에게 왕위를 넘깁니다. 퇴위를 거부하는 고종 체면을 고려해 왕위 선양 대신 대리청정 형식으로 넘깁니다. 차기 황제 공식 즉위식은 그해 8월 27일에 있었습니다. 장소는 경운궁(덕수궁) 돈덕전입니다.[362]

한일 두 나라가 예정대로 8월 26일에 병합을 공포하면 다음 날인

一九 日韓條約締結一件 五八三 五八四

ヲ以テセラル、旨ヲ公文ニ認メ之ヲ交付シ尚右條約及之ニ關聯スル詔勅ハ兩方同時ニ公表スヘキモノナルニ因リ今後何時ニテモ公布シ得ラル、樣直ニ必要ノ手續ヲ爲シ置クコトヲ取極メ總テ何等ノ故障ナク完了シ當地一般ノ人心モ極メテ靜穩ナリ右ノ趣可然御執奏相成タシ

追テ條約公布ノ期日ハ別電第四二號ヲ以テ申進シタル通二十九日ニ決定セムトス折返シ返

五八三 八月二十二日 寺内韓國統監ヨリ小村外務大臣宛（電報）

日韓條約公布日延期要請ノ件

第四二號

桂總理大臣小村外務大臣ヘ

貴電第六二號條約公布期日ヲ來ル二十六日ニ定メラレタル趣ナルガ現皇帝ノ即位式日ハ其翌日ニ該當スルヲ以テ條約ハ夫レ以後ニ公布セラレタキ旨先方ヨリ請求アリ右ハ事情已ムヲ得サル次第ト認メ次ノ月曜日卽チ來ル二十九日ニ公布スルコトヲ承諾シ置タルニ付帝國政府ニ於テモ同日ヲ以テ公布セラル、樣御取計アリタシ

대한제국의 '황제 즉위일 이후 공포 요청'을 기록한 일본외교문서. /일본외무성

순종 즉위 4주년 기념식은 불가능합니다. 그래서 '그 이후에 공포하기를 원한다는 뜻이 상대방(대한제국 정부)으로부터 강구되어' 월요일인 29일로 공포일이 연기됩니다.

그리하여 3년 전 8월 27일에 즉위한 전주 이씨 황제 이척은 무사히 8월 27일 토요일 황제로서 즉위 기념식을 한 번 더 즐기고 일요일에 쉰 뒤 한 주를 시작하는 월요일에 깔끔하게 나라를 데라우치한테 넘깁니다.

또 벌어진 훈장 대환장 파티

《순종실록》에 따르면 그사이에 숱한 일들이 벌어졌습니다. 24일부

터 28일까지 전현직 관료 334명에게 품계를 올려주고 죽은 관료 53명에게 벼슬을 추증했으며 60명에게는 시호를 내리고 현직 원로 41명에게 훈장을 하사합니다.

즉위 기념일 당일인 8월 27일 토요일에는 자그마치 196명 품계를 무더기로 올려줍니다. 일요일인 8월 28일에는 품계 승급 16명, 훈장 16명과 함께 이척 자기 큰할아버지 이재면을 흥친왕에 책봉합니다.

심지어 조약 공포 및 발효 당일인 8월 29일에도 이척은 한창수를 비롯한 3명에게 훈장을 하사합니다.[363] 오전 11시에 조약이 공포되는데, 사라지고 없을 대한제국 황제 권한으로 자기 측근에게 훈장을 줍니다.

그래서 병합 조약은 한 주를 시작하는 8월 29일 월요일에 깔끔하게 공식 업무를 개시한 조선총독부 〈조선총독부 관보〉에 실립니다. 여기에 원로들을 가택연금을 하고 저항을 두려워하고 이런 이야기는 끼어들 여지가 없습니다. 청나라 지식인 양계초가 자기 책에 기록합니다. 날짜가 틀렸으니 청나라까지 퍼진 소문을 들은 게 분명합니다.

'한국 정부가 갑자기 그달 28일 한국 황제 즉위 만 4주년 기념회를 열어 축하한 뒤 발표하기를 청하자, 일본인들이 허락했다. 이날 대연회에 신하들이 몰려들어 평상시처럼 즐겼으며, 일본 통감 역시 외국 사신의 예에 따라 그 사이에서 축하하고 기뻐했다. 세계 각국에 무릇 혈기 있는 자들은 한국 군신들의 달관한 모습에 놀라지 않을 수가 없었다.'[364]

양계초 글은 이렇게 끝납니다.

'나는 조선의 멸망을 보며 춥지도 않은데 전율을 느낀다.'

왜 한일병합조약은 체결 1주일 뒤에 공포됐는가. 조선 지도부가 몽땅 쓰레기라서 그랬습니다. 양계초는 전율을 느꼈지만 저는 미쳤다고 봅니다.

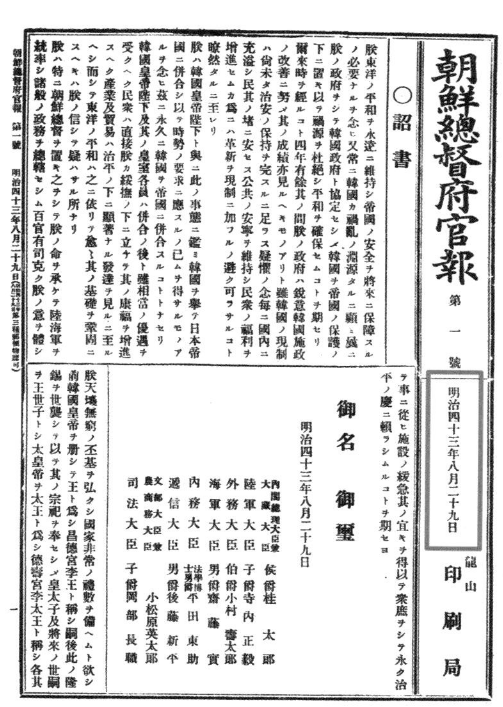

朝鮮總督府官報

第一號

明治四十三年八月二十九日

龍山印刷局

○詔書

朕東洋ノ平和ヲ永遠ニ維持シ帝國ノ安全ヲ將來ニ保障スルノ必要ナルヲ念ヒ又常ニ韓國カ禍亂ノ淵源タルニ顧ミ曩ニ朕ノ政府ヲシテ韓國政府ト協定セシメ韓國ヲ帝國ノ保護ノ下ニ置キ以テ禍源ヲ杜絶シ平和ヲ確保セムコトヲ期セリ

爾來時ヲ經ルコト四年有餘其ノ間朕ノ政府ハ鋭意韓國施政ノ改善ニ努メ其ノ成績亦見ルヘキモノアリト雖韓國ノ現制ハ尚未タ治安ノ保持ヲ完スルニ足ラス疑懼ノ念毎ニ國内ニ充溢シ民其ノ堵ニ安セス公共ノ安寧ヲ維持シ民衆ノ福利ヲ增進セムカ爲ニハ革新ヲ現制ニ加フルノ避ク可ラサルコト瞭然タルニ至レリ

朕ハ韓國皇帝陛下ト與ニ此ノ事態ニ鑑ミ韓國ヲ擧テ日本帝國ニ併合シ以テ時勢ノ要求ニ應スルノ已ムヲ得サルモノアルヲ念ヒ茲ニ永久ニ韓國ヲ帝國ニ併合スルコトトナセリ

韓國皇帝陛下及其ノ皇室各員ハ併合ノ後ト雖相當ノ優遇ヲ受クヘク民衆ハ直接朕カ綏撫ノ下ニ立テ其ノ康福ヲ增進スヘク産業及貿易ハ治平ノ下ニ顯著ナル發達ヲ見ルニ至ルヘシ而シテ東洋ノ平和ハ之ニ依リテ愈〻其ノ基礎ヲ鞏固ニスヘキハ朕ノ信シテ疑ハサル所ナリ

朕ハ特ニ朝鮮總督ヲ置キ之ヲシテ朕ノ命ヲ承ケテ陸海軍ヲ統率シ諸般ノ政務ヲ總轄セシム百官有司克ク朕ノ意ヲ體シテ事ニ従ヒ施設ノ緩急其ノ宜キヲ得以テ衆庶ヲシテ永ク治平ノ慶ニ頼ラシムルコトヲ期セヨ

御名 御璽

明治四十三年八月二十九日

内閣總理大臣兼大藏大臣 侯爵桂太郎
陸軍大臣 子爵寺内正毅
外務大臣 伯爵小村壽太郎
海軍大臣 男爵齋藤實
内務大臣 法學博士男爵平田東助
遞信大臣 男爵後藤新平
文部大臣兼農商務大臣 小松原英太郎
司法大臣 子爵岡部長職

朕天壤無窮ノ丕基ヲ弘クシ國家非常ノ禮數ヲ備ヘムト欲シ前韓國皇帝ヲ册シテ王ト爲シ昌德宮李王ト稱シ嗣後此ノ隆錫ヲ世襲シテ以テ其ノ宗祀ヲ奉セシメ皇太子及將來ノ世嗣ヲ王世子トシ太皇帝ヲ太王ト爲シ德壽宮李太王ト稱シ各其

朝鮮總督府官報 第一號 明治四十三年八月二十九日

一

1910년 8월 29일 월요일 총독부 관보.

7장

식민과 해방

1910~1945

식민과 해방 연표

1910년 8월 29일	한일병합조약 공포
1910년 8월 29일	천황, 순종을 이왕李王 책봉
1919년 3월 1일	기미만세운동
1940년 7월 30일	훈민정음해례본 발견
1941년 3월 12일	이완용 종묘 배향
1941년 12월 7일	일본, 진주만 공격
1945년 8월 15일	해방
1945년 8월 15일	일본장교 이우의 육군장

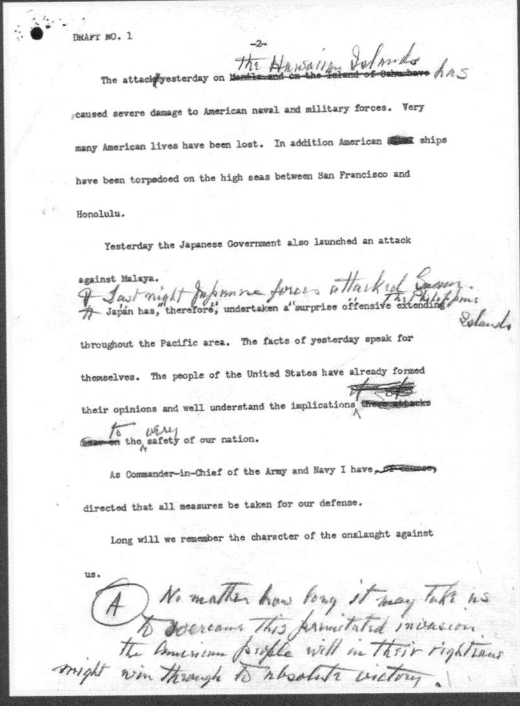

DRAFT NO. 1

-2-

The attack yesterday on ~~Manila and on the Island of Oahu have~~ the Hawaiian Islands has caused severe damage to American naval and military forces. Very many American lives have been lost. In addition American ships have been torpedoed on the high seas between San Francisco and Honolulu.

Yesterday the Japanese Government also launched an attack against Malaya.

Last night Japanese forces attacked the Philippine Islands

Japan has, therefore, undertaken a surprise offensive extending throughout the Pacific area. The facts of yesterday speak for themselves. The people of the United States have already formed their opinions and well understand the implications ~~these attacks~~ ~~upon~~ to the very safety of our nation.

As Commander-in-Chief of the Army and Navy I have ~~of course,~~ directed that all measures be taken for our defense.

Long will we remember the character of the onslaught against us.

(A) No matter how long it may take us to overcome this premeditated invasion the American people will in their righteous might win through to absolute victory.

1941년 12월 7일 일본이 진주만을 습격했다. 다음날 미국 대통령 루스벨트가 선언했다. '미국은 정의로운 의지로 절대적 승리를 쟁취할 것이다. 신이여 미국을 도우시라.' 루스벨트는 연설문 초고에 직접 연필로 '절대적 승리'라고 적어넣었다. 조선 독립운동 세력 또한 즉각 일본에 선전포고했지만, 연합군은 이를 인정하지 않았다. 1945년 8월 6일 미군이 일본 히로시마에 원자탄을 투하했다. 8월 15일 일본이 무조건 항복했다. 해방은 그렇게 도둑처럼 찾아왔다. 지금 우리는 공화국 대한민국에 산다.

94

조선왕실, 천황가로 들어가다

1910년 8월 29일

[천황, 순종을 이왕李王 책봉]

8월 29일 일본 천황이 조령詔令 형식으로 한일 병합을 선언합니다. 조령은 윗사람이 아랫사람에게 내려보내는 명령서를 뜻합니다. 앞 장에서 보셨듯, 조약문 8개조 가운데 3개조는 황실에 관한 내용입니다. 천황 조령에는 이 황실 대우에 관한 내용이 구체적으로 적혀 있습니다. 읽어보겠습니다.

- 전 한국 황제를 책봉하여 '왕王'으로 삼고 '창덕궁이왕昌德宮李王'이라 칭한다.
- 융숭한 하사를 세습하여 그 종사宗祀를 받들게 한다.
- 황태자를 '왕세자王世子'로 삼는다.

- 태황제太皇帝를 '태왕太王'으로 삼아 '덕수궁이태왕德壽宮李太王'이라 칭한다.
- 그 배필들을 왕비, 태왕비, 왕세자비로 삼아 '황족皇族의 예'로써 대한다.
- 이가李家 자손으로 하여금 대대손손 복록福祿을 더욱 편안히 하여 영구히 행복을 누리게 한다.
- 이강李堈 및 이희李熹는 이왕의 친척으로 특별히 '공公'을 삼고 그 배필을 '공비公妃'로 삼아 '황족의 예'로써 대한다.
- 이가李家의 친척 및 방가에서 큰 공로가 있는 자는 조선 귀족으로 삼고 작위는 세습한다.[365]

이날로 대한제국 황실은 사라집니다. 국호 또한 대한국에서 조선으로 바뀝니다. 고종과 순종의 직계존비속은 왕王이 되고 그 형제들은 공公이 됩니다. 이 두 부류를 합쳐서 조선 왕공족이라고 부릅니다. 고종, 순종과 영친왕 이은으로 구성된 이왕가李王家와 순종의 형제 이강 공가李堈公家, 고종의 형제 이희 공가李熹公家가 탄생합니다. 병합 당시 아내까지 모두 8명입니다. 식민시대 이 숫자는 30명에 이릅니다.

이들은 일본 황족의 예로써 대우받습니다. 조선 귀족이라는 새로운 귀족 신분도 생겨납니다. 이 조치는 일본 천황 명령입니다. 일본 내 그 누구도 부인하거나 수정하려는 시도를 할 수 없다는 뜻입니다.

역사적으로 유례가 없는 파격입니다. 이집트, 인도, 모로코, 라오스처럼 식민지로 전락한 나라 군주들은 지위 박탈은 물론 평민으로 강등되기까지 했습니다. 일본은 전통적 지배계층인 이씨 왕실을 그대로 유지시킵니다. 그래서 유교적 충군忠君 사상을 이용해 조선인들을 그 왕실에 그대로 종속시킨 겁니다. 강제적 굴종보다 정신적인 '자동식 통치'를 노린 거지요. 폭력으로는 불가능했을 식민 시스템 정착작업이 황제에 대한 관성적인 복종심을 통해 쉽게 이뤄집니다.

매년 180만 엔

조선 왕공족을 황족의 예로 대우하기 위해서 '대대손손 복록福祿을 더욱 편안히 하여 영구한 행복'을 보장해 줍니다. '복록'은 벼슬아치들이 받는 녹봉을 뜻합니다. 이 녹봉을 '더욱 편안히 한다'고 합니다. '이왕 가문을 황족과 같은 왕공족으로 대우해 세습 신분과 재산을 보장한다'는 뜻입니다.

병합 첫해 이들 왕공족 8명이 총독부로부터 받은 세비, 복록은 50만 엔이었습니다.[366] 1910년 9월부터 그해 말까지 5개월 동안 받은 돈이 그렇습니다.

'조선총독부통계연보'에 따르면 세비는 1911년부터 1920년까지 150만 엔, 이듬해부터는 180만 엔이었습니다.[367] 1911~1913 회계연도 조선총독부 세출이 5,046만 9,000엔입니다.[368] 식민지 세출의 2%가 2,000만 조선인의 10만분의 1도 되지 않는 옛 지배자 가족 손에 떨어집니다. 1914년 총독부 자체 운영경비가 339만 3,109엔입니다.[369] 그 절반이 넘는 돈을 저 서른 남짓한 사람들이 매년 받아 갑니다.

1930년 9월 2일 자 총독부 '이왕가추가예산설명'에 따르면 그해 이왕가는 유가증권으로 60만 7,778엔, 논, 밭, 대지, 임야 모두 합쳐

1918년 1월 13일 덕수궁 석조전. 앞줄 가운데 덕수궁이태왕, 영친왕(왼쪽)과 창덕궁이왕. /서울대박물관

772만 6,091엔어치 부동산을 가지고 있었습니다.[370] 왕공족은 결혼과 출생으로 해방 때까지 모두 26명이었습니다.

그들의 삶

1913년 9월 8일 덕수궁 돈덕전에서는 고종 회갑연이 성대하게 열렸습니다. 1912년 일본 천황 메이지가 죽어서 연기됐던 잔치입니다. 총독을 비롯한 고위 관료와 귀족들을 위시해 조선 고위층 남녀가 공식 초청됩니다.

저녁에는 기생 30명의 가곡歌曲, 가사歌詞, 태평가 병창 따위가 공연됐고 축수만세삼창으로 연회가 끝납니다. 가무는 5시간 넘게 진행됩니다. 조선 귀족과 이왕직 고관들이 참석합니다. 연회 후에는 돈덕전에서 또다시 샴페인을 터뜨리고 고종의 만수무강을 빕니다.

순종은 외빈 응대와 정기적 연회, 주기적 운동과 원유회로 바쁜 일상을 보냅니다. 총독부와 공공기관을 정기적으로 방문하고 공식행사도 참석합니다. 경성 주재 외교사절단과도 접촉을 가집니다. 1910년대 경성주재 외교사절은 의전상 고종과 순종을 알현하고 접견하는 것이 일상적인 일이었습니다.

1919년 고종이 죽고 3.1운동이 벌어지던 그날, 궁 안은 적막할 정도로 조용했습니다. 다음은 왕실 담당 조직인 이왕직李王職 관리 곤도 시로스케가 남긴 기록입니다.

> '사정을 잘 모르는 상궁들까지 제각각 "이제 조선은 독립이 되었습니다, 경하드립니다 전하! 전하!"라고 전할 정도였다. 하지만 두 분(순종과 영친왕) 전하께서는 침착하게 그들의 경거망동을 나무라셨으나 때때로 시종을 보내 상황을 살펴보게 하셨다.'[371]

순종의 궁 밖 나들이도 자유로웠습니다. 종묘와 능침들에 대한 정기적인 행행行幸은 물론 그 어떤 왕도 접근하지 못했던 함흥 본궁은 물론 군함을 타고 일본 도쿄까지 행행하는 전대미문의 사례를 남깁니다.[372] 순종에 이어 이왕이 된 영친왕 이은은 도쿄에 살았습니다. 왕족 의무 규정인 군에 입대해 중장까지 진급하지요. 1927년에는 일본 백작 신분으로 유럽을 순방합니다.

꺼지지 않은 향불

500년 지속해 온 왕국이 똑같은 기간 멸시해 온 오랑캐 일본에 식민지가 됐습니다. 고종은 나라를 팔아먹었다는 을사오적을 죽이라고 명하지 않았습니다. 일본은 그 황제를 죽이거나 신분을 떨어뜨려 모멸감을 주지도 않았습니다. 오히려 그 가족들을 왕과 공에 책봉해 식민시대 내내 우대합니다.

그 황실이 적극적으로 일본에 저항하거나 독립을 기도한 흔적은 보이지 않습니다. 오히려 일본 황실 책봉을 받은 후 그 일원으로서 왕실 일가의 안위만을 위해 존재한 것이 아닌가 하는 의구심이 들 정도였습니다.[373]

왕실을 상징하는 단어가 종묘입니다. 역대 왕에게 제사를 올리는 곳입니다. 1945년 8월까지 종묘의 향불은 꺼지지 않았습니다. 기이한 식민이 아닌가요.

95

전환하는 시대정신

1919년 3월 1일

기미만세운동

1919년 1월 21일, 고종이 죽었습니다. 일본 천황 다이쇼는 생전 공적을 치하하는 훈장을 보냈고 장면 87, 옛 제국 식민 조선에서는 그 죽음을 계기로 다양한 풍경이 연출됩니다. 망국 이후 숨죽이고 있던 독립의지는 만세운동으로 폭발합니다. 1919년 3월 1일은 참 많은 얼굴을 가지고 있습니다.

낯선 풍경 하나 - 공화국

분열돼 있던 국내외 독립운동 조직은 만세운동을 계기로 1920년 상해 임시정부로 통합됩니다. 이후 임정은 김구가 주도권을 쥐고 독립운동 구심점 역할을 합니다. 미주에서는 독립협회 출신인 이승만이 외교투쟁으로 독립을 위해 노력하지요.

임정도, 미주의 독립운동 조직도 투쟁노선을 둘러싸고 연대와 분열을 거듭합니다. 마치 조선시대 당쟁을 보는 것처럼 황당한 음해도 있었고, 희생을 감수한 절대적 협조도 있었습니다. 이에 대한 이야기는 말을 꺼내는 순간 현대 정치 진영 논쟁으로 바뀌어버리니, 큰 흐름을 위해서 다음으로 미루겠습니다.

이들이 희구한, 그리고 절대다수 조선인이 꿈꾼 새 나라는 황제나 군주에 통치당하는 과거가 아닙니다. 백성이 주인인 공화국共和國입니다. 만세를 부르는 사람들 그 누구도 고종 죽음을 애도하거나 대한제국 부활을 외치지 않았습니다.

낯선 풍경 둘 - 거부당한 선비, 거부한 선비

유림 가운데 독립선언에 참여한 유림은 단 한 명도 없습니다. 불교계를 대표해 민족대표로 참가한 한용운은 곽종석이라는 유림에게 가서 참여를 제의합니다. 하지만 당일이 되도록 곽종석은 가부를 말하지 않습니다. 천도교에서는 이완용에게도 참가를 권유합니다. 그를 찾아간 손병희 비서 이병헌에게 이완용이 이렇게 말합니다.

"합방 조인에 도장 찍은 내가 여기에 도장 찍는다고 누가 믿겠는가."[374]

결국 천도교와 불교, 개신교 인사 33명만 이 독립선언서에 서명을 하지요.

수많은 유림들은 백의와 백립을 착용하고 서울로 올라옵니다. 주자가 설파한 그대로 이들 선비는 예를 다하여 고종을 떠나보냅니다. 이들에게는 고종이라는 군주 훙거(薨去: 왕의 죽음)를 맞아 그를 따르려는 충군忠君 애국의식밖에 없었습니다. 태극기를 든 조선인들에게 백립을 쓴 유림들은 '역겨운 상복을 입은 유교적 예문가'들이었습니다.[375] 그날 오후 뒤늦게 파고다공원에 도착해 통곡하던 심산 김창숙 일행을 "나라를 망친 놈들이 왜 우느냐!"고 비난하던 시민들 모습에서 잘 알 수 있습니다. 장면 89

그런데 그 전근대 유림 가운데에도 이런 사람이 있었습니다.

백성 하나, 땅 한 뼘도 가지지 못했는데
몸뚱이 하나로 왕이라니 나는 안 믿지
(一民寸土非吾有, 未信單身可是王)[376]

저자 미상인 이 시詩는 영토도 없고 백성도 없는 망국 군주가 무슨 왕이냐는 주장을 담고 있습니다. 그래서 고종이 죽었다고 정식으로 국상을 치를 수 없다는 거지요. 저자 미상이지만 이 글이 공개되자 조긍섭이라는 유림이 평소 주장하던 말과 같다는 사실이 알려집니다. 조긍섭은 이렇게 주장하지요.

'어떤 이들은 마치 나라가 없어도 임금만 있으면 나라가 있는 것과 같다고 생각하는 듯하다.'[377]

宣言書

公約 三章

朝鮮建國四千二百五十二年三月 日 朝鮮民族代表

기미독립선언서. /대한민국역사박물관

이 글에 나오는 '어떤 이'는 바로 섬으로 숨어버린 간재 전우를 가리킵니다. 조긍섭 주장을 요약하면 이렇습니다.

'상복을 입으면 안 된다. 이미 일본으로부터 새 작위를 받은 고종을 추모하면 나 또한 일본 신하가 되는 것이다.'

앞에 보셨듯, 고종 가족은 일본 천황으로부터 '왕족'과 '공족'으로 새로운 작위를 받았습니다. 장면 94 그 일본 왕족이 죽었는데 왜 내가 상복을 입어야 하냐는 논리였지요. 전근대 집단 내부에서 벌어진 이 논쟁은 상복을 입자는 세력 승리로 끝납니다. 난처해진 조긍섭은 '고종이 독살됐다'는 소문이 들리자 "그러면 상복을 입어야 한다"고 입장을 바꿉니다. 변화한 시대정신을 그 또한 이해하지 못했습니다.[378]

낯선데 너무나도 낯익은, 매관매직

근대와 식민으로 팽개쳐진 그 기이한 혼돈 속에서 너무나도 낯익은 모습도 보였습니다. 부활한 매관매직입니다.

삼년상이 끝나고 1921년 고종 위패를 종묘에 봉안하는 부태묘 행사가 다가옵니다. 순종비 윤씨의 큰아버지이자 이왕직 관리인 윤덕영이 이렇게 총독부와 이왕직 일본 관리에게 말합니다.

"부태묘 자원봉사자인 '차비관'이 대거 필요하다. 그런데 옛 규범에 따르면 차비관은 벼슬아치만 할 수 있다. 하지만 나라가 없는데 벼슬아치가 있을 턱이 있는가."

윤덕영은 조선 예법에 어리버리한 일본인 관리들 양해를 얻어 분참봉이라는 벼슬을 '판매'합니다. 두 번 다시 없을 벼슬자리 기회인지라, 대박이 납니다. 옛 양반들 허영과 부패한 옛 탐관오리가 손을 잡고 매관매직이라는 망국의 뿌리를 다시 박아넣습니다. 100명으로 예정했던 벼슬자리는 450명까지 늘어나고, 이왕직 내부에서 분참봉 자리를 놓고 돈이 오갑니다.[379]

윤덕영은 한일병합에 절대적인 기여를 한 인물입니다. 그 공로로 자작 작위까지 받았죠. 매관매직에 개입된 사람은 종친인 이재극도 있었습니다. 검찰 수사는 아랫도리 몇십 명을 사법처리하는 데 그치고 이들 몸통은 무혐의로 사건이 종결됩니다.[380] 저 부패, 정말 끈질깁니다.

3.1운동은 교과서에 나온 만큼 단순하지 않습니다. 한용운은 공판정에서 이렇게 말합니다.

"고금동서를 물론하고 국가의 흥망은 일조일석에 되는 것이 아니다. 어떤 나라든지 스스로 망하는 것이지 남의 나라가 남의 나라를 망하게 할 수 없는 것이다. 수백 년 부패한 정치와 현대 문명에 뒤떨어져 나라가 망한 것이다."

한용운이 덧붙입니다.

"이번 독립운동이 총독의 압박에 저항한 일이라고 착각하지 말라. 사천 년 장구한 역사를 가진 민족이 언제까지 남의 노예가 될 것 같은가. 압박뿐 아니라 행복의 증진도 남에게서 받을 생각이 없다."[381]

세월이 갑니다. 하지만 이날 출현했던 구체제에 대한 향수는 완전히 사라집니다. 그 향수를 이용해 먹은 부패한 놈들도 함께 종적을 감춥니다. 두 번 망할 수 없다는 사실을, 그날 세상은 알게 됐습니다.

96
《훈민정음해례본》 발견과 한 친일파의 행적

1940년 7월 30일

《훈민정음해례본》 발견

1940년 7월 30일, 홀연히 〈조선일보〉에 《훈민정음해례본》을 발견했다는 기사가 실립니다. 1910년 태어난 아이가 일본말을 쓰고 일본어로 공부를 하고 일본말로 사회생활을 한 지 30년이 지난 여름날입니다. 내용은 이렇습니다.

> 원본 훈민정음訓民正音의 발견發見 - 방종현方鍾鉉
> 조선어朝鮮語의 시끄러운 철자綴字 싸움은 오직 훈민정음의 해석을 서로 달리함에서 생기고 훈민정음의 해석이 구구불일區區不一한 것은 오직 훈민정음을 제작한 그분들 자신의 구체적 설명이 전하지 않는 까닭에서 일어나는 것이다. 몇 개월 전 그 원본이 경북 모 고가古家에서 발

견돼 시내 모씨某氏 소유로 돌아간 것이다. 그 원본을 대하여 우리 두 사람은 천려千慮의 일득一得을 스스로 기뻐하지 않을 수 없다.

8월 4일까지 연재된 이 훈민정음 기사는 그동안 미궁에 빠져 있던 훈민정음 창제 원리를 조목조목 설명했습니다. 필자인 방종현은 국어학자인 동시에 〈조선일보〉 출판부 기자입니다. 그래서 다른 신문보다 먼저 〈조선일보〉가 특종으로 보도할 수 있었지요.

우리 모두 잘 압니다. 훈민정음이 창제 이래 어떤 천대를 받았고, 누구의 어떤 노력 끝에 대중에게 문자로 대접을 받게 됐는지. 장면 47, 67

이 훈민정음 발견 기사가 나간 날이 1940년 7월 30일입니다. 그리고 〈조선일보〉와 〈동아일보〉는 12일 뒤인 1940년 8월 11일 폐간됩

原本訓民正音의發見

方鍾鉉

山峽의詩

李孝石

山에부침

아메리칸리알리즘의敎訓

存在하는矛盾의提示

金南天

1940년 7월 30일 〈조선일보〉 /조선일보DB

니다. 중일전쟁이 한창이고 태평양전쟁이 임박한 상황에서 총독부는 소위 전시 총력전 태세로 정책을 전환합니다. 1938년 조선어 교육을 폐지하고 1943년에는 자원병제를 강제징병제로 전환합니다.

하지만 훈민정음에 대한 학문적 연구는 이어집니다. 1942년 8월에는 국어학자 최현배가 《정음학正音學》이라는 단행본을 출판합니다. 이에 대한 서평은 1942년 8월 13일 자 〈매일신보〉에 실렸습니다. 필자는 해례본 발견 기사를 쓴 방종현입니다.[382]

간송 전형필

《훈민정음해례본》을 사들인 '시내 모씨某氏'는 간송 전형필입니다. 그가 이 귀한 책을 매입했다는 사실은 해방 뒤에야 공개됩니다. 전형필은 1926년 휘문고등보통학교를 졸업하고 1939년에는 일본 와세다대학을 졸업합니다. 큰 부자였던 아버지 재산을 상속해 본인이 갑부가 되지요. 1932년 서울 관훈동에 있는 한남서림이라는 서점을 인수하면서 문화재 수집에 돈을 퍼붓기 시작합니다. 경영난에 빠진 보성고등학교를 인수해 되살린 사람도 전형필입니다. 1938년 그가 세운 박물관 '보화각'은 지금 간송미술관의 전신입니다.

이 《훈민정음해례본》은 기와집 열 채 값을 주고 샀다고 합니다. 전형필은 일찌감치 입수한 이 해례본을 연구를 할 수 있도록 방종현 같은 전문가에게 공개해 이날 그 첫 성과가 나올 수 있었지요. 1940년 7월 30일은 전형필이라는 뜻깊은 민족지사와 그 뜻을 수용한 학자들이 힘을 합쳐서 만든 감격스러운 날입니다.

어느 친일파의 행적

1937년 5월 16일 자 〈매일신보〉 2면에는 '경성부의 호별 세 부과 50등까지 납세자 일람'이라는 기사가 실렸습니다. 1936년 개인 소득을 기준으로 1937년에 세금을 많이 낸 부자 50명 명단을 소득과 세액까지 공개해 보도합니다.

조선인 가운데 1등이자 경성 전체 19등은 대한제국 때까지 부패로 일관한 민영휘의 아들 민대식입니다. 1936년 한 해 수입이 22만 원이고 이에 따른 소득세가 1만 3,923원 39전입니다. 25, 26, 28등도 조선인입니다. 29등은 역시 저 '여흥 민씨' 민규식입니다. 12만 원을 벌어서 세금은 6,577원 98전이 부과됐습니다. 30등은 김원식이라는 인물과 또 여흥 민씨 민병도라는 인물인데, 소득 11만 원에 세금이 5,933원 88전이었습니다.

33등을 차지한 사람도 조선인입니다. 이 사람은 한 해 9만 5,000원을 벌어서 세금 4,970원 86전이 부과됐습니다.[383]

이 33등 갑부가 벌인 행적은 이러합니다.

> 1937년 경성 중구에 방공호를 포함해 전쟁을 대비한 각종 시설을 만드는 데 1만 원을 기부합니다. 1941년 불교를 '내선일체內鮮一體'로 키우기 위해 일본 도쿄에 포교원을 세우는 비용을 기부합니다. 태평양전쟁이 한창인 1942년에는 전쟁터에 나가는 지원병에게 '생명보험'을 들 수 있도록 5,000원을 기부합니다.[384]

식민시대 갑부요, 총독부와 식민 본국 정책에 호응해 거액 기부를 마다하지 않은 이 사람이 바로 간송 전형필입니다.

언론은 '중구 第一分團(제일분단) 防護團費(방호단비)로 1만 원, 전형필씨의 美擧(미거)', '佛敎(불교)의 內鮮一體(내선일체) 東京(동경)에 道場(도량)을 新設(신설)', '志願兵(지원병)에 "簡保(간보: 간편보험)" 전형필씨 五千圓 寄附(오천 원 기부)'라는 제목으로 전형필의 기부 사실을 보도합니다.

志願兵에"簡保"

全鎣弼氏五千圓寄附

佛敎의內鮮一體

東京에道場을新設

鑛山職員表彰

神宮參拜

中部防護團に

一萬圓寄附

國旗を賣って

八少年献金

〈매일신보〉/국립중앙도서관

역사를 읽는 법

이 행적을 어떻게 평가해야 할까요. 많은 사람들은 우리 근대사를 '선과 악의 투쟁을 통해 한 번 패했던 선의 궁극적인 역전승'으로 이해하려고 합니다. 그렇게 보고 싶어 하고, 교과서에도 그렇게 적혀 있습니다.

이런 식으로 역사를 보면 감동적입니다. 네모반듯해서 일반대중을 감동시키고 흥분시키는 스토리가 됩니다. 하지만 실제 역사는 반듯하지 않습니다. 생김새는 울퉁불퉁하고, 치유해야 할 상처투성이입니다.

앞에 한번 소개해드린 장면 84 원로 사학자 신복룡 선생이 말합니다.

'지금 우리 사회에서 벌어지고 있는 친일 논쟁은 '먼저 태어난 사람의 슬픔과 나중 태어난 사람의 행운'의 차이일 뿐이다. 친가의 3대(아버지, 할아버지, 증조할아버지), 처가의 3대, 외가의 3대, 합하여 9족의 이력서를 놓고, "우리 집안은 친일한 적이 없다"고 말할 수 있는 가문은, 거지와 화전민 빼놓고는 거의 없다. 일제시대의 사람 대부분은 제국대학에 들어가 고등문관시험에 합격한 다음 판검사나 군수가 되어 다쿠시taxi 타고 화신백화점에 가서 엘리베이터 타면서 쇼핑하는 사람들을 부럽게 바라봤다.'[385]

아픈가요? 저도 아픕니다.

97
어느 전직 관료의 은밀한 종묘 배향

1941년 3월 12일
〔 이완용 종묘 배향 〕

권위를 상실한 종묘

1926년 2월 11일 이완용이 죽었습니다. 매국노 낙인을 끝까지 없애지 못하고 죽었습니다. 두 달이 지난 4월 25일 순종이 죽었습니다. 도쿄에 있던 왕세자 이은이 황급히 조선으로 달려옵니다. 창덕궁이왕 지위는 이제 이은이 물려받습니다. 1928년 5월 순종 삼년상이 끝납니다.

1919년 고종 장례식 때 벌어졌던 코미디 기억나십니까.(장면 95) 당시 황태자인 순종비의 큰아버지 윤덕영이 장례 때 필요하다며 분참봉 벼슬을 팔아 떼돈을 번 매관매직 추문 이야기였죠.

종묘 공신당.

고종 아들 순종이 죽고 나서 비슷한 일이 또 벌어집니다. 이번에는 매관매직이 아니라 '죽은' 이완용을 둘러싸고 '살아 있는' 옛 제국 벼슬아치들이 벌인 권력다툼입니다.

1928년 순종 삼년상이 끝납니다. 순종 위패를 종묘에 들이는 부태묘 행사가 벌어집니다. 이때 순종 옆에 함께 모실 공신 선정작업이 벌어집니다. 종묘에 왕과 함께 배향되는 공신은 조선왕조 최고의 명예입니다.

제국이 사라지고 없는 마당에 무슨 의미가 있으랴 싶습니다. 더군다나 전주 이씨 왕실은 사라지고 일본 천황가 일족으로 전락해버렸는데요. 창덕궁과 종묘 사이 지금의 율곡로가 뚫린 뒤 〈조선일보〉는 이렇게 보도합니다.

"'철없는 아이들이 '이것이 종묘라오' 하고는 경홀하게 손가락질까지 하니 이게야 어디 되었소?"라고 종묘 근처에서 생장한 늙은이가 탄식한다. 제사 외에는 아침 열 시부터 오후 네 시까지 늙은 전사들의 한가한 담뱃대가 천정에 구름을 그리기에 바쁘다.'[386]

이렇듯, 조선 왕인 영친왕도 도쿄에 있으며 오지 않는, 옛 흔적만 남은 곳이 종묘입니다. 하지만 고종 부태묘 때 벌어진 매관매직 소동은 조선사람 심리에 숨어 있는 이 헛된 명예욕을 잘 폭로해 줍니다.

내 멋대로 배향공신

어찌 됐든, 자작 민영휘(아직도 건재합니다!) 이하 원로대신 19명과 종친들이 배향공신 후보를 지정해 투표로 최종 공신을 뽑기로 합니다. 이 원로대신과 종친은 모두 천황으로부터 '조선 귀족' 작위를 받은 사람들입니다.

5월 3일 원로회의가 소집됩니다. 후보 9명을 선정합니다. 그러자 옛 왕실을 관리하는 '이왕직' 장관 한창수가 후보 한 명을 추가합니다. 바로 순종 죽던 해 죽은 이완용입니다.

신문 보도에 따르면 열아홉 원로들이 모두 반대하며 이유를 묻습니다. 한창수는 "시노다 지사쿠篠田治策 이왕직 차관 추천이 맹렬하므로"라고 대답합니다. 그리고 시노다를 움직인 사람은 이왕직 장시사장掌侍司長이라고 합니다.[387]

이 이왕직 장시사장 이름이 이항구입니다. 바로 이완용의 아들이지요. 한 가문의 정신 나간 명예욕과 시대를 완전히 벗어난 구태의연한 옛 벼슬아치들이 이렇게 코미디 대본을 쓰고 앉아 있습니다.

결국 후보 10명을 두고 원로들이 투표를 했는데, 아관파천 후 친러 내각 총리대신 충문공 김병시(6표), 을미사변 희생자 충숙공 이경직(4표)과 문헌공 송근수(2표), 효문공 서정순(2표)이 낙점됩니다. 이완용은 한 표를 받았습니다. 이왕직 장관 한창수에게 민원을 받은 백작 고희경이 찍은 점입니다. 염치가 있었거나 민망했는지, 이완용의 형 이윤용은 이완용을 찍지 않았습니다.

당쟁이 극심한 왕국 시대에는 목숨을 걸고 자기 당파에서 공신을

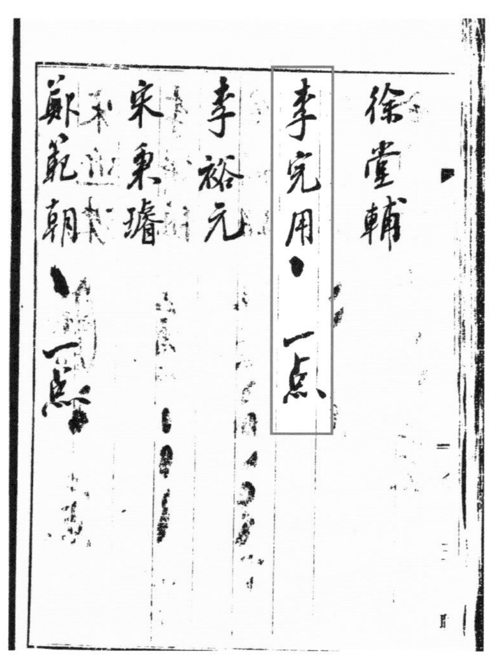
徐堂輔
李完用 一点
李裕元
宋秉璿
鄭範朝 一点

《종묘배향공신록》. /한국학중앙연구원

내야 했습니다. 그래야 자기 당이 '충신'을 배출한 세력임을 인정받고 권력을 유지할 수 있었으니까요. 하지만 이 식민시대, 조선 귀족은 전주 이씨 왕실과 공식적으로 무관합니다. 순종과 군신관계가 될 수 없지요. 그럼에도 불구하고 이들은 이 공신 선정에 그렇게 집착합니다. 이왕직으로 대표되는 총독부-신권력과 대한제국 원로대신 집단 사이의 세력 싸움입니다.

사흘 뒤 장관 한창수가 들고 온 최종 배향공신 명단을 받아든 원로들이 경악합니다. 김병시와 이경직이 빠지고 이완용이 들어가 있는 겁니다. 후작 박영효는 "고종 배향공신에 최익현을 올리니까 시호諡號가 없어서 안 된다고 하지 않았나. 그런데 시호 없는 이완용은 뭔 말인가"라고 비난합니다.[388]

하지만 살아 있는 식민권력을 등에 업은 이완용이 결국 배향공신에 선정됩니다. 원로들과 종친으로부터 최고점수를 받은 김병시와 이경직이 제외됩니다. 대신 송근수와 서정순에 이완용을 끼워넣어 배향공신 명단이 완성됩니다. 원로들은 "왕 전하도 모르는 일"이라며 분개했지만 이미 세상은 그렇게 돼버렸습니다. 우연인지 모르겠으나 제외된 사람들 시호에는 '충忠'자가 들어 있었습니다.

그리고 7월 6일 창덕궁이왕 위패가 종묘에 봉안됩니다. 부태묘 행사는 신식으로 치러집니다. 원로들은 모조리 불참합니다.[389] 공신을 배향하는 행사는 무기한 보류됩니다. 식민시대 두 번 있었던 이왕李王 장례 행사는 이렇게 돈과 권력을 둘러싼 정신 못 차린 전근대적 추문으로 얼룩졌습니다.

이런 일이 벌어질 때 〈조선일보〉는 정간 중이었습니다. 〈동아일보〉

와 〈중외일보〉는 얼토당토않은 이 일을 열심히 보도합니다. 하지만 기사는 총독부 검열로 나가지 못합니다.[390] 총독부가 개입된 권력 다툼이었으니까요.

우물쭈물 들어가서 우물쭈물 나간

그렇게 코미디가 끝난 줄 알았더니, 서론에 불과했습니다.

13년 뒤인 1941년 3월 11일 월요일입니다. 맑고 쾌청한 이날 오전 11시 종묘에서 의례가 열렸습니다. 무기한 연기됐던 공신 배향의례

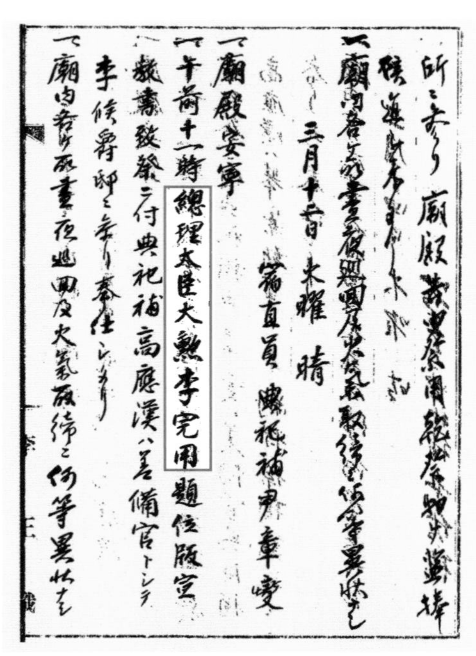

《종묘숙직일지》, 이완용 배향. /한국학중앙연구원

입니다. 이날 문헌공 송근수가 공신당功臣堂에 배향됐습니다.

다음 날 오전 11시 내각총리대신 이완용 배향행사가 전격 실시됩니다. 위패에는 시호가 없어서 '大勳(대훈) 이완용'이라고 적었습니다. '대훈'은 대한제국 시절 받은 대훈위금척대수장大勳位金尺大綬章을 말합니다. 비가 퍼붓고 천둥이 치던 다음 날에는 효문공 서정순이 공신당에 배향됩니다.[391]

4년 뒤 해방이 되고, 알 수 없는 어느 날 이완용 위패는 공신전에서 사라집니다. 우물쭈물 들어갔다가 우물쭈물 나가버렸습니다.

98

도둑처럼 찾아온 해방

1941년 12월 7일

〔 진주만 공격 〕

1945년 8월 15일 오전 11시

〔 해방 〕

'절대적 승리를'

1941년 12월 7일 오전 7시 55분. 한국시각으로는 12월 8일 새벽 2시 55분. 미국 하와이 오아후섬 진주만 미군기지를 일본 해군과 공군이 습격합니다. 두 시간이 채 못 돼 미 해군은 대소형 군함 15척과 전투기 188대를 잃었고 3,435명이라는 엄청난 전사자가 발생합니다.[392] 민간인도 49명이 죽고 35명이 다쳤습니다. 죽은 민간인 가운데 절대다수는 미국으로 이민 간 일본인 2세들입니다.[393]

일본군은 진주만 공격을 통해 일본의 아시아 지역 지배권을 인정해 주리라 예상했습니다. 그런데 방향은 완전히 빗나갔습니다. 12월

8일 미 대통령 프랭클린 루스벨트는 상하원을 소집해 선전포고를 요청하는 연설을 합니다. 연설문은 이러합니다.

'1941년 12월 7일은 치욕의 날로 기억될 것이다. 미합중국이 일본제국 해군과 공군에 의해 의도적으로 기습당했다. 어젯밤 일본군은 말라야를 공격했다. 어젯밤 일본군은 홍콩을 공격했다. 어젯밤 일본군은 괌을 공격했다. 어젯밤 일본군은 필리핀을 공격했다. 어젯밤 일본군은 웨이크 제도를 공격했다. 그리고 오늘 아침 일본군은 미드웨이 섬을 공격했다. 일본군이 태평양을 공격했다.'

연설이 이어집니다.

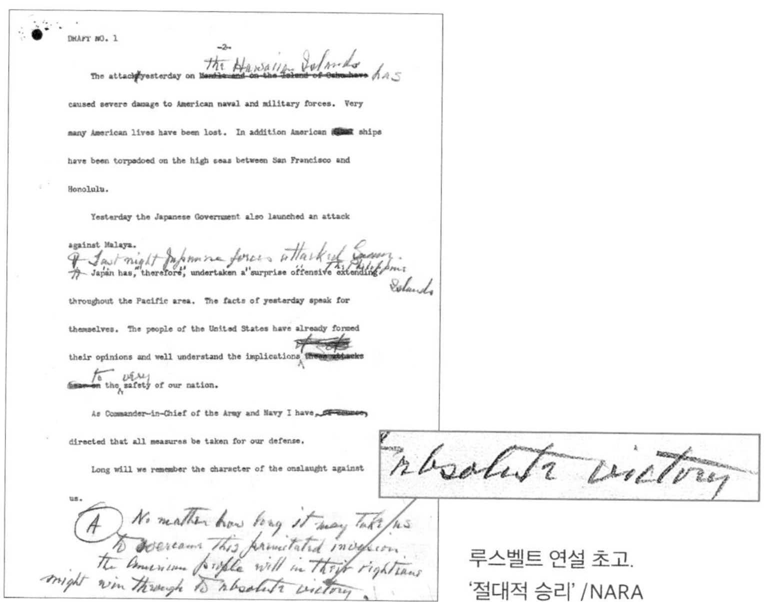

DRAFT NO. 1

-2-

The attack yesterday on the Hawaiian Islands has caused severe damage to American naval and military forces. Very many American lives have been lost. In addition American ships have been torpedoed on the high seas between San Francisco and Honolulu.

Yesterday the Japanese Government also launched an attack against Malaya.

Last night Japanese forces attacked Guam.

Japan has, therefore, undertaken a surprise offensive extending throughout the Pacific area. The facts of yesterday speak for themselves. The people of the United States have already formed their opinions and well understand the implications to the very safety of our nation.

As Commander-in-Chief of the Army and Navy I have directed that all measures be taken for our defense.

Long will we remember the character of the onslaught against us.

(A) No matter how long it may take us to overcome this premeditated invasion the American people will in their righteous might win through to absolute victory.

루스벨트 연설 초고.
'절대적 승리' /NARA

'시간이 얼마나 걸리든 미국은 정의로운 의지로 절대적 승리를 쟁취할 것이다. 우리 군에 대한 신뢰와 미국 시민의 무한한 결의로 우리는 필연적 승리를 얻을 것이니, 신이여 미국을 도우시라.'

'절대적인 승리(Absolute Victory)'. 일본이 멸망할 때까지 전쟁을 벌이겠다는 뜻입니다. 루스벨트는 처음 작성한 원고에 이 내용을 손으로 써서 추가합니다.[394] 미국 상하원 의회는 반대표 1표를 제외한 전원 선전포고에 찬성합니다. 진주만 공격은 잠자던 미국을 깨워버립니다. 그때까지 미국은 유럽 전선에서 진행 중인 2차세계대전에 개입하지 않았습니다. 영국, 캐나다, 네덜란드, 장개석이 이끄는 중화민국, 호주도 속속 전쟁을 선언합니다. 일본과 나치 독일, 무솔리니의 이탈리아 왕국 대 연합국의 거대한 전쟁이 개시됩니다.

진주만 공격과 독립

일본의 오판은 그때까지 아무 진척이 없던 조선 독립운동에 활기를 불어넣습니다. 정규군이 없던 임시정부는 김구의 '의열 투쟁'을 통한 요인 암살이 주된 활동이었습니다. '민족혼 고취'라는 긍정적인 효과도 있었지만 학술적으로 '테러리즘'으로 분류되는 의열 투쟁은 일본을 지지하는 세계 열강에게 호응을 얻지 못했습니다. 이승만을 중심으로 한 미국 외교투쟁 세력도 마찬가지입니다. 미국 권력층과 여론 주도세력을 대상으로 펼친 외교전은 동정과 공감은 얻었지만 실질적인 결과는 미미했습니다. 임정파와 이승만파는 이 투쟁노선을 두고 끝없이 대립하던 중이었습니다.

그 갈등을 한꺼번에 봉합하고 두 파를 묶어놓은 사건이 진주만 공격입니다. 이승만은 즉시 그때까지 주장해 오던 외교투쟁 노선을 수정합니다. 이승만은 곧바로 중경 임시정부에 전보를 보내 '하루라도 빨리 일본에 선전포고하라'고 요청합니다. 임시정부가 연합국의 일원으로 포함될지도 모른다는 기대감에서였죠.[395] 12월 10일 중경임시정부는 대일선전포고를 합니다. 12월 15일 이승만은 하와이 〈신한민보〉 1면에 '공포서'를 기고합니다. 이렇게 적혀 있습니다.

> '무장한 일인은 보는 대로 포살하며 폭력과 행동으로 왜적들의 전쟁설비를 파괴하고 사나운 맹호들같이 동서 호응하고 남북 약진하여 적을 습격 박멸하고, 개인이나 단체로나 미국과 그 연맹 나라에 실제로 공헌하시오.'[396]

당시 CIA 전신인 OSS 본부는 아시아전선에서 첩보부대를 운영할 계획이 있었습니다. '올리비아 계획'이라고 합니다. 1942년 101부대라고 명명된 이 부대에 이승만 요청으로 장석윤이라는 한국인이 배속돼 버마 전선에서 활동합니다.

1944년 7월 22일, OSS 중국지부는 중경 임정과 접촉해 '독수리작전'을 구상합니다. 한국인 특수부대를 침투시켜 한반도 후방을 교란시키자는 작전입니다.[397] 1945년 3월 OSS 미국본부에서는 '냅코 프로젝트'라는 계획을 세웁니다. 재미한인 부대를 결성해 일본과 한반도 교란 작전을 수행하겠다는 계획입니다. 이 계획에 많은 한인들이

지원합니다. 유한양행을 설립한 독립운동가 유일한도 있었습니다.[398] 이들이 소형 잠수함과 낙하산으로 훈련을 하던 중 계획 자체가 취소되고 말았습니다.

그런데 독수리작전이 됐든, 냅코작전이 됐든 이들은 '대한민국군'이라는 자격으로 참가하지 못합니다. 1944년 7월 작성된 미 국무부 보고서에는 이렇게 적혀 있습니다.

'특정 한국인 그룹에게 위임권을 주면 필연적으로 그 그룹으로 하여금 마치 자기네가 미국으로부터 한국을 대표하는 독점적 권한을 부여받았고 정치적으로도 독점적인 권력을 부여받았다고 해석하도록 만든다. 그런 정치적인 행위는 군사작전에 방해가 됨은 물론 국제적으로도 문제가 된다. 미 국무부는 소위 '임시정부' 불승인 자세를 견지해 왔다.'[399]

주도권을 둘러싼 독립운동 세력 갈등으로 미국은 어느 하나를 파트너로 택하지 않고, 결국 미국이 한국인을 '고용하는' 형식으로 작전이 진행됩니다. 그나마 8월 6일 미군이 히로시마에 원자폭탄을 터뜨리고 일본이 무조건 항복을 선언하면서 작전은 끝내 실행되지 못합니다. 1910년 한일병합조약으로 공식적으로 패전국 일본 소속국이었던 한국은 '패전국' 자격으로 해방을 맞아야 했습니다. 함석헌이 이렇게 씁니다.

'이 해방은 우리가 자고 있는 때에 도둑 같이 왔다.'[400]

해방 다음 날 석방된 사회주의 운동가들. /국사편찬위원회

목숨을 건 독립운동가들의 노고는 가치롭습니다. 하지만 그 활동과 무관하게 해방은 일본 패망으로 이뤄졌습니다. 독립운동가들이 실질적으로 맡은 임무는 새 나라 건설이었습니다.

99

사라지는 구체제의 그림자

1945년 8월 15일 오후 1시

[일본 장교 이우의 육군장]

한 군인의 장례식

일본 천황의 항복 방송 2시간 뒤인 8월 15일 오후 1시, 경성운동장에서 성대한 장례식이 열립니다. 장례식 주인은 그달 6일 히로시마 원폭 투하로 사망한 일본 육군 중좌(중령)입니다. 패전을 눈앞에 두고도 일본 육군은 이 군인을 최고의 예우로 떠나보냈습니다. 8월 7일 오전 5시 5분 육군요양소에서 사망 선고가 떨어지자 일본 육군은 다음 날 그 유해를 항공기로 경성으로 운구합니다.

장례는 일본 육군장으로 치러집니다. 조선총독 아베 노부유키, 정무총감 엔도 류사쿠, 조선군관구 사령관 고즈키 요시오와 천황을 대리한 일본 황실 식부차장 보조 도시나가가 참석합니다. 전사한 군인에게는 대좌 계급과 대훈위 훈장이 추서됐습니다.[401] 그가 전사하고 사흘이 지난 8월 10일 일본 궁내성은 관보에 사망 소식을 게재합니다.

'이우공李鍝公 전하가 8월 6일 히로시마에서 작전 임무 수행 중 공습 폭격으로 부상을 입고 7일 전사.'[402]

항복 직후임에도 일본 황실과 육군이 예우를 갖춰 떠나보낸 사내, 이우李鍝. 고종 형 이재면의 손자이자 흥선대원군이 살던 운현궁의 당시 궁주宮主며 일본 천황이 책립한 조선 공족公族입니다. 8월 6일 일본 육군 장교로 히로시마에 부임하던 날 이우는 원폭에 피격돼 얼굴, 머리, 양 손과 무릎에 화상을 입습니다. 그리고 다음날 육군요양소에서 사망합니다. 사망선고가 떨어지던 순간, 승용차로 먼저 출근했던 부관 요시나리는 요양소 앞 잔디밭에서 정좌를 하고 권총으로 자결합니다.[403]

왕공족 이우

이우는 고종 형 이희(이재면, 개명 이희)의 작위를 이어받은 이희 공가公家 주인이었습니다. 그러니까 운현궁의 주인입니다. 원래 이우는 고종의 또 다른 아들 이강의 아들이지만 이희의 아들 이준용에게 후사가 없어서 이희 공가로 입적됐죠. 왕공족에 대해서는 장면 94에서 말씀드렸습니다.

每日新報

李鍝公殿下

七日廣島서御戰死

宮內省發表

李鍝公殿下께서는 再昨六日 廣島에서 作戰任務御遂行中 空爆에 依하야 御負傷하시어 昨七日 御戰死하시었

御戰死하신 李鍝公殿下

敵、非人道의狂爆

閣議決定事項

1945년 8월 9일 〈매일신보〉, 이우 부고 기사. /국립중앙도서관

1935년 5월 3일 이우가 스물두 살에 결혼합니다. 일본이 만든 '왕공가궤범'에 따르면 조선 왕공족 결혼 대상은 일본 황족 예에 따라 '동족 혹은 일본 천황이 특별히 허가한 귀족'에 한합니다.[404] 그런데 이우가 결혼한 여자는 일본 황족이 아니라 갑신정변의 주역 박영효 손녀 박찬주였습니다.

조선총독부 중추원 부의장인 조선 후작 박영효가 도쿄로 가서 고위직들을 상대로 로비를 벌였고, 결국 황실은 천황 명에 따라 허락했다는 기록도 보입니다.[405] 공족인 이우가 운현궁 격에 맞는 '후작' 집안을 택했다는 추정도 있습니다. 조선 귀족 또한 천황의 특별 허가를 받은 귀족이니까요.[406]

도쿄에서 결혼식을 올린 이우 부부는 다음 날 천황 쇼와를 알현하고 결혼을 알리는 조견朝見 의식을 행했습니다.[407] 이우는 '왕공가궤범'에 따라 일본 육군에 입대합니다.

그 이우가 죽었습니다. 항복 선언에 결정타가 된 히로시마 원폭으로, 천황이 책립한 공족이자 군인인 이우가 죽었습니다. 일본 정부는 최고의 예를 갖췄고 보좌관은 자결로 스스로를 탓합니다. 육군은 폐허가 된 일본에서 비행기를 띄워 유해를 운구했고 항복 선언 잔향이 가시기도 전에 육군장으로 성대한 장례식을 치렀습니다. 천황의 항복 연설 2시간 뒤입니다.

흥선대원군 가족묘. 가운데가 이우.

마침내 사라진 망국의 잔영

태평양전쟁 패전과 함께 조선 왕공족에 지급되던 세비가 끊깁니다. 하지만 신분은 여전히 일본 황족에 준하는 왕족이요 공족이었습니다. 이 신분은 1947년 5월 3일 일본 신헌법이 공포되던 날 비로소 사라집니다. 신헌법 14조에는 '황족이나 귀족 신분을 인정하지 않는다'고 규정돼 있습니다.

이미 5월 2일 천황이 마지막으로 발표한 칙령 '외국인등록령'을 통해 왕공족은 외국인으로 국적이 바뀌고 신분 또한 실질적으로 상실했습니다. 그러니까 식민시대가 종식되고 2년을 더 이들은 천황가 아래 조선왕공족으로 살았습니다.[408]

1948년 초대 대통령 이승만은 왕족 신분을 상실하고 일본 국적을 상실하고 대한민국 국적도 없는 영친왕 이은의 귀국 요청을 거부합니다. 혹시 있을지도 모를 왕정복고파 준동을 막기 위해서입니다. 1954년 대한민국 공화국은 '구황실재산법'을 제정하고 모든 황실 재산을 국유화합니다. 대한민국으로부터 신분과 국적을 거부당한 옛 이왕李王 이은은 1960년 일본 국적을 취득합니다. 1963년 박정희 정부는 병으로

이우 백비.

혼수상태가 된 이은의 귀국을 허용합니다.

이우가 묻힌 곳은 당시 주소로 경기도 양주군 화도면 창현리입니다. 운현궁이 가지고 있던 땅이며 흥선대원군과 장남 이희 일족이 묻힌 땅입니다. 산 너머에도 운현궁 소유지가 광활하게 펼쳐져 있습니다. 1966년 이우 아내이자 박영효 손녀 박찬주가 그 땅에 대한민국 최초 사설 공동묘지를 건설합니다. 부산에 있던 박영효 묘도 이장해 옮깁니다.

그 공동묘지가 '모란공원'입니다. 각종 석물은 서울역사박물관에 기부했습니다. 이우 신도비도 박물관에 서 있습니다. 글자 하나 새겨져 있지 않은 백비白碑입니다. 넘치도록 채웠다가 텅 빈 종언終焉. 지금 우리는 공화국에 살고 있습니다.

100

공화국 대한민국

1948년 8월 15일

[대한민국 정부 수립]

독립 민주 공화국 대한민국

吾等(오등)은 玆(자)에 我(아) 朝鮮(조선)의 獨立國(독립국)임과 朝鮮人(조선인)의 自主民(자주민)임을 宣言하노라

1919년 3월 1일 서울 파고다공원에서 낭독된 독립선언서 첫 문장입니다. 공허하게 외쳤던 저 선언이 26년 뒤에 실현됩니다. 1945년 8월 15일 일본이 항복하면서 조선은 해방을 맞습니다. 우리가 알고 있는 사실과 달리, 조선사람들이 외친 구호는 '대한독립만세'가 아니라 '조선독립만세'였습니다. 식민시대 조선인들은 대한제국을 그리

워하지 않았습니다. 그 결과 지금 우리는 대한민국에 살고 있습니다. 이름은 대한제국과 유사합니다. 하지만 다른 나라입니다. 대한민국은 그 대한제국과 결별하면서 성립했습니다.

제1조 대한민국은 대한인민으로 조직한다.
제2조 대한민국의 주권은 대한인민 전체에 있다.

1919년 4월 13일(11일이라는 말도 있습니다) 중국 상해에서 설립된 임시정부는 그해 9월 '대한민국 임시헌법'을 발표합니다. 황제가 아니라 시민이 주체입니다. 황민皇民이 아니라 시민市民입니다. 그런 나라를 공화국이라고 합니다. 시민이 주인인 국가입니다. 근대 국가입니다.

유구한 역사와 전통에 빛나는 우리들 대한국민은 기미 삼일운동으로 대한민국을 건립하여 세계에 선포한 위대한 독립정신을 계승하여 이제 민주독립국가를 재건함에 있어서 (하략)

1948년 9월 1일 대한민국 관보1호 1면에 게재된 제헌헌법 전문입니다. 대한민국 정부가 수립되고 보름 뒤입니다.

아무런 준비가 안 된 상태에서 해방을 맞았습니다. 정치적으로 좌와 우가 극한 대립을 하면서 미군정시대를 살았습니다. 5,000년 역사는 간 곳 없고 운명을 알 수 없는 최약소 신생국으로 나라가 재부팅됐습니다.

그런 나라가 이리도 찬란합니다. 대한민국, 이 시대가 믿어지시는

大韓民國三〇年九月一日水曜 官報 號

官報

法律

大韓民國憲法

前文

悠久한歷史와傳統에빛나는 우리들大韓國民은 己未三一運動으로大韓民國을建立하여 世界에宣布한偉大한獨立精神을繼承하여 이제民主獨立國家를再建함에있어서 正義人道와同胞愛로써 民族의團結을鞏固히하며 모든社會的弊習을打破하고 民主主義諸制度를樹立하여政治、經濟、社會、文化의모든領域에있어서 各人의機會를均等히하고 能力을最高度로發揮케하며 各人의責任과義務를完遂케하여 안으로는國民生活의均等한向上을期하고 밖으로는恒久的인國際平和의維持에努力하여 우리들과우리들의子孫의安全과自由와幸福을永遠히確保할것을決意하고 우리들의正當또自由로히選擧된代表로써構成된國會에서 檀紀四千二百八十一年七月十二日 이憲法을制定한다

檀紀四千二百八十一年七月十二日

大韓民國國會議長 李承晩

1948년 9월 1일 대한민국 관보1호. /국가기록원

지요. 지금까지 보신 99개 장면을 다 거쳐내고 마지막으로 열린 무대가 이리도 찬란합니다. 세상과 절연하고 근대를 거부하던 조선이 아닙니다. 이 땅을 거쳐 간 그 어떤 국가보다 대한민국은 풍요롭고 자유롭고 평등한 국가입니다. 찬란한 모습은 굳이 나열하지 않더라도 잘 아시리라 믿습니다. 도대체 어떻게 이런 일이 벌어졌을까요?

"국내파는 몽땅 친일파"

여기에서 이승만이니 어쩌니 김구가 어쩌니 하는 구차한 진영 논쟁은 하지 않겠습니다. 언제가 건국이냐 하는 논쟁도 무의미합니다. 이미 제헌헌법 전문에 논쟁의 불씨가 던져져 있었습니다. 대한민국은 1919년에 '건립'은 됐는데, 1948년에 '재건'됐다고요. 문장을 그대로 직역하면 '건립'과 '재건' 사이에 무슨 일이 벌어졌는지 파악하기가 쉽지 않습니다. 이게 21세기에 소위 '건국절'을 둘러싼 논쟁이 갈피를 잡지 못하고 있는 이유이기도 합니다.

해방이 도둑처럼 찾아온 까닭에, 독립운동에 쏟았던 힘을 국내에서 서로를 향해 퍼붓습니다. 중국에서 활동했던 임시정부는 해방 후 세계로부터 인정받지 못했습니다. 중국에서 활동한 임시정부 주석 김구는 1946년 11월 7일 기자회견에서 "사실상 조선에 있는 모든 사람은 친일파들이며 모두 감옥에 보내야 한다(Practically everyone in Korea is a collaborator. They all ought to be in jail)"고 공언합니다.[409] 500년 동안 조선을 속 썩였던 당쟁이 다시 해방 정국을 휩쓸었습니다. 암살이 판을 치고 테러가 판을 치고 그러고도 부끄러워하지 않는, 말 그대로 사문난적의 광기가 이 땅을 휩쓸었지요.

분단

국내 분열과 세계사적 냉전 구도 속에서 나라가 두 개로 쪼개졌습니다. 북쪽에서는 조선을 그대로 옮긴 조선민주주의인민공화국(이하

북한)이 들어섭니다. 좋다는 단어는 다 나라 이름에 갖다 붙였습니다. 자기네들이 좋다는 '조선', 국민이 주인인 '민주', 정치색을 뺀 자연인이라는 '인민', 그리고 주권이 그 인민에게 있다는 '공화'까지.

명색과 달리 역사 발전의 근본, '지성'과 '교류'라는 관점에서 보면 저 북한은 말종입니다. 앞선 99개 장면 가운데 많은 장면들이 저 북한이라는 좁아터진 무대 위에서 지금 동시상영 중입니다. 조선을 빼다박았습니다. 성리학을 주체사상이 대체했고 생산은 여전히 없으며 이씨가 차지했던 왕실에는 김씨들이 들어가 있습니다. 대한민국 드라마를 시청했다고 중학생을 집단 공개 처형하는 나라입니다. 지성을 풍부하게 해야 할 교류는커녕 내부에서도 자기네 인민이 이동할 자유를 틀어막고 버티고 있습니다. 나라가 잘될 리가 없고 저 왕조가 오래 갈 방법이 없고 인민이 부富와 자유를 누릴 방법이 없습니다.

아이러니하게도 그 엉터리 나라 북한과 대립하면서 대한민국은 고도성장의 기회를 잡았습니다. 6.25전쟁은 냉전체제에 돌입한 자유민주주의 세력으로 하여금 부활의 동력을 대한민국에 쏟아붓게 만듭니다. 철저하게 파괴됐던 대한민국은 그 외부 동력 덕분에 부활합니다. 더 정확하게는 그 외부 동력을 부패하게 사용하지 않고 온전하게 국가에 맡긴 지도자들 덕분에 부활합니다.

지성과 교류가 준 선물, 대한민국

해방 후 미군정 3년 동안 극심한 대립 끝에 대한민국 건국의 아버지들은 시장경제와 자유민주주의를 선택합니다. 신의 한 수입니다.

역사를 움직이는 동력, '지성과 교류'를 가장 효율적으로 보장해 주는 시스템이 바로 이 시장경제와 자유민주주의입니다. 이해가 어렵다면 조선과 쌍둥이인 북한을 떠올리면 됩니다.

대한민국에서는 지성이 자유롭게 분출했고, 외부로부터 지성과 물질이 유입돼 그 지성과 결합해 새로운 지성을 만들었습니다. 조선과 대한제국 시대에는 있을 수 없었던 현상입니다. 정조 때 좌절했던 백탑파 지식인들이 대한민국을 목격했다면 질투하지 않았을까요? 그들이 꿈꿨던 나라가 바로 대한민국입니다. 육혈포로 한 번, 그리고 도끼와 칼로 한 번 더 토막 살해당한 김옥균이 꿈꿨던 부강한 나라가 이 대한민국입니다.

국가는 교류를 택했고, 민간 지성을 그 교류의 물결에 태워 보냈습니다. 대한민국 정부가 국비로 유학 보낸 인재들은 풍요로운 선진국에 머물지 않고 더 훌륭한 인재로 귀국해 국가에 헌신했습니다. 1967년 KIST 설립을 위해 방한했던 당시 미국 부통령 험프리는 "말 그대로 역두뇌유출(counter brain drain)"이라고 평가했습니다.[410] 좌우를 막론하고, 이 대한민국 역대 정부는 건국 때부터 과학기술과 인재에 국가 자원을 투입해 국부를 창출해 왔습니다. 장면마다 아쉬웠던 순간들, 그러니까 '미래를 계획하던 사람들이 실천단계에서 사라져버리는' 순간들이 대한민국에서는 보이지 않습니다.

식민시대가 남겨준 물적 유산 또한 대한민국은 폐기하지 않았습니다. 목적이 뭐가 됐건, 식민시대는 대한민국에 철도와 도로, 전력시설과 공장과 자본을 남겨줬습니다. 2차세계대전 후 독립한 신생국가들 가운데 대한민국은 기존 인프라가 가장 많은 국가였습니다. 그만큼 출발선이 앞서 있었다는 이야깁니다. 공장과 자본은 적산敵産 불하를 통해 지금 맹렬하게 활동하는 수많은 재벌들의 모태가 됐습니다.

식민시대 진행된 기이한 근대화만으로 대한민국이 만들어지지도 않았습니다. 구제 불가능했던 조선과 대한제국을 대한민국이 계승하지도 않았습니다. 대한민국을 만든 사람은 우리 대한국인大韓國人입니다.

미래

이제 미래를 봅니다. 과연 지금까지 말씀드린 찬란한 대한민국이 정말 대한민국이 가지고 있는 얼굴 전부일까요?

그럴 리가 있겠습니까. 서울 광화문에서는 주말마다 여러 이해집단들이 도로를 점거해서 고래고래 고함을 질러댑니다. 산업현장에서는 오늘도 크고 작은 사고로 노동자들이 다칩니다. 정치꾼들이 모여 있는 서울 여의도에서는 악취가 납니다. 하지만 한국에 와서 야밤에 외출하며 안전함에 놀라는 외국인도 많고, 지하철을 타고 또 놀라는 외국인도 많습니다.

초근대화를 이룬 선진국도 문제가 많습니다. 2023년에는 일본 총리가 암살됐고, 2024년에는 미국 대통령 후보가 암살당할 뻔했습니다. 나라별로 미시세계에서 벌어지는 일들을 일일이 비교하기는 쉽지 않습니다. 또 일일이 비교하는 작업 자체가 그리 큰 의미가 없습니다. 역사적 배경이 다 다르니까요.

지성과 교류라는 관점에 한정한다면, 대한민국은 아직 근대가 완성되지 않았습니다. 효율과 원칙보다는 도덕률과 선악이 사회의 기준으로 작용합니다. 사람을 죽여도 대의명분이 있다면 용서가 되고, 결과가 좋더라도 동기가 불순하다면 비난을 받습니다. 그 어떤 진영도 민족과 민족주의 앞에서는 고개를 숙입니다. '단일민족'과 '배달민족'이라는 신화는 교과서에서 지워졌지만, 여전히 우리는 '우리는'을 외치며 삽니다. 저들이 옳더라도 '저들이니까' 틀렸다고 몰려갑니다. 지성을 탄압한 정조를 문예부흥의 군주라고 찬양하고 식민시대를 초래한 이기적 군주 고종을 개명군주라고 찬양하고 허무맹랑한 조선 잔당 북한 김씨네를 자주적 평등주의자라 찬양하는 사람들이 우리들 틈에 활개를 칩니다.

누가 뭐라고 해도 역사를 움직이는 동력은 지성과 교류입니다. 교류를 통해 지성이 건강해지고, 건강해진 지성을 통해 더욱 활발한 교류가 보장됩니다. 역사가 말해줍니다. 두 동력을 가동하는 연료는 팩트, 사실입니다. 주장과 신념만으로는 이 두 요소는 성립 불가능합니다. 당장은 화려하게 타오르지만, 금방 차갑게 식고 말지요. 유쾌하든 불쾌하든 지나온 과거를 사실 그 자체로 받아들이지 않으면 미래는 없습니다. 저를 포함해서, 우리 대한국인 모두가 명심해야 합니다.

지금까지 영조 즉위 때부터 2024년까지, '지성과 교류'를 주제로 이 땅에서 벌어진 근대사 100장면을 관람하셨습니다. 미래에 다시 뵙겠습니다.

박종인 올림

주석

1 1863년 1월 1일 『승정원일기』

2 이상 1876년 7월 29일, 1877년 7월 26일, 1882년 3월 16일, 1882년 10월 23일 『승정원일기』

3 1883년 8월 28일, 8월 29일 『승정원일기』

4 1884년 2월 25일 『승정원일기』

5 1886년 4월 3일, 4월 29일 『승정원일기』

6 국립고궁박물관 소장 민비 편지, 유물번호 「고궁 1178」

7 1893년 11월 30일~1894년 1월 9일 『승정원일기』

8 무쓰 무네미쓰, 『건건록(蹇蹇錄)』(1941), 이용수 역, 논형, 2021, pp.165~167

9 황현, 『오동나무 아래에서 역사를 기록하다』(『오하기문』), 역사비평사, 김종익 역, 2016, p109

10 황현, 앞 책, p110

11 『동학농민혁명 사료 아카이브』, 1895년 2월 9일 「전봉준 공초」, '초초문목(初招問目)'

12 국사편찬위, 『동학농민혁명사일지』

13 1894년 2월 15일 『고종실록』

14 『동학농민혁명자료총서』, 「취어」, '선무사채탐 조병식 탐학장문'

15 1893년 11월 7일 『승정원일기』

16 『한국근대사에 대한 자료(오스트리아-헝가리 제국 외교 보고서)』, 서울대학교 인문대학 독일학연구소 역, 신원문화사, 1992, pp.152, 153

17 『일본외교문서』 19권, pp.567~569

18 김옥균, 「지운영 규탄 상소문」, 1886년 7월 9일 『東京日日新聞』

19 1886년 6월 10일 『고종실록』

20 1886년 6월 17일 『고종실록』 등

21 윤효정, 『대한제국아 망해라』, 박광희 역, 2010, p261

22 독립기념관, 「1886년 4월 그믐날 지운영 서한」

23 구스 겐타쿠, 『김옥균』, 윤상현 역, 인문사, 2014, p77

24 김흥수, 「김옥균의 최후」, 『한국학연구』 68집, 인하대학교 한국학연구소, 2023

25 1894년 양력 3월 27일, 28일 『윤치호일기』

26 1894년 3월 9일 『고종실록』

27 『한국근대사에 대한 자료』, p152

28 『주한일본공사관기록』 2, 3-1-(10) 김옥균의 유해와 홍종우의 한국 도착 및 김옥균의 유해 처분의 건

29 1759년 8월 19일 『영조실록』

30 1894년 4월 15일 『승정원일기』

31 1776년 9월 1일 『정조실록』

32 1894년 4월 27일 『고종실록』

33 국사편찬위, 『동학농민혁명사일지』 1894년 4월 27일

34 王信忠, 『中日甲午戰爭之外交背景』, 清華大學, 1937, p166. 다보하시 기요시, 『근대일선관계의 연구』 下, 김종학 역, 일조각, 2017, p258, 재인용

35 『주한일본공사관기록』1, 2-(25) 日·淸兩國軍來韓에 따른 國內外探情 報告 1894년 6월 12일

36 『일청전쟁실기』 1편, 박문관, 1894, 도쿄, p99

37 『이홍장전집』(동학농민혁명 신국역총서9), G20-05-001, 동학농민혁명기념재단, 2017, p110

38 『주한일본공사관기록』1, 2-(4) 東學黨 再起에 관한 諸報告 1894년 5월 8일

39 『주한일본공사관기록』1, 2-(25)日淸兩國軍來韓에 따른 國內外探情 報告 1894년 6월 12일

40 후쿠자와 유키치, 「朝鮮東學黨の騷動に就て」, 『福澤諭吉全集』14, pp.386~388. 구선희 「후쿠자와 유키치의 대조선문화정략」, 『국사관논총』 8, 국사편찬위원회, 1989, 재인용

41 1885년 3월 4일 『고종실록』

42 『고종시대사』 3집, 1894년 4월 30일

43 『주한일본공사관기록』 3 1-(13)일본군대 입경에 관한 한국조정 및 경성 내 상황 탐보 1894년 6월 20일

44 무쓰 무네미쓰, 『건건록(蹇蹇錄)』(1941), 이용수 역, 논형, 2021, p141

45 1894년 6월 21일 『고종실록』

46 황현, 국역 『매천야록』2 1894년 ③ 14.일본인의 대원군 영입

47 『여단보고 보고철』 등. 박종근, 『청일전쟁과 조선』, 일조각, 1989, p65, 재인용

48 1894년 6월 22일 『고종실록』

49 황현, 앞 책, 같은 부분

50 후쿠자와 유키치, 「朝鮮東學黨の騷動に就て」, 『福澤諭吉全集』14, pp.386~388. 구선희 「후쿠자와 유키치의 대조선문화정략」, 『국사관논총』 8, 국사편찬위원회, 1989, 재인용

51 『주한일본공사관기록』3, 2-(17)조선에 속방 보호를 위해 출병한다는 이홍장의 통고 1894년 6월 7일

52 박종근, 『청일전쟁과 조선』, 일조각, 1989, p17

53 조세현, 「청프전쟁과 청일전쟁에서의 해전」, 『중국사연구』 84, 중국사학회, 2013

54 游战洪, 「德国军事技术对北洋海军的影响」, 『中国科技史料』 19권 4기, 清华大学科学技术史暨古文献研究所, 1998; 김영림, 「청조의 근대식 함선 도입과 동아시아의 충격」, 동국대 석사논문, 2006

55 馮靑, 『中國海軍と近代日中關係』, 錦正社, 도쿄, 2011, p43

56 馮靑, 앞 책, p43

57 J. Creelman, 『On The Great Highway』, Lothrop, 보스턴, 1901, p38

58 1894년 6월 25일 『고종실록』

59 1894년 6월 27일 『고종실록』

60 1894년 4월 4일 『고종실록』

61 1894년 6월 11일 『고종실록』

62 김윤식, 『속음청사』 6월 16일

63 황현, 국역 『매천야록』2, 1894년 ⑦ 22.세법개정

64 황현, 앞 책, 1894년 ④ 10. 과거제도 폐지

65 황현, 앞 책, 1894년 ② 7. 일본군의 남산 포진과 오토리 게이스케의 알현

66 1894년 6월 28일 『고종실록』

67 송시열, 『송서습유』7, 「잡저(雜著)」, '악대설화(幄對說話)'

68 1786년 1월 22일 『일성록』

69 1894년 8월 4일 『고종실록』

70 황현, 국역 『매천야록』1 上 ⑥ 20.고종의 연희

71 임학성, 「조선시대 奴婢制의 推移와 노비의 존재 양태」, 『역사민속학』 41, 한국역사민속학회, 2013

72 1432년 3월 25일 『세종실록』

73 1414년 6월 27일 『태종실록』

74 『經國大典』 권5 刑典, 公賤條: 凡賤人所係 從母役, 唯賤人娶良女所生 從父役

75 1488년 7월 22일 『성종실록』

76 1553년 10월 9일 『명종실록』

77 1801년 1월 28일 『순조실록』

78 1866년 2월 5일 『고종실록』

79 박지원, 『燕巖集』10 別集, 「罨畫溪蒐逸」, '취답운종교기(醉踏雲從橋記)'

80 이노우에 가쿠고로, 「한언혼합체 창간에 대하여」 二, 1938년 5월 4일 『매일신보』

81 1935년 1월 21일 『매일신보』

82 이용희, 「동인승의 행적」上, 『국제문제연구』 1권 1호, 서울대학교 국제문제연구소, 1973
83 김도태, 『서재필박사자서전』, 을유문화사, 1972, pp.83~85
84 1894년 7월 3일 『고종실록』
85 Korean Minister to Gresham, July 5, 1894, Notes from the Korean Legation in the United States to the Department of State, Vol. 1, National Archives, Record Group 59. 제프리 도워트(Dorwart), 『The Pigtail war:the American response to the Sino-Japanese war of 1894-1895』, 매사추세츠대출판부, 1971, p19, 재인용
86 도워트, 앞 책, p20
87 최문형, 『러시아의 남하와 일본의 한국 침략』, 지식산업사, 2007, p253
88 석화정, 「International Rivalry in Korea and Russia's East Asian Policy in the Late Nineteenth Century」, 『Korea Journal』 vol 50, no 3, 한국학중앙연구원, 2010
89 무쓰 무네미쓰, 『건건록(蹇蹇錄)』(1941), 이용수 역, 논형, 2021, p101
90 무쓰, 앞 책, p141
91 무쓰, 앞 책, pp.165~167
92 『고등학교 한국사』, 미래엔, 2020, p112 등
93 1893년 2월 26일 『승정원일기』
94 『동학농민혁명자료총서』, 김홍집, 「금영래찰錦營來札)」, '충청관찰사 박제순에게 보낸 편지' 1894년 10월 7일
95 순무사 신정희가 임명 교지를 받은 날이다.(1894년 9월 22일 『승정원일기』); 신영우, 「양호도순무영과 갑오군정실기」, 『동학과 청일전쟁 120주년 기념학술회의 자료집』, 동북아역사재단, 2014
96 『주한일본공사관기록』 2, 3-(22)東學黨에 관한 두 大將의 직접 대화, 1894년 5월 16일
97 『주한일본공사관기록』 5, 5-(12)내정개혁을 위한 대한정략에 관한 보고
98 『淸光緒朝中日交涉史料』 16, 1308, p9, 광서20년 7월 초5일. 유바다, 「청일전쟁기 조청항일 연합전선의 구축과 동학농민군」, 『동학학보』 51, 동학학회, 2019, 재인용
99 『주한일본공사관기록』 5, 6-(6)조선정황 보고에 관한 건 별지(別紙) 丁號 12월 3일
100 『주한일본공사관기록』5, 위 문서 별지(別紙) 戊號
101 김현철, 「갑오개혁의 정치사적 의의와 현재적 시사점」, 『아시아리뷰』 4권 2호, 서울대학교 아시아연구소, 2015
102 황현, 『오동나무 아래에서 역사를 기록하다』(『오하기문』), 역사비평사, 김종익 역, 2016, p85
103 『일본외교문서』28권 2책, p383, 1089.일청강화조약체결 '3월 20일 회견요록'
104 J. Creelman, 『On The Great Highway』, Lothrop, 보스턴, 1901, p38
105 권혁수, 『이홍장의 조선인식과 정책 연구』, 한국정신문화연구원 박사논문, 1999, p307

106 1894년 4월 24일 『고종실록』

107 「민비의 한글편지」, 국립고궁박물관, 유물번호 '고궁1187'

108 『'電稿』3, 「江督張來電」 등. 권혁수, 앞 논문, p308, 재인용

109 梁啓超, 「李鴻章傳」3장, 维基文库 『自由的图书馆』

110 1895년 5월 10일 『고종실록』

111 『주한일본공사관기록』5, 7-(10) 內政改革에 관한 貸付金에 대한 上申, 1894년 12월 4일

112 『주한일본공사관기록』5, 5-(14) 朝鮮政況 報告 第2, 1894년 12월 28일

113 1894년 11월 13일, 20일 『고종실록』

114 1894년 12월 16일 『고종실록』

115 『주한일본공사관기록』7, 1-(16)조 군부대신 진퇴문제로 내각이 붕괴될 지경에 이른 건, 1895년 5월 22일

116 황현, 국역 『매천야록』 2, 1895년④ 24.어윤중의 피살

117 『일본외교문서』 28권 1책, pp.444~445, 301.왕궁 호위병 교대에 관한 국왕과 내각 충돌보고, 1895년 6월 26일

118 1895년 윤5월 14일 『고종실록』

119 1895년 7월 5일 『고종실록』

120 1895년 6월 27일 『고종실록』

121 1895년 7월 3일 『고종실록』

122 1894년 6월 22일 『일성록』

123 1895년 10월 8일 『윤치호일기』

124 1895년 8월 20일 『고종실록』

125 앞 날짜 『고종실록』

126 『윤치호일기』 같은 날짜

127 김문자, 『명성황후 시해와 일본인』, 김승일 역, 태학사, 2011, p360

128 유길준, 「The Reformation We Made」. 정용화, 『문명의 정치사상: 유길준과 근대 한국』, 문학과지성사, 2004, p93, 재인용.

129 1895년 11월 15일 『고종실록』

130 황현, 국역 『매천야록』2, 1895년④ 9.고종의 단발과 단발령 시행

131 1895년 11월 16일 『고종실록』

132 1896년 1월 7일 『고종실록』

133 유인석, 『毅菴先生文集』 35 「雜著」, '乙未毁服時立言'

134 최익현, 『勉菴先生文集』4 「疏」, '請討逆復衣制疏'

135 유인석, 『昭義新編』 內篇3, 「贈言金仲一還國」: '此一髻髮圓袂存不存之間 實華夷人獸之判

不判 頭可萬斫 此髻髮不可一削 身可萬戮 此圓袂不可一裂'

136 『윤치호일기』 1895년 12월 28일

137 1895년 8월 22일 『고종실록』

138 황현, 국역 『매천야록』2 1895년③ 4.민비를 폐한다는 조서, 11.상궁 엄씨의 입궁

139 1896년 1월 21일 「조선 국왕의 비밀서한」, 『러시아문서번역집』2, 김종헌 역, 선인, 2011, p223

140 1896년 1월 30일 「시페이에르 대리공사의 보고서」, 앞 책, p218

141 1896년 2월 11일 『고종실록』. 1896년 이후 『실록』 날짜는 양력입니다.

142 박종인, 『매국노 고종』, 와이즈맵, 2019, p261

143 『주한일본공사관기록』 9 3-(8)조선국 대군주 및 세자궁 러시아 공사관에 입어한 전말 보고, 1896년 2월 13일

144 1896년 2월 11일 『윤치호일기』; 앞 『주한일본공사관기록』; 정교, 『대한계년사』(한국사료총서 제5집) 上, 1896년 2월 11일

145 『일본외교문서』 29, p683, 353.「조선국 대군주와 세자궁 노국공사관 입어 전말 보고 부속서1 조칙 사본」

146 황현, 국역 『매천야록』 5, 34.경무관 소흥문의 면직

147 앞 『일본외교문서』

148 1896년 6월 13일 『고종실록』

149 1896년 3월 11일 『고종실록』

150 최문형, 『러시아의 남하와 일본의 한국 침략』, 지식산업사, 2007, p280

151 1896년 5월 22일 『윤치호일기』

152 민영환, 『해천추범』, 조재곤 역, 책과함께, 2007, p74

153 1896년 5월 24일, 26일 『윤치호일기』

154 1896년 6월 5일 『윤치호일기』

155 1896년 6월 5일 『윤치호일기』

156 A 말로제모프, 『러시아의 동아시아정책』(1958), 석화정 역, 지식산업사, p136

157 1896년 4월 22일 『고종실록』

158 1896년 9월 9일 『고종실록』

159 1896년 4월 7일 『독립신문』 논설

160 서재필, 「회고 갑신정변」(1935년 1월 1, 2일 『동아일보』), 『갑신정변회고록』, 건국대학교 출판부, pp.238~239

161 1896년 11월 22일 『독립신문』; 『주한일본공사관기록』7, 1-1~4 (12)조선내각의 분열 및 총사직 동의건 1895년 5월 1일

162 황현, 『매천집』7, 「소(疏)」, '국사에 대해 논한 상소 남을 대신하여 짓다(言事疏代人)'

163 1896년 5월 16일, 7월 16일 등 『고종실록』

164 1897년 10월 14일 『독립신문』

165 1897년 10월 13일 『고종실록』

166 1897년 10월 1일 『고종실록』

167 이욱, 「대한제국기 환구제에 관한 연구」, 『종교연구』30, 한국종교학회, 2003

168 『뮈텔 주교 일기』2(1896~1900), 천주교 명동교회 편, 한국교회사연구소 역주, 한국교회사연구소, 1993, pp.211~215

169 『캠브리지 딕셔너리』, 「empire」

170 허동현, 「시론: 대한제국의 모델로서의 러시아」, 명지대학교 국제한국학연구소 연례학술대회, 2005

171 1897년 4월 6일 『독립신문』

172 『한미외교행낭(DUSMK)』 VOL 13, No 11, 「Mr. Allen to Secretary of State」 1897.10.3. 장경호, 「대한제국 선포 직후 고종의 미관파천 연구」, 『한국학』 42, 한국학중앙연구원, 2019, 재인용

173 『한미외교관계문서(KAR)』 3, 「Horrace Allen to Secretary of State」, 1897.12.27

174 『주한일본공사관기록』 12, 10-(5)미관파천 계획이 폭로된 건에 관한 사실보고, 1898년 1월 24일

175 서울대학교 인문대학 독일학연구소 역, 『한국근대사에 대한 자료(오스트리아-헝가리제국 외교보고서)』, 1898년 1월 15일 「조선의 정세」, 신원문화사, 1992, pp.352~355

176 1898년 11월 22일 『고종실록』

177 『대명률강해』, 「오형지도」

178 1898년 11월 23일 『승정원일기』

179 1900년 9월 29일 『고종실록』

180 1901년 5월 17일 『고종실록』

181 1905년 5월 29일 『고종실록』. 『사법품보(司法稟報) 乙』 47책 65a에는 집행일이 4월 21일로 나와 있다. 이는 국왕 허가 사항인 사형 집행을 무허가로 진행했다는 뜻이다.

182 규장각한국학연구원, 『상주서류일괄(上奏書類壹括)』 奎25346-v.1-21. 이 문서는 사형제 폐지를 주장하는 부산과학기술대 이덕인 교수가 발굴했다.

183 전병무, 「한말~일제 초기 형사법의 추이와 사형제의 변화」, 『북악사론』19, 북악사학회, 2024

184 1898년 10월 10일 「밀지」, 『러시아문서 번역집』4, 홍웅호 역, 선인, 2011, p350

185 1898년 2월 22일 『독립신문』

186 1898년 2월 24일 『독립신문』

187 1898년 2월 7일 『윤치호일기』

188 『한국근대사자료집성』, 「프랑스외무부문서」8, 65. 주한프랑스공사 플랑시, 러시아 통역관 김홍륙 살해 미수 사건과 반러 감정 확산 양상 보고, 1898년 3월 3일

189 1898년 12월 20일 「고종황제가 러시아황제에게 보낸 서신」, 『러시아문서 번역집』3, 이원용 역, 선인, 2011, pp.135~136

190 고종 이름은 아명은 이명복, 초명은 이재황, 왕이 된 후 이름은 이형(㷗)이다. 빛날 희(熙)로 알려져 있지만 이는 잘못이다. 대한제국이 제작한 『열성어휘(列聖御諱)』(1897)에도 한자는 㷗, 음은 '형'이라고 기록돼 있다. 헤이그 밀사가 소지했던 친서에도 'YE HYENG'으로 표기돼 있다.

191 황현, 국역 『매천야록』2 1898년① 2.흥선대원군 사망

192 1898년 11월 2일 『고종실록』

193 1898년 11월 4일, 5일 『독립신문』

194 1898년 11월 4일 『고종실록』

195 1898년 11월 4일 『대한계년사』

196 1898년 11월 5일 『윤치호일기』

197 1898년 11월 7일 『대한계년사』

198 1898년 11월 8일 『황성신문』, 『독립신문』

199 1898년 11월 11일 『독립신문』

200 1898년 11월 22일 『황성신문』

201 『주한일본공사관기록』13, 8-1~4 (31) 가토 공사 재임 중 사무경과 대요 구신건, 1899년 5월 17일

202 1898년 11월 26일 『고종실록』

203 1898년 12월 25일 『고종실록』

204 1898년 11월 16일 『윤치호일기』

205 1898년 10월 24일 『고종실록』

206 이욱, 「조선시대 왕실 원조의 무덤 찾기」, 『종교연구』60, 한국종교학회, 2010

207 1640년 7월 15일, 1641년 5월 3일, 1649년 3월 24일 『인조실록』

208 1704년 1월 12일 『숙종실록』

209 1765년 4월 14일, 1771년 10월 7일 『영조실록』

210 이동희, 「조선왕실의 시조사당 조경묘 창건과 그 역사적 의미」, 『국가 문화재 승격을 위한 조경단·조경묘 학술대회 자료』, 전주역사박물관, 2020

211 1898년 10월 24일 『고종실록』

212 1899년 1월 25일 『고종실록』

213 『肇慶壇濬慶墓永慶墓營建廳儀軌』. 이동희, 앞 논문, 재인용

214 황현, 국역 『매천야록』3 1899년① 3.조경단 신축

215 1899년 12월 23일 『고종실록』

216 1899년 4월 27일 『고종실록』

217 『명사(明史)』 50, 「예지(禮志)」. 박종배, 「명 가정9년의 문묘 사전 개혁과 조선의 대응」, 『동양학』 34, 단국대 동양학연구소, 2003, 재인용

218 1536년 12월 28일 『중종실록』

219 1926년 6월 11일 『순종실록부록』, 「순종황제의 행장」

220 신채호, '낭객의 신년만필', 1925년 1월 2일 『동아일보』

221 1899년 8월 17일 『고종실록』

222 이윤상, 「대한제국기 황실 주도의 재정운영」, 『역사와 현실』26, 한국역사연구회, 1997

223 1903년 1월 6일 등 『황성신문』

224 「前田正名 自叙自敍傳」下, 『社会及国家』 252, 一匡社, 1937, p102. 한경자, 「일영박람회에서 전시된 일본 역사와 예능」, 『일본학연구』 54, 단국대학교 일본연구소, 2018, 재인용

225 金子堅太郎, 『巴里万国大博覧会に対する方針』, 臨時博覧会事務局, 1897, pp.1~2. 한경자, 앞 논문, 재인용

226 함재봉, 『한국 사람 만들기 II: 친일개화파』(개정판), H프레스, 2021, pp.265~266

227 1902년 8월 4일 『고종실록』

228 1902년 5월 1일, 6일 『고종실록』

229 황현, 국역 『매천야록』3, 1902년 15.경기도의 기근

230 1897년 10월 13일 『고종실록』

231 장영숙, 「대한제국기 고종의 풍경궁 건립을 둘러싼 제 인식」, 『한국민족운동사연구』 103, 한국민족운동사학회, 2020

232 김윤정, 「평양 풍례궁의 영건과 전용에 관한 연구」, 부산대 석사논문, 2007

233 1927년 3월 15일 『조선일보』

234 1903년 10월 22일(양력 12월 10일) 『승정원일기』

235 1903년 12월 10일 『고종실록』

236 1902년 10월 10일 『고종실록』

237 1894년 7월 12일 『고종실록』

238 1902년 10월 10일 『고종실록』

239 도면회, 「대한국국제와 대한제국의 정치구조」, 『내일을 여는 역사』17, 내일을 여는 역사재단, 2004

240 1904년 7월 15일 『고종실록』
241 1902년 6월 21일 『황성신문』
242 황현, 국역 『매천야록』3, 1902년 15.경기도의 기근; 19.기로사(耆老社), 양로연회의 투석
243 1903년 2월 27일 『황성신문』
244 『각사등록 근대편』,「各部請議書存案」21, '稱慶禮式時各項費를 預算外支出請議書 第六十九號'
245 김대준, 『고종시대의 국가재정 연구』, 태학사, 2004, p141
246 1903년 7월 29일 『고종실록』
247 김대준, 『고종시대의 국가재정 연구』, 태학사, 2004, p148
248 1903년 4월 25일 『황성신문』
249 황현, 국역 『매천야록』3, 1903년① 33.일본군함 양무호 구입
250 1903년 5월 4일 자 『황성신문』
251 『주한일본공사관기록』19, 1-(1)군함 구입계약 파약 건
252 1909년 11월 11일 『대한매일신보』
253 1903년 8월 15일 「국왕이 러시아 황제에게 보내는 서신」, 『러시아문서 번역집』 4, 홍웅호 역, 선인, 2011, p62
254 1904년 3월 1일 『승정원일기』
255 장영숙, 「고종의 정권 운영과 민씨척족의 정치적 역할」, 『한국학』 31권3호, 영신아카데미 한국학연구소, 2008
256 1900년 4월 17일 『고종실록』
257 F. 매켄지, 『Korea's fight for freedom』, Fleming H Revell Company, 1920, p78
258 황현, 국역 『매천야록』 1, 上 ⑪ 11.조헌과 김집의 문묘배향
259 『각사등록 근대편』, 「연도각군안」5, '훈령 제1호' 1904년 2월 12일
260 『주한일본공사관기록』23, 2-(144) 창덕궁 일병 병사 사용칙허건
261 『각사등록 근대편』, 「한성부래거안」1, '래문', 훈령 제1호 1904년 2월 21일
262 1904년 2월 23일 『고종실록』
263 일본외무성. 『일본외교문서』37권1책, p273, 「한국황제 내탕금 아군 군수 지원」
264 일본외무성. 앞 책, p293, 「3월 18일 이토 특파대사 알현시말」
265 일본외무성. 앞 책, p294
266 일본외무성. 앞 책, p297~298, 「황실 금원 기증 시말」
267 1904년 3월 20~25일 『고종실록』
268 일본외무성, 앞 책, pp.289~293, 「3월 25일 이토 특파대사 오찬 겸 알현시말」
269 일본외무성, 앞 책, pp.356~360
270 1596년 윤8월 27일 『선조실록』, 1637년 2월 19일 『인조실록』, 1659년 12월 28일 『현

종개수실록』, 1904년 9월 2일 『고종실록』, 1907년 10월 23일 『순종실록』

271 1905년 11월 17일 『고종실록』

272 1904년 9월 2일 『고종실록』

273 1904년 12월 3일 「훈령 경무청건」 법부, 『訓指起案』(奎 17277의5) 제12책. 도면회, 「1895~1908년간 서울의 범죄 양상과 정부의 형사정책」, 『역사와현실』74, 한국역사연구회, 2009, 재인용

274 1905년 1월 12일 『대한매일신보』

275 황현, 국역 『매천야록』3, 1900년③ 61.청국공사 서수붕의 귀국

276 『주한일본공사관기록』24 11-1~3-(195) 임시 기밀비 지불 잔액 반납의 건, 1905년 12월 11일

277 1905년 11월 18일 『윤치호일기』

278 『주한일본공사관기록』26, 1-1~4-(335) 이토 대사 귀조이한(歸朝離韓) 인사차 내알현 전말 보고, 1905년 11월 29일

279 의정부 참찬 이상설(훗날 헤이그밀사), 1905년 11월 23일 『대한매일신보』

280 1905년 11월 27일 『고종실록』

281 1905년 12월 16일 『고종실록』

282 1905년 11월 20일 『황성신문』

283 1905년 11월 24일 『대한매일신보』, 「石子何來?」

284 『주한일본공사관기록』24, 11-1~3 (139)이토 대사 탑승 열차 위해범(危害犯) 원태근(元泰根: 원명은 원태우다) 조치 건, 1905년 11월 25일; 『주한일본공사관기록』25, 7.한국봉사기록(韓國奉使記錄) (3)이토 대사 한국왕복일지, 1905년 11월 22일

285 앞 기록, (138) 대신 암살 음모자 탐정 포박의 건, 1905년 11월 28일

286 『주한일본공사관기록』25, 7.한국봉사기록 (2)한국특파대사 이토의 복명서, 1905년 12월 8일 [별지2] 견한대사(遣韓大使) 복명추가서

287 1905년 11월 30일, 12월 1일 『고종실록』

288 1905년 12월 20일 『고종실록』, 송병선이 올린 상소에 대한 대답

289 신복룡, 『한국사에서의 전쟁과 평화』 2, 선인, 2021, p536

290 1903년 9월 1일 『고종실록』

291 오영섭, 「이위종의 생애와 독립운동」, 『한국독립운동사연구』29, 한국독립운동사연구소, 2007

292 김구, 『백범일지』 영인본, 한국교과서주식회사, 2016, pp.180~182

293 고마쓰 미도리, 『명치외교비화(明治外交秘話)』, 原書房, 도쿄, 1976, pp.244~246

294 윤병석, 『이상설전: 헤이그특사 이상설의 독립운동론』, 일조각, 1998, p64

295 『통감부문서』4, 6-(47)이토 통감이 사이온지 총리에게: 밀사의 헤이그 파견에 대해 한국 황제에게 엄중 경고, 대한(對韓) 정책 강경 품청(稟請), 1907년 7월 7일

296 1907년 7월 17일 『고종실록』

297 1907년 7월 20일, 8월 8일 『순종실록』

298 F. 매켄지, 『대한제국의 비극』, 신복룡 역주, 집문당, 1999, pp.151~152. '대한매일신보'는 단발식이 즉위식 전날인 8월 26일에 있었다고 보도했다.(1907년 8월 27일 『대한매일신보』)

299 1907년 8월 15일 『순종실록』

300 1897년 8월 12일 『고종실록』

301 『통감부문서』4, 5-電受 一 · 二 · 三, (125) 태황제, 황제, 황태자 단발 시행 件, 1907년 8월 27일 정오 45분 발신

302 1907년 7월 21일 『황성신문』

303 1908년 3월 28일 『대한매일신보』

304 황현, 국역 『매천야록』5, 1907년③ 22. 이완용에게 신화(新貨) 하사

305 1907년 10월 15일 『순종실록』

306 1909년 7월 31일 『대한매일신보』

307 1908년 10월 13일

308 久米正雄 『伊藤博文伝』15, 改造社, 도쿄, 1931, p368. 복환모, 『朝鮮総督府の植民地統治における映画政策』, 와세다대 박사논문, 2006, 재인용

309 1908년 10월 16일 『순종실록』

310 朝鮮タイムス社 編輯部 編, 『皇太子殿下韓國御渡航紀念寫眞帖』, 1907, p17

311 1907년 10월 20일 『순종실록』

312 2008년 12월 30일 『연합뉴스』

313 국가유산청 궁능유적본부 홈페이지, 「남대문」 설명

314 1907년 3월 30일 『고종실록』

315 1907년 6월 22일 『고종실록』

316 이왕은전기간행회 편, 『영친왕이은전』, 백남철 역주, 우성문화사, 1980, p72

317 1907년 12월 5일 『순종실록』

318 1908년 3월 10일 『황성신문』; 국역 『경성부사』2, 서울특별시 시사편찬위원회, 2013, p271

319 1908년 5월 6일 『순종실록』

320 1908년 5월 11일 『순종실록』

321 『眞宗憲宗哲宗追尊時儀軌(진종헌종철종추존시의궤)』, 규장각한국학연구원, 奎13330

322 1908년 7월 31일 『순종실록』

323 1908년 7월 9일 『순조실록』

324 1907년 11월 18일 『순종실록』

325 1908년 3월 21일(39명), 3월 25일(153명), 4월 30일(77명), 7월 9일(21명) 『순종실록』

326 한국학문헌연구소 편, 『전우전집』8, 「연보」, 아세아문화사, 1984, p517

327 『논어』, 「공야장」

328 이기, 『海鶴遺書』, 「일부벽파론(一斧劈破論)」

329 『전우전집』8, p481

330 김창숙, 『김창숙문존』, 「벽옹73년회상기」, 성균관대학교 출판부, 1997, p233

331 김창숙, 『벽옹일대기』, 「기미유림단사건에 관한 추억의 감상」, 태을출판사, 1965, p67

332 『전우전집』8, p522

333 『전우전집』8, p528

334 서동일, 『1919년 파리장서운동의 전개와 역사적 성격』, 한국학중앙연구원 박사논문, 2009

335 「연보」, pp.539, 540

336 『艮齋先生文集』전편13, 「雜著」, '儒者無策辨'

337 현상윤, 『조선유학사』(1949), 이성형 교주, 심산출판사, 2010, p616

338 1907년 8월 2일 『순종실록』

339 오다 쇼고, 『덕수궁사(德壽宮史)』, 이왕직, 1938, pp.73~74

340 「김종필 증언록 '소이부답'」, 2015년 4월 27일 『중앙일보』

341 이성환, 이토 유키오 편저, 『한국과 이토 히로부미』, 선인, 2009, p350

342 이토 유키오, 『이토 히로부미』, 선인, 2014, p354

343 1910년 8월 29일 『순종실록』, 「통감부 자작 데라우치 마사타케의 포고문」

344 무쓰 무네미쓰, 『건건록(蹇蹇錄』(1941), 이용수 역, 논형, 2021, pp.165~167

345 고마쓰 미도리, 『명치외교비화(明治外交祕話)』, 原書房, 1976, p274

346 고마쓰 미도리, 앞 책, p295

347 데라우치 마사타케, 「조선총독 보고 한국병합시말」, 이종학, 『1910년 한국강점자료집』

348 1904년 3월 20일~24일 『고종실록』

349 1905년 11월 15일 『고종실록』

350 1905년 11월 27일 『고종실록』

351 1908년 1월 29일 『순종실록』

352 1910년 5월 10일 『순종실록』

353 1910년 1월 15일 『순종실록』

354 1905년 10월 5일 『고종실록』

355 1909년 11월 12일 『순종실록』

356 1910년 8월 21일 『순종실록』

357 1910년 6월 29일 『순종실록』

358 1910년 8월 20일 『순종실록』

359 1910년 7월 13일 등 『순종실록』

360 『한국민족문화대백과사전』, 「한일병합조약 (韓日併合條約)」, 한국학중앙연구원

361 이상 일본 외무성, 『일본외교문서』 43권 1책, p686, 「한국통감 데라우치 마사타케가 외무대신 고무라 주타로에게 보낸 전문」: '贵電第六二號條約公布期日を來る二十六日に定められたる趣なるか現皇帝の即位式日は其翌日に該當するを以て條約は夫れ以後に公布せられたき旨先方より講求あり右は事情已むを得さる次第ト認め次の月曜目卽ち來るに二十九日に公布することを承諾し置たるに付帝國政府に於ても同月を以て公布せらる一様御取計ありたし.'

362 1907년 8월 27일 『순종실록』

363 이상 1907년 8월 24일~8월 29일 『순종실록』

364 양계초, 『일본병탄조선기』(『량치차오, 조선의 망국을 기록하다』), 최형욱 역, 글항아리, 2014, p164

365 1910년 8월 29일 『순종실록부록』

366 1910년 10월 10일 『순종실록부록』

367 이윤상, 「일제하 조선왕실의 지위와 이왕직의 기능」, 『한국문화』 40, 규장각한국학연구원, 2007

368 박기주, 「식민지기의 세제」, 『한국세제사』 1편, 한국조세연구원, 2012

369 『다이쇼3년 각 특별회계 세입세출예산』, 일본국립공문서관

370 김명수, 「1915~1921년도 구황실 재정의 구성과 그 성격에 관한 고찰」, 『장서각』 35, 한국학중앙연구원, 2016

371 곤도 시로스케, 『대한제국 황실 비사』, 이마고, 2007, pp.280~283

372 이왕무, 앞 논문

373 이왕무, 「1910년대 순종의 창덕궁 생활과 行幸 연구」, 『조선시대사학보』69, 조선시대사학회, 2014

374 1969년 3월 1일 『중앙일보』, 「그 사람들 만세를 증명한다-삼일운동 당사자 좌담」에서 손병희 비서 이병헌 발언,

375 1919년 1월 23일 『윤치호일기』

376 신용진, 『韓末忠義錄』, 「國服譚論」. 이택동, 「망국 군주의 복제(服制) 논쟁에 대한 일 고

찰」, 『배달말』68, 배달말학회, 2021, 재인용

377 이택동, 앞 논문

378 국사편찬위, 『한민족독립운동사』, 「3·1 운동 이후의 민족운동」2, Ⅳ.종교계운동 1.일본강점기 유교의 독립운동 5)민족의식의 각성과 계몽운동

379 1921년 5월 12일 『동아일보』, 1921년 7월 30일 『매일신보』 등

380 1921년 8월 4일 『동아일보』

381 1920년 9월 25일 『동아일보』

382 1942년 8월 13일 『매일신보』

383 1937년 5월 16일 『매일신보』

384 1937년 8월 21일, 1941년 10월 30일, 1942년 9월 13일 『매일신보』

385 신복룡, 『인생은 찬란한 슬픔이더라』, 글을읽다, 2024, pp.95~96

386 1934년 2월 3일 『조선일보』

387 1928년 5월 11일 『동아일보』

388 같은 날짜 『동아일보』

389 1928년 7월 5일 『동아일보』

390 김대호, 「일제하 종묘를 둘러싼 세력 갈등과 공간 변형」, 『서울학연구』43, 서울시립대 서울학연구소, 2011

391 1941년 해당 날짜 『이왕직 종묘 숙직일지』

392 미국기록보존소(NARA), 『The Center for Legislative Archives』, 「Featured Congressional Documents」, 'Attack on Pearl Harbor'

393 하와이 Pearl Harbor National Memorial, 『Civilian Casualties』

394 미국기록보존소(NARA), 『Collection FDR-FDRMSF: Franklin D. Roosevelt Master Speech Files』, 「Annotated Draft of Proposed Message to Congress Requesting Declaration of War Against Japan」

395 로버트 올리버, 『신화에 가린 인물 이승만』(1960), 황정일 역, 건국대학교 출판부, 2002, p193

396 1941년 12월 25일 『신한민보』

397 국가보훈부, 『해외의 한국독립운동사료』30 美州篇(8) OSS 재미한인자료, Goodfellow to Donovan, Memorandum from Secretary Joint Chiefs of Staff, 1944년 7월 22일

398 국가보훈부, 『해외의 한국독립운동사료』24 美洲篇(6) NAPKO PROJECT OF OSS

399 국사편찬위, 『한국독립운동사자료』25 임정편10, 「미국 전략첩보국(OSS)문서 목록」, '한국문제에 대한 (맥큔이) 베를에게 보낸 서신', 1944년 7월 31일

400 함석헌, 『뜻으로 본 한국역사』, 일우사, 1962, p359

401 신조 미치히코(新城道彦), 『朝鮮王公族』, 中央公論新社, 도쿄, 2015, p208

402 「李鍝公殿下薨去の件昭和20年」, 일본 궁내청 서릉부(書陵部), 문서번호 26490

403 이기동, 『비극의 군인들(증보판)』, 일조각, 2020, p672

404 신조 미치히코, 앞 책, p75

405 이기동, 앞 책, pp.655~656

406 신조 미치히코, 앞 책, pp.141~147

407 요코타 모토코(横田素子), 「일본 자료로 보는 이우공 전하의 생애」, 『아시아민족조형학보』15, 아시아민족조형학회, 2015

408 신조 미치히코, 앞 책, p219

409 미국 언론인 마크 게인(M. Gayn), 《Japan Diary》, William Sloane Associates, 1948, p433

410 최형섭, 《최형섭 회고록: 불이 꺼지지 않는 연구소》, 조선일보사 출판국, 1995, p95

사라진 근대사 100장면

②반동의 시대

초판 1쇄 발행 2024년 9월 15일
초판 2쇄 발행 2024년 10월 30일

지은이 | 박종인

발행인 | 유영준
편집팀 | 한주희, 권민지, 임찬규
마케팅 | 이운섭
디자인 | 김윤남
인쇄 | 두성P&L
발행처 | 와이즈맵
출판신고 | 제2017-000130호(2017년 1월 11일)

주소 | 서울 강남구 봉은사로16길 14, 나우빌딩 4층 쉐어원오피스(우편번호 06124)
전화 | (02)554-2948
팩스 | (02)554-2949
홈페이지 | www.wisemap.co.kr

ⓒ박종인, 2024

ISBN 979-11-89328-90-0 (03910)

• 이 책은 저작권법에 따라 보호받는 저작물이므로 무단 전재와 복제를 금합니다.
• 와이즈맵은 독자 여러분의 소중한 원고와 출판 아이디어를 기다립니다.
출판을 희망하시는 분은 book@wisemap.co.kr로 원고 또는 아이디어를 보내주시기 바랍니다.
• 파손된 책은 구입하신 곳에서 교환해 드리며 책값은 뒤표지에 있습니다.